新 闻 与 传 播 学 译 丛

媒介论争

数字时代的 **20** 个争议话题

[美] 埃弗里特·E.丹尼斯　约翰·C.梅里尔／著　王春枝／译

第**4**版

MEDIA DEBATES
Great Issues for the Digital Age, 4e

Everette E. Dennis
John C. Merril

中国人民大学出版社
·北京·

"新闻与传播学译丛"
出版说明

中华民族历来有海纳百川的宽阔胸怀，她在创造灿烂文明的同时，不断吸纳整个人类文明的精华，滋养、壮大和发展自己。当前，全球化使得人类文明之间的相互交流和影响进一步加强，互动效应更为明显。以世界眼光和开放的视野，引介世界各国的优秀哲学社会科学成果，服务于我国的社会主义现代化建设，是新中国出版工作的优良传统，也是中国当代出版工作者的重要使命。

在我们生活于其中的这个"地球村"，信息传播技术飞速发展，日新月异，传媒在人们的社会生活中已经并将继续占据极其重要的地位。中国新闻与传播业在技术层面上用极短的时间走完了西方几近成熟的新闻传播界上百年走过的路程。然而，中国的新闻与传播学教育和研究仍存在诸多盲点。要建设世界一流的大学、一流的学科，不仅要在硬件上与国际接轨，还要在软件、教育上与国际接轨，这已成为摆在我们面前的迫切的时代任务。

"新闻与传播学译丛"的创设，立意在接续前辈学人传译外国新闻学与传播学经典的事业，以一定的规模为我们的学术界与思想界以及业界人士、为我们的师生理解和借鉴新闻与传播学的精华，提供基本的养料，以便于站在前人的肩膀上作进一步的探究，而不必长期在黑暗中自行摸索。

译丛涵盖学术著作及经典教材读本。学术著作兼顾大师经典与学术前沿。所谓经典，采取观点上兼容并包、国别上多多涵盖、重在填补空白的标准，重在推介20世纪前期和中期新闻学的开创性著作和传播学的奠基性著作，也适当地关注产生广泛学术影响的新经典。所谓前沿，意在寻求当下研究中国问题所需要关注的研究对象、范式、理论、方法，有的放矢地寻找对中国的研究具有启发意义的典范作品。与我国新闻传播学专业所开设的必修课、选修课相配套，教材读本适合新闻与传播学专业教学使用，可作为重要的教学参考书以开阔师生的视野。

总之，我们希望本译丛能起到承前启后的作用。承前，就是在前辈新闻传播译介的基础上，拓宽加深。启后，是希望这些成果能够为中国的新闻传播研究提供新的思路与方法，促进中国的本土新闻传播研究。

中国人民大学出版社

论争：新闻传播理论出场的典型形态

社会是多元而复杂的，各群体和阶层之间在实践地位和利益诉求上存在差异，思想观点各不相同，从而形成不同的理论派别。社会中的每种学科都存在大量争论问题，甚至有些学科领域中没有一个问题是不存在争论的。[①] 学术论争有着正面积极的意义，不同流派之间的观点交锋是推动学术理论创新的重要前提，因为正是那些具有深刻意义的分歧，才可能有破有立，形成理论的生长点，推动学术的发展。这"犹如在春天播下了种子，到秋收季节就会生出各类丰富的学术成果"[②]。对于学者来说，学派竞争意识是必要素质，而对于学科来说，学派竞争意识是学科保持旺盛生命力的重要表征。

各种学科都存在学术论争，新闻传播学自然也不能例外。不仅如此，和其他学科相比较，新闻传播学起步较晚，在概念体系、价值规范和理论框架等方面的话语生产能力相对较弱[③]，加之新闻传播又与社会诸多方面密切相关，研究覆盖面广泛，完全依靠本学科理论体系不足以解决所有问题，需要多种学科提供理论或方法的支持。例如研究媒体与战争的关系，就涉及舆论学、社会学、政治学等多个领域。一方面，这种来自外学科的支持使新闻传播学者能保持宽广的学术视野；另一方面，理论来源复杂也导致各种观点分歧层出不穷，学术论争成为常态。

---

① 宋惠昌. 学术论争与理论创新 [J]. 理论视野，2006 (2)：55 - 58.
② 邵培仁，廖卫民. 中国新闻传播学 30 年学术论争的文献统计分析 [J]. 当代传播，2009 (1)：8 - 11.
③ 侯琰婕. 新闻传播学话语生产与话语权力分析 [J]. 中国报业，2018 (2)：18 - 19.

中国新闻传播学科发展史就充分体现了论争常态化的特征，相关论争话题可以归纳为三种类型：

一是学科元问题，即围绕"新闻无学"还是"新闻有学"的争论。新闻是否"有学"，这种关于学科存在的合法性及学科属性的反思、质疑与求证，从 20 世纪初中国新闻学诞生伊始就已经存在，至今仍是新进入的研究者们需要面对并思考的问题。主张"新闻无学"的重要原因是人们以"科学"为标准审视新闻业①，认为新闻"从业无门槛"，认为新闻是一种技术技能，"有术无学"，认为新闻等同于宣传，没有独特的规律值得研究，认为新闻学的研究实践和研究对象距离太近，缺乏学术张力，等等。② 然而，伴随着新闻业实践的发展，多种观点和立场持续交流对话，最终实现"从'无学'向'有学'微妙转换"。到 1980 年代中后期至今，"新闻有学"已成为共识，新闻学理论体系不断完善，研究方法日渐创新，学术成果丰富多元，学科地位不断巩固。新闻学已经成为一门显学，并且对哲学社会科学形成重要支撑。然而，从全球视野看，"新闻无学"的争论似乎没有那么容易平息。美国著名新闻研究者迈克尔·舒德森在接受中国学者常江、何仁亿采访时就指出，他从未将"新闻业视为一个独立自洽的领域"。他认为新闻业应当是社会学、政治学、历史学研究的对象，新闻研究的价值在于将新闻业与其他多学科关联。"新闻学"如果单独称为一个学科，就会阻断来自其他学科的有益支持，导致研究者视野窄化。③

二是西方学术成果引入中国过程中引发的论争。改革开放以后，许多西方新闻与传播学研究的相关概念体系、研究方法、学科理念被引入中国，这些西方学术成果与中国新闻学实践现实相互碰撞，产生了新的问题，引发了新的论争。最典型的是关于传播学的论争、关于新闻专业主义的论争。

"传播学"引入中国后，面临着一系列问题，起初是关于"communication"一词如何翻译、如何定义的问题。后来发展出新闻学与传播学关系的论争：持"学科替代"观点的学者认为可以用传播学替代新闻学；持"学科融合"观点的学者不同程度地认为应该把新闻学融入大众传播学的学科体系；持"新闻学学科独立"观点的学者认为新闻学与传播学两个学科可以存在合作，但各自独立存在，不能相互替代。随着传播学在中国学术地位的确立，更多争论产生了。例如：关于传播学研究是否应该"本土化"的问题，有人认为传

① 姜红．现代中国新闻学科的合法性建构——"新闻有学无学"论争新解 [J]．新闻与传播研究，2007（1）：52-61，95．
② 梁骏．我们需要什么样的新闻学？——对"新闻无学"论争的再思考 [J]．编辑之友，2019（2）：75-79．
③ 常江，何仁亿．迈克尔·舒德森：新闻学不是一个学科——历史、常识祛魅与非中心化 [J]．新闻界，2018（1）：12-17．

播学研究应该具有民族特点，为中国大众所接受；有人认为传播学是科学，带有普遍性、规律性，不分国界。此外还有传播学研究方法问题，学者们也开展了实证主义与人文主义的论争、定性与定量的论争。这一系列论争的开展，逐步明晰了传播学的基本概念、理论体系、学科地位、学术道路、研究方法等基本问题，为传播学的建立、成熟与未来创新提供了开阔的思路。

"新闻专业主义"理念在西方兴起已有半个多世纪，它要求新闻业排除政治、社会力量的干扰，强调新闻报道的客观性与新闻业的独立地位，是新闻学领域关于传播者研究的一种重要视角，本书中讨论的新闻自由、客观性、公共利益等话题，从本质来说都与新闻专业主义相关。但"新闻专业主义"理念在西方一直存在争议，"精神产业和信息服务的独特性，使得新闻专业主义虽然成为业界重要的目标和手段，但它注定难以实现，因为它实质上是文化精英建构的乌托邦"[①]。1990年代，"新闻专业主义"理念被引入中国新闻界，"先天"概念模糊加之"后天"水土不服，新闻专业主义迅速成为中国实践界和学术界争论的热门话题。例如关于这种舶来品的中国适用性的问题，有学者直接建议整合"发展新闻专业主义"作为当代中国主导性的新闻观念，但也有学者认为中国新闻事业发展存在多条观念脉络和主流意识，并非简单移植"新闻专业主义"即可囊括[②]。在当前的新媒体环境下，新闻专业主义又面临公民新闻、社交化传播等新的冲击，分歧和讨论仍在继续。

三是伴随中国新闻学实践的现实问题出现的新闻论争。中国新闻学从1920年代以来经历了从无到有、从小到大的发展过程，伴随这一过程出现了多次论争，其中关于"新闻商品性"三个阶段的论争跨越了一个世纪，成为中国新闻学术论争中最为浓墨重彩的一笔。第一阶段是1930年代关于"新闻托拉斯"论题的讨论，当时中国报业初步呈现垄断现象，上海报业资本家、《申报》老板史量才收购《新闻报》股份，遭遇激烈抵触，反对者认为报纸不能作为商品被买卖，引起了新闻事业经营是否"营业化"问题的讨论。第二阶段出现在1950年代，复旦大学王中教授提出报纸具有工具性和商品性两重性，在当时特殊的政治环境下，这种观点被批判为"反动"的"资产阶级新闻理论"。第三阶段出现在1980年代，标志性事件是《新闻界》杂志1988年开展关于"新闻是不是商品"的讨论，刊发甘惜分教授的文章《精神产品不能提倡商品化》。这次讨论在比较宽松的社会环

① 吴飞，龙强. 新闻专业主义是媒体精英建构的乌托邦 [J]. 新闻与传播研究，2017 (9)：5-25，126.
② 虞鑫，陈昌凤. 政治性与自主性：作为专业权力的新闻专业主义 [J]. 新闻大学，2018 (3)：8-16，146.

境中进行，各种意见得到充分表达，新闻商品性得到了学理上的承认和实践上的认可。①

改革开放以来，中国新闻界不断探索新的实践形式，新的问题随之不断涌现，学术论争更加频繁。邵培仁等学者曾对中国改革开放 30 年间新闻传播学术论争的文献进行统计分析，结果显示，中国改革开放 30 年间的显性新闻论争共 135 个回合，平均每年有 4.35个回合，而在 1988 年、1999 年、2006 年三个年份，更是分别有 11、11、12 个回合，可谓是"群星争辉"。② 从涉及的议题看，学术论争也呈现出与时俱进、不断拓展和深化的过程，关于新闻与宣传的关系、典型报道、新闻散文化、新闻策划、体验式报道、媒体体制改革等各种问题争相进入学术讨论的视野，还有新闻真实性及"职业伦理"问题在新的媒体环境下被重新思考与定位。纷繁的学术论争体现了新闻传播实践中出现的复杂矛盾，反映出改革开放进程及媒体技术变革带来的巨大变化，同时也从一个侧面显示出中国新闻与传播学研究的繁荣蓬勃。

一定程度上，可以说新闻传播学术史同时也是学术论争史、学术问题史，中国如此，美国亦是如此。本书两位作者正是基于这种考量，将教学过程中讨论的重大问题以论争的形式集中呈现出来，用独特的角度展示美国新闻学实践与研究历程。

形式方面，这种著述方式有两个方面的优势，可供中国研究者参考：其一，启迪思考的优势。本书最初的用意是为教学提供辅助，用论争的方式使各种观点充分交锋，展现出学术生态的多元和复杂性，突出不同学术论点之间的矛盾冲突，再现学术争论的气氛，容易启发学生思考，引导他们汲取各方面观点，从而形成自己的见解。其二，文献集纳的优势。关于新闻行业和学科的不同观点散落在不同专家学者的著述中，资料丰富，但不成系统，很容易遗漏。本书以重大学术问题为线，将散落在各处的珠玉之言串联起来，正文中处处旁征博引，每章结尾又提供大量参考文献，不仅展现了学术传承的脉络，而且自身成为一份极有分量的文献索引。

内容方面，由于社会背景、政治制度、文化取向等多方面的差异，中国新闻业与美国新闻业的发展历程大相径庭，所面临的问题也不尽相同，本书中所讨论的一些问题可能并不符合中国的具体语境。但从学术思维和理念方法层面展开交流仍然非常有必要，正如胡适在中外文学的比较研究中曾提出"互相照明"的概念，主张打通中西的学术思维方法，因为不同文化之间的相互对话，会拓宽彼此的学术视野、活跃学术氛围。③ 例如本书中讨

---

① 段钢．"新闻商品性"之争与新闻学术史建构 [J]．探索与争鸣，2011（9）：64－66.
② 同①.
③ 陈文忠．论人文学科的学术提问 [J]．安徽师范大学学报（人文社会科学版），2015（5）：537－548.

论的媒体所有权集中问题，中美两国媒体体制不同，具体问题需要具体分析。但两位作者关于媒体运营的商业规律、社会责任等基本问题的思考，对研究中国媒体仍有借鉴意义。除此之外，本书聚焦数字时代，提出了当前传媒业面临的一些新问题，例如公民新闻、数字化战略等。这是全球媒体面临的共性命题，针对这些问题，中国研究者应该具备世界眼光，以开放的态度了解不同理论和方法，在中外学术的互相照明中获得启迪。

在学术视野、思维方式、著述方式等方面，达成中外新闻传播学术研究的"互相照明"，这就是翻译本书的最初用意。

本书翻译出版工作得到了多方师友亲朋的支持：北京师范大学喻国明教授，中国人民大学钟新教授和王斌博士等师友为翻译工作提供了智力和精神支持；中国人民大学出版社翟江虹、汤慧芸、王一名等多位编辑老师付出了他们的辛劳和智慧；北京第二外国语学院2016届毕业生朱晓宛、李京泽参与了部分章节的资料收集和基础翻译工作；北京第二外国语学院的多位领导和同事在工作中提供了启发和激励……对于他们的贡献，我表示衷心感谢。

还要特别感谢我的家人和孩子，他们是我最大的动力。

王春枝

2019 年 3 月

埃弗里特·E. 丹尼斯和约翰·C. 梅里尔是媒体问题、体制和行业研究的知名专家，也是享誉国际的作者、学者和新闻学教育界翘楚。丹尼斯博士是纽约市福特汉姆大学商学院传播与媒体产业的杰出教授，梅里尔博士是密苏里新闻学院名誉教授。丹尼斯博士曾创建哥伦比亚大学媒体研究中心并担任主任，创建柏林美国学院并担任校长，还曾在俄勒冈大学担任院长，在明尼苏达大学、堪萨斯州立大学、西北大学等学校任教。梅里尔博士的大部分学术生涯在密苏里新闻学院度过，同时也曾担任路易斯安那州立大学曼士普新闻学院主任和教授，并曾在马里兰大学和世界其他几个国家的大学任教。丹尼斯和梅里尔都属于媒体研究领域非常高产的学者和研究者，他们在媒体伦理、国际传播、媒体产业、媒体法和其他方面都著述颇丰，也都在各自领域获得各种学术组织的重要奖项。他们既是媒体领域热忱的学者，也是活跃的学生。梅里尔博士 2004 年曾在开罗的美国大学做访问教授。丹尼斯博士也于这一年完成了对于 25 个大型媒体公司数字化战略的重要研究，同年还获得美国新闻与大众传播教育学会（AEJMC）颁发的埃莉诺·布卢姆学术研究奖（Eleanor Blum Award），这是很多新闻学者梦寐以求的荣誉。

关于本书

About the Book

媒介论争

从图书到宽带，各种传播媒介刊登的内容都可能引发争论，争论的话题很广泛，包括传播内容的特征、信息采集的方式、信息被理解和使用的方式等。对于传播事业和媒体来说，由于人们观点相左而展开的争论具有重要意义。媒体存在的主要价值是描述自己周围的世界，关于这一点本身就常常是存在争议的。媒体公司无论规模大小，都是为受众生产内容，而受众很少完全被动地接受信息、观点和娱乐，他们会讨论自己看到和听到的内容，揣摩其含义，并且与亲朋好友相互转述，这个过程会呈现出不同视角、不同理念、不同观点，麻烦就这样产生了。受众的观点可能是温和的，也可能是激烈的，但它们都表明人与人之间存在差异，传播者应该认知并理解这种差异。除了媒体内容和媒体人自身的表现外，传媒作为社会系统的一个组成部分所能产生的更宏观的影响，也是争论的重要话题。

媒体受众自然愿意讨论他们获得的各种媒体信息，他们中的一些人知识丰富、富有洞察力。受众有权利表达自己的观点，阐述自己的印象和主张。本书呈现了由大众传播过程要素引发的一些争论，包括传媒业整体，报纸电视等媒体行业，记者、制片人、摄影师、公关人员、广告经理等个体传播者，同时还包括文字、影像等不同形式的媒体内容。

媒体本身是关于新闻的行业，因此，很多媒体话题看似新潮而短暂，但实际上很多问题都是更宏大持久的媒体争论的一部分，这些媒体争论可能已经持续了几十年，甚至几个世纪。一位地方检察官试图让一位记者报道一起案件的庭审；悲痛的父母希望媒体不要报道悲剧事件现场；政府要进行网络审查；一位电视制作人辜负了消息来源对自己的信任；地方冲突的一方抓住一位记者当作人质；一个广告主从热门电视节目中撤下自己的广告；一位批评家痛斥一家媒体公司；在老龄化程度加剧的社会，一些人报怨电视媒体歧视老年群体；同性恋群体称电视媒体丑化了他们的形象；发展中国家报怨西方媒体上的不公正报道使其经济受挫……成百上千个诸如此类的问题每天都会出现，常常被热议。这些问题乍看是暂时的（有很多确实如此），但所有这些问题都与过去已经出现或者将来可能出现的类似问题存在关联。一本媒体教科书如果为了使内容更清晰而只为读者提供一致的意见，将是对读者不负责任的做法。这个领域的问题是不能被定性的，我们期望能引发更深入的争论和读者反响，相信争论的过程有助于激发读者的兴趣和理解。

与公共传播相关的话题很重要，能直接或间接地对社会生活产生影响。传播内容常常会引发批评。例如，媒体对非裔、亚裔、拉美裔美国人形象的塑造，媒体关于健康、经济或环境问题的讨论都常常会成为热议话题。记者和其他媒体人的工作方式不管是否遵循职业伦理道德，都常常会引发批评。广播电台、杂志和报纸等特定媒体在社区中的表现也是人们关心的问题。娱乐媒体、观点媒体、广告、营销和公共关系类媒体概莫能外。关于媒体的论争涉及传媒行业的各个领域，摄制间、录音棚、数字媒体的"飞地"、新闻编辑部、制作室、媒体公司会议室等，这些都是争论的发起地。美国民间有谚语称，"谁出钱，谁做主"，事实情况也是如此。因此，媒体所有权和传播控制权常常是关注传媒业人士的重要议题。除此之外，传播的社会效果也是人们关注和评论的热点，表达自由的媒体体制及其与政府和其他社会部门的关系也值得我们密切关注并深入思考。

本书探讨了一些持续争论的话题，这些话题长期困扰着报纸编辑、广播电视工作者、媒体批评家、教育工作者、普罗大众和美国其他关注大众传媒理论和实践的人。我们选取了媒体、传播和新闻领域内20个最具普遍、持久意义的争议话题。传统印刷媒体和广播电视媒体之间的界限已经被全新兴起的数字媒体抹除，在互动的多媒体时代，所有媒体都开始真正融合，成为巨型媒体公司，我们后面会一一解释这些问题。我们希望本书能激发学生和媒体从业者思考他们所面对的问题，多年以来，这些问题持续困扰并激励着新闻人。本书所讨论的话题旨在激励读者探索美国大众传媒的特征、使命和实际运行状态。一些话题具有深远的社会意义，而另一些话题则只是街谈巷议。这些话题共同帮助我们理解传播媒体与社会相互影响的关系。

为了选择这些话题，我们阅读了大量的书籍、文章、参考文献以及学术目录，确保我们所选取的话题是具有普遍价值、值得讨论的重要话题。这20个话题是从100多个话题中归纳出来的，并没有普遍接受、人人认可的概念和话题清单可供参考，因此，我们选择了传媒业界、学界和专业机构最常讨论的话题。我们试图分离出历史久远的概念和话题，我们相信，大部分短期的话题可以在当下或之前更宏大的话题中进行考量。传媒的基本功能和相关权利并没有发生重大变化，但它们显然要受到经济、科技和法律框架的制约，所有这些要素都融入了我们的评论和争议中。

我们尽量指出各种新闻实践的问题与新闻学界的争论之间的关联，并解释它们为什么及如何相互影响。我们开篇讨论的是新闻自由，这是所有媒体体制中最基本的话题，和媒体与民主的关系问题密不可分。然后我们讨论了媒体与政府的关系，紧接着是媒体的经济诉求与公众信任问题，其本质是关于传播者与受众关系的问题，与之相关的其他概念还包括知情权、媒体偏见、政治倾向性（关于媒体政治报道的重要话题）等。然后我们审视了数字革命和互联网的影响。前面的这些章节讨论的都是媒体体制的基本话题，但其重要性是由媒体确定新闻、表达立场和塑造职业道德的能力确定的。本书接下来讨论了以下话题：公共新闻学引起的新闻形态和标准的变化；关于种族、族群、性别传播的话题；舆论、广告、公共关系等说服传播的话题。然后我们聚焦新闻职业，探讨了之前和其他理论研讨中常提及的实践操作问题。再接下来是本版本新增加的一章，关于媒体和国家紧急状态时的关系问题，包括恐怖主义和战争等。最后，我们在世界视野中展望了媒体和传播行业的全球化问题。①

一般情况下，传媒业当前的某个争议话题都可以被置于美国媒体传统信条的语境中加以检验。对于论争双方来说，质疑当前的某种流行观点是否正确，是否有必要重新审视或定位，都是寻常事。我们努力在本书中发扬这种精神，以论争的方式呈现各个话题，以传统的辩论方式和组织证据的方式为自己的立场据理力争。

本书与传统的新闻教科书存在几个方面的区别。先是简单定义并解释一个话题，点明目前对于这个话题的普遍认识。然后由一位作者对当前普遍的看法发起挑战，另一位作者则展开回应。尽管我们每人都持有特定的立场，但我们表达的并不一定是个人观点，我们只是扮演持有不同立场的人，各自呈现最好的证据力陈己方观点。这种操作方式的关键是：厘清论题中存在的核心争议，展示人们如何把一系列复杂的问题简化为界限分明的正反双方，并阐明其原因。任何两个人在讨论或重大或琐碎的争议性话题时都自然而然会展开辩论，我们也采取了这种方式，主要目的是激发进一步的讨论。我们也指出，每个人在得出合理的结论之前，都需要对各种复杂因素进行深入思考，关于传媒领域的话题尤其如此。即使要通过妥协解决问题，这种妥协也必须是在充分了解相关证据、价值观和实践经验的基础上做出的。

正如律师会奋力为自己的委托人辩护，我们也竭尽所能组织证据力证各自所代表的立场。正如律师们知道自己的委托人并不一定是对的，我们也清楚所有的问题都有多面性，

---

① 本段提及的正文内容安排顺序与实际略有出入。——编注

争议几乎不可能用这样非此即彼的方式得以解决。然而，大多数人在面对这些媒体问题时，最终都会站定自己的立场。人人都可以就某篇报道质量高低、某位记者的做法是否符合伦理道德、某次公关行为是好是坏等问题持有自己的看法。媒体问题是全体社会成员的问题，不是机构、政府、读者或者批评家自己的问题，这些问题影响着我们每个人，因为我们大都是广告主、评论版面、电视娱乐节目、广播新闻和诸多媒体内容瞄准的目标受众群体。更重要的是，用批判的眼光看待公共传播过程各要素及传播效果，对于我们成为更好的媒体消费者至关重要。我们每个人都要参与这样的论争，讨论对每个人都有影响的传播，努力对传播施加我们的影响，与传播者对谈。

我们可以从认识媒体领域的这些重要争论开始，最终，我们都应该为我们自己的目标，以我们自己的方式陈列证据，与不同意见辩论。如此一来，我们就能得出自己的结论，并认识到关于这些问题的立场没有对错之分。

序言
Preface

媒介论争

当前被称为后"9·11"时代，一切人类活动都在某种程度上受到了国际恐怖主义的实质性影响。媒体是社会与文化的中枢神经系统。在急剧变化、高度互动的信息时代，媒体，特别是新闻和信息类媒体，一方面作为独立的社会机构与商业、政府等社会机构互动，另一方面又承担着为个人、机构和社会本身传递信息的功能。

因此，在互联网和新媒体时代，涉及传播和社会的根本性辩论既有老问题，也又新变化。尽管关于新闻界和新闻媒体的概念本身有待重新审视，但关于媒体应该如何实现其功能、媒体内容的可信性如何等问题的讨论依然非常热烈。

从文字传播时代、电子传播时代到数字传播时代，人们一直深切关注传媒在社会和文化中所承担的功能，包括传媒如何塑造人们的态度、观点，如何影响人们的政治和商业行为等。媒体是变得更好了，还是更糟了？为什么？除了媒体的社会、商业和政治角色之外，人们尤其关心他们从媒体中获得的内容，包括从报纸、杂志、电视获得的新闻资讯，从广播获得的观点，从电影或有线电视上获得的娱乐信息。例如，人们关于媒体自由和公正的普遍担忧在当前的媒体环境下有所减弱，但仍然是关于媒体讨论和争议的一个核心议题。

在经济全球化背景下，美国人时常思索，其媒体体制与世界上其他国家有何不同？是更好还是更糟？政府与媒体的关系也是人们关心的重要问题，包括谁影响了谁，为什么，媒体的可信性，获取多元化信息和观点的权利等。我们关心媒体公正性的问题、民族和种族问题、新闻的本质及基础、新闻专业主义以及跟媒体存在密切联系的行业——广告和公共关系。

本书并不是历史书，我们在自己的观察之外，还引用了诸多学者、媒体评论家的观点，从历史视野中受益。在本书刚开始写作时，媒体和政府的关系问题是我们讨论的一个核心问题。但随着时间的推移，所有权集中加剧，媒体垄断程度日益严重，经济要素变得更加重要，甚至起决定性作用。渐渐的，任何关于媒体的理解及相关问题都围绕经济、科技和管理等方面展开，包括金钱、新闻机器和法律的互动关系等，它们都是相互关联的。例如，数字媒体日新月异的变化极大地拓展了我们的传播选择空间，同时也加剧了传播领域的困境。那些有时被视为技术发展和变革的问题，并不是孤立存在的。互联网的新传播平台万维网以及各种宽带和卫星频道，都与人们的媒体使用习惯、欲求与恐惧等问题密切相关。

当就有偏见的消息来源、草率的报道或者信息和娱乐界限模糊等问题开展讨论时，大部分人着眼于现在和未来。本书试图提出当前争议环境下和未来媒体图景中的重大论题，我们也希望读者在阅读本书中所提到的问题时，能立足当下，放眼未来。我们今天所讨论的对当前至关重要的问题，也是未来我们都将身处其中的更宏大媒体图景的一部分。

我们二人一直致力于新闻传媒领域的学术研究和实践，在数十年间出版著作 70 多本，并在知名杂志和学术期刊上发表论文数百篇。我们致力于传播领域的研究，并与从刚入行的员工到大媒体公司的负责人等各层次的业界人士保持经常性联系。我们在近 100 个国家或地区开展媒体调查研究，成果也常常被媒体报道引用。我们在 10 所大学教过书，并为基金会、智库和其他需要媒体知识和经验的机构服务。我们也都乐于与自己的学生进行面对面交流，或者通过互联网进行持续讨论，本书每一版的写作过程中都有上千名学生通过邮件、电话和信件等方式加入我们的讨论。这些经验和信息在这一版本中也有所体现。

第四版《媒介论争》与之前版本有哪些不同？ 本书反映了传媒领域的一系列变化。当前的一些事件已经改变了传媒业态，从而改变了我们要讨论的话题。与此同时，还有一些变化正在发生，将对更长远视野中的传媒业产生影响，这些变化可能是细微的，但也值得我们关注。本书上一版本出版之后，传媒业数次陷入争议旋涡，主要包括以下话题：

● **杰森·布莱尔事件** （The Jayson Blair affair）。《纽约时报》记者杰森·布莱尔存在严重造假和抄袭行为，最终导致报纸编辑部高层辞职，震惊新闻界乃至整个传媒行业。

● **反恐战争** （A war on terrorism）。全球范围内的政府都在加大对媒体报道的信息控制，言论自由因此受到影响。

● 伊拉克战争和阿富汗战争（Wars in Iraq and Afghanistan）。两场战争使开放社会中的信息保密与公开的冲突重回人们的视野，并对新闻界产生影响。

● 传媒业所有权集中持续加剧（Continued consolidation and concentration of ownership）。这对媒体机构的运作、内容、人事和社会角色产生影响。

● 新闻和其他媒体内容的风格和标准发生变化（Changing styles and standards of journalism and other media content）。它引发关于公民新闻、媒体意识形态以及媒体是否存在偏见的思虑。

● 政治变局（Political upheaval）。2004年美国总统大选以及世界各地的各种选战引发的政治变局，都促使人们重新思考新闻媒体的社会功能。

● 观点媒体兴起（The rise of ideological media）。福克斯新闻网（Fox Network）以及各种持保守或者自由立场的脱口秀节目主持人和电视网兴起，成为急剧变化的媒体图景中的一部分，极大地挑战了美国新闻界中应该持客观中立立场的传统观念。

● 无所不在的全球化（Globalization of almost everything）。包括传媒业的全球化，引发了不易觉察的变化，同时也引发了街头骚乱，影响着世界变化的进程，并催生新的经济规则。

● "多样性"一词被重新定义（A redefinition of diversity）。在民族和种族之外，又增加了性别、年龄等方面的含义，这对媒体的工作方式和受众定位都有影响。

● 媒体和民主关系困境这个老话题（The age-old media and democracy conundrum）。一个以促进他人自由为业的社会部门，自身怎能以独断的方式运作？因此引发另一个问题，媒体的自由应该有怎样的限度？

以上这些以及新闻业发生的其他重大变化，从电视网主持人的改变、真人秀的兴起到博客崛起等，都是这一版本中将讨论的话题。

很显然，如果你穿梭于各大新闻传播学院的讲堂，在聆听关于媒体所有者动机的演讲报告时，也可能会听到我们所思索的这些问题。但遗憾的是，这些演讲者可能从未步入过任何媒体公司的高层会议室，也从未和他们轻易就能"理解"并常常加以"批判"的那些人开展过对话。同样，我们也不难发现，报纸、广播、电视领域的媒体从业者会毫不犹豫地否定大学教授们所做的研究，断言"这些教授根本不知道自己在说什么"。我们二人长期以来结识了传媒业方方面面的人士，包括行业的领导者、知名或不知名的传播从业者、顶尖的学者、研究人员和其他评论者。我们在美国甚至世界几乎所有大洲旅行，研究美国和世界其他国家新闻媒体体制的异同。

这样的经历使我们对自己真正知道和了解的事情保持谦卑之心。新闻传播领域的研究并不像一些人想象的那样简单，它是多层面、多维度的。面对同一问题，生活经验、认知视角、政治立场和实际既得利益不同的人，会得出不同的结论。实际上，对待同一问题的认知方式有很多种，传媒领域的研究在这方面的表现格外突出，刚入行的记者与媒体公司老板的观点迥异，新闻经理与广告、公关人员的看法也大相径庭。大学的情况也类似，新闻史学者、社会科学研究者、文化研究和批判学派的拥护者观点各不相同。我们相信，没有哪种认知方式在掌握真理方面享有特权，对各种认知方式进行科学评价、合理扬弃是最好的途径，适用于当下，也适用于其他任何时候。因此，本书也囊括了一些理论家和评论家的作品，他们的观点可能不为追随某种特定思想体系的人所熟知。本书注重新鲜素材，甚至有当月新面市的图书、刚发表的文章和论文被引用；本书也注重经典素材，有众多古代先哲和现代（不只是后现代）批评家的观点被引用。我们相信，研究是需要相互尊重的，我们充分尊重之前众多不同研究传统的学者所做的学术努力，也重视从媒体从业者、评论家和普通公众那里获得的智慧启迪。我们这里提到的差异是普遍存在的，它盘桓于不同利益和动机的人群的辩论中。因此，学生需要自己消化不同观点，过滤各种事实，最终得出自己的结论。

在传媒研究领域，几乎没有一成不变的观点，没有放之四海而皆准的原理规范。无论是在个人、群体、组织还是社会层面上，传播问题和传播政策都属于人类决策范畴。被某人或者某组织领导极为重视的信息或者趋势，在另一人或者另一组织领导看来或许根本无足轻重；一个人眼中的根本性变化，在另一人眼中可能只是不可能重来的一次意外波折。我们可以解决一场媒介论争，但众多顽固问题和原则争议会持久存在。因此，即使将现在看来可以进行清晰评价的问题放置于机构记忆、历史、学术评价和个人经验的语境中，也会产生不同的结论和成果。

本书是两位传媒学者和分析家对话的成果，我们欣赏对方的工作，但在论点或使用论据论争某个话题的方式等方面常存在不同意见。当我们之一提议我们合写一本书时，这简直是不可能完成的任务，但是当我们决定采用论辩的方式写作时，问题迎刃而解了。这是一种相当有挑战性的写作方式，一位作者采纳某种立场，并像律师一样采纳各种事实建构证据链以支撑某个强有力的结论时，另一位作者针对同一话题，提供相反的论辩、证据和结论，然后是双方辩驳。最终，我们二人为学生提供了截然不同的话语模式，提出了对学习和研究都有裨益的问题，帮助学生得出自己的结论。这种写作方式最大的挑战在于，作者不是简单表明自己的立场和观点，而是要扮演提倡某种立场和观点（我们本人可能并不赞成这种观点）的人，旨在为这一立场和观点提供令人信服的辩护。针对一些问题，我们抽签决定自己的立场；还有一些问题，我们挑选自己更熟悉的一方观点进行辩论，无论它们是否是实际上个人深信不疑的观点。如果学生真正对我们个人的实际观点感兴趣，建议参考我们之前出版的其他作品，而对于反对我们观点的学生，则让他们参考与我们观点不同的其他人的作品，以此形成热烈的讨论。

本书的体例非常简洁：首先是对要讨论的问题进行中立的描述，反映当前的主流观点，然后展开辩驳和回应。在辩驳和回应环节，我们试图使用学界和业界的各种资源构建支持自己立场的最佳证据。我们挖掘了近几十年来的大量素材，并且也参考了各种历史资料。同时，我们还列出了详尽的相关资料清单以备日后使用，在每章结尾部分都有建议深入阅读的资料列表。

本书可供大众传播、新闻学、媒体研究和其他相关领域的课程使用，特别适用于已经超过入门级层次的学习群体。在过去几年中，本书先前的几个版本已经被大学二年级、三年级、四年级学生，研究生和传媒领域专家使用。本书被广泛应用于大众传播与社会、媒体与娱乐产业、新闻传播学当前问题研究、媒体伦理学、传播伦理与法制、媒体研究概论等课程的课堂上。

最重要的是，我们对自己和其他学者的研究成果进行了融会贯通，同时也系统梳理了媒体所有人、高层管理者、资深从业者的直接经验。我们相信，这在很大程度上坚定了我们自己的认识，并使本书的内容更加丰富。媒体人、学者、公众、机构领导者之间的相互尊重使本书更有价值，更能促进真实的互动，这也是我们多年以来在一届又一届学生、多位同事和媒体专家同行的帮助下所孜孜以求的目标。我们感谢学界和业界诸多同事所提出的批评意见，特别是几位对本书的各版本都做出贡献的人，包括得克萨斯大学泛美分校的萨尔玛·加尼姆（Salma Ghanem）、艾奥瓦大学的布鲁斯·格伦贝克（Bruce Gronbeck）、华盛顿大学的凯文·川本（Kevin Kawamoto）、佐治亚大学的肯·米德尔顿（Ken Middleton）、北卡罗来纳大学的卡罗尔·罗伊斯（Carol Reuss）、克利夫兰州立大学的加里·佩蒂（Gary Pettey）、得克萨斯大学奥斯汀分校的多米尼克·拉索萨（Dominick LaSorsa）、宾夕法尼亚州立大学的文斯·P. 诺里斯（Vince P. Norris）、威斯康星大学密尔沃基分校的德怀特·蒂特（Dwight Teeter）。

本书的出版也在很大程度上归功于几代学生，他们独到的提问角度和率真的评论促成了我们的写作。同时，本书也受益于诸多同事和媒体同行，他们热情地参与了这场辩论的发展、重塑和扩展的全过程。

目　录

第 20 章　全球化和媒体 / 211

第1章
新闻自由

一家大学校园报纸的编辑因为在社论中攻击教务长而被校方控制的校报委员会去职。5一位学生的博客因为发表不受欢迎的据信是种族主义的言论而被关闭。这两个案例都引发激烈讨论，论辩各方在认识上存在深刻差异。类似"新闻审查"和"言论自由"这样的字眼在争论中被频繁提起，而每个参与论辩的人都声称自己是言论自由和新闻自由的坚定捍卫者。关于言论自由和新闻自由理念的争议也每天出现在世界许多国家和地区。

新闻自由通常被定义为不受政府限制地传播观点、主张、信息的自由权利。新闻自由是美国和当今世界大部分国家坚守的价值观，美国宪法第一修正案以法律的形式为新闻自由提供保障，其内容如下：

> 国会不得制定关于下列事项的法律：确立宗教或禁止信教自由；剥夺言论自由或新闻自由；剥夺人民和平集会及向政府请愿申冤的权利。

新闻自由的核心目标是鼓励公众形成知识丰富、消息灵通的选民团体，以对公共事务做出合理决策。起初，新闻自由的主要内涵只是可以不经过政府许可自行印刷和发行报纸，后来逐渐演变为不能对出版物进行事先限制，也就是废除出版物的事先审查机制。但是新闻自由的内涵比字表意思要宽泛得多，它实际上是言论表达自由，比美国宪法第一修正案所保障的范围还要宽，对于那些没有明确法律保障新闻自由的国家来说，这一点令人惊讶且不解。美国宪法第一修正案保护那些不受欢迎的言论及传播，例如焚烧十字架或者其他带有仇恨意味的信息，不公正的政治表态，一些色情作品，不含恶意的诽谤，甚至是出版偷来的政府文件等。评价的标准就是是否涉及公共利益，不论信息的准确、公正和合理程度如何，只要包含明确的公共利益，就应该允许其自由流动。世界其他国家对于新闻6

自由的保障程度都没有如此之高，尽管这些国家的民众向往美国这些方面的制度，但是其领袖确定无疑不会这样做。美国用法律手段保护言论自由，使政府或商业力量很难对新闻界或其他媒体加以限制。我们甚至还有一套司法审查程序确保对新闻自由的限制不会过于模糊或宽泛，从而阻止政府独断专行或反复无常的行为。美国国会曾出台法律禁止淫秽内容在互联网上传播，但美国最高法院认为这样的法律会对言论出版自由造成威胁，因此宣布其无效，这是新闻自由这一古老原则在当前媒体环境中的体现。

新闻自由是为了确保公众对信息和观点的需求能获得最大限度的满足，使其充分获得自我实现的权利。新闻自由也是其他公民权利实现的促进剂和保护伞：在美国，自由的新闻机构被认为对民主政府的运作和公民的自由具有重要意义。当然，新闻自由也意味着不能以独断专制的方式管理媒体。

而关于"自由"这个概念的根本性质，却一直存在争议，自由到底是什么意思？对谁适用？它是个人权利还是组织权利，也就是说新闻自由是属于每位公民还是仅属于报纸、电视台、网站等这些媒体机构？一般来说，当前对于新闻自由的解释主要取决于"国会"（Congress）、"不得制定……法律"（no law）、"新闻界"（press）这些已经获得法律认可的词语的含义。"新闻界"一度仅指印刷媒体，但随着广播电视和网络技术的兴起，"新闻界"的概念也在很大程度上被拓展，包括各种类型的电子媒体、电影、音乐等，当然还包括互联网和其他形式的数字媒体。

 ## 挑战

丹尼斯：新闻自由并非一个已经解决的问题

虽然"新闻自由"这一概念并没有被完全理解或充分证明，但它依然是我们动辄就会提起的高贵的词。长期以来都有一种浪漫的观点认为，新闻自由理念兴盛于美国，是保障我们民主政治体制的关键。我们很多人愿意相信这种观点，但事实却并非如此。不管从"新闻自由"哪方面的精准意义进行衡量，美国新闻界都不自由。新闻界争取新闻自由的斗争虽然时不时能获得一星半点的成就，但离大获全胜还为时尚早。新闻自由或者说更广义的言论表达自由，在美国并不是一个已经妥当解决的问题。虽然众多美国宪法第一修正案的拥护者会站出来宣称某项法律或者某种实践不会通过第一修正案的检验，但这通常只是他们自己的观点，这些观点会出现在游行示威、国会大厅或者法院等各种场合的公共论争中。几年前，很多学生热衷于通过 Napster 等各种音乐类网站下载音乐作品，他们亲历了一场关于新闻自由的激烈讨论，音乐界以侵犯版权为由迫使这家流行音乐门户网站关闭，一家真正自由的媒体。还有其他一些案例，比如美国地方检察官会禁止在性或者宗教方面存在争议的电影上映。一些涉足不受人们欢迎的话题的媒体，例如受到普遍指责的种族歧视或者偏执的宗教狂热等，在美国的发展举步维艰；它们会受到地方公众的抵制和驱逐。尽管有时候美国法院会在事情发生后进行干预，恢复受到破坏的事业（或者人）的自由权利，但这些举措往往太少、太迟。那些认为美国已经解决表达自由特别是新闻自由问题并且得到全世界赞许的观点，根本就是无稽之谈。事实上，美国仍是一个战场，关于新闻自由的斗争仍将一次次地开展，过程中将耗费可观的资金、时间和耐心。

当我做出这一论断时，我清楚地知道，与世界其他国家和文化的媒体相比，美国媒体的情况算是好的，受到的限制也更少。但我仍然认为，真正的新闻自由只是个遥远的梦想，或许永远都无法实现。为什么？因为抛却那些华美浪漫的修饰用语"新闻自由"最基本的含义就是伟大的宪法学者托马斯·库利（Thomas Cooley）所提出的"任何人都有出版自己喜欢的内容并免于为此承担责任的权利"。19 世纪，库利在关于美国宪法法律的一段早期论述中写下了这些话，但他附加了一条重要标准：

> 那些含有亵渎、淫秽或毁谤内容，可能侵犯公共利益的出版物，或者造谣中伤、恶意损害他人地位、声望或经济利益的出版物，不属于新闻自由的范畴。（Cooley, 1888，885‑886）

尽管库利在 1888 年的论述很好地总结了美国多年来争取新闻自由的斗争所取得的成果，但同时，这份令人沮丧的例外清单也表明新闻自由受到很大限制。除了亵渎罪，库利这份例外清单上的其他内容在现在的法庭审判中仍然适用，极大地限制着新闻自由。

关于新闻自由理念的困惑在一定程度上来自"自由"（freedom）这个词本身，"自由"可以是不受任何限制的完全自由，而更接近库利的意思的一个词是"自由权利"（liberty），因为后者通常被定义为摆脱正当法律之外的其他所有束缚的自由。新闻界的自由权利包含一系列的权利和义务，而新闻自由并非如此。美国宪法的制定者们并不仅仅是要阐明哲学理念，而且也竭力设计可以施行的政府体系。因此，美国法律体系中"自由"的内涵比"自由权利"要窄。我们新闻自由法律基础的最初奠定者，也就是宪法的制定者，他们深受当时启蒙思想家们的影响，而这些启蒙思想家们是以宽泛的、理想化的方式提出"天赋人权"（rights of man）理念的。立宪者们在美国宪法第一修正案中使用了"言论或新闻自由"这样的词，但他们显然不只是陈述哲学理念，而且是试图寻求让新闻界能获得合理而并非不受限制的自由的可行性路径。然而正是这些简单的词语引发了激烈、持久的争议，争议的主要问题包括：

- 对于"新闻自由"的内涵缺乏广泛共识。

- 是否承认新闻自由并不存在于真空中，而是要在宪法的名义下与其他公民权利共存。

回顾美国历史，唯有最天真的梦想家才会认为新闻出版已摆脱各种限制获得了完全的自由。曾经有州政府在早期出台法律，保护公民免受新闻出版界的影响，类似《权利法案》（Bill of Rights）保护公民不受政府和警察的侵犯一样。正如库利所指出的，这些限制包括诽谤（警方行为中包括非法拘禁）、侵犯隐私（警方行为中包括无理搜查或扣押）以及其他诸多问题。社会普遍认为，媒体没有损害他人名誉，扰乱社区秩序，挑唆暴力、谋杀、骚乱或其他破坏性行为的自由。关于新闻自由外延（或内涵）的争论常常集中于一点：自由是绝对的，还是有条件的。

绝对自由理念的最忠实拥护者当数雨果·L. 布莱克（Hugo L. Black），他在 1937—1971 年担任美国最高法院大法官。布莱克严格按字面意思理解美国宪法第一修正案，他认为，第一修正案规定的"国会不得制定法律……剥夺言论自由或新闻自由"，"不得制定"就是"不得制定"。他写道："我拥护第一修正案中的每一个字，我认为它要表达的就是其字面意思。"（Cahn，1962，53）布莱克大法官（有时与他的同事威廉·O. 道格拉斯大法官一道）常常坚定不移地支持第一修正案规定的绝对自由，这种持第一修正案绝对论观点的人不仅限于高高在上的美国最高法院大法官。我记得曾经有位《密尔沃基哨兵报》（*Milwaukee Journal Sentinel*）的编辑激烈地表达过这个观点。当时我正对这家媒体的工作人员进行访谈，其间提到这个问题：媒体享受了第一修正案赋予的特权，作为回报，媒体能满足公众的哪些期待？这位编辑言辞激烈地说，美国宪法中根本没有这层意思。"宪法规定不得制定法律。"他说。"这话听起来很耳熟。"我回答。但国会和州立法机关制定了很多法律限制新闻自由，涉及诽谤、隐私权、知识产权、广告、政府机密文件的公开等诸多方面，从而使新闻自由问题变得异常复杂。即使是坚定不移的大法官布莱克有时候也要承认，在特定时机、特定环境、特定场合下，新闻自由应该受到一些限制。这些就是第一修正案绝对论的基石。虽然布莱克大法官对这个问题的立场坚定不移，但是这从来就不是最高法院多数人的态度。

哲学家悉尼·胡克（Sydney Hook）认为，新闻自由不是绝对的，它要服从国家安全的需要，而在个人权利与新闻自由概念发生冲突时，新闻自由也要让步于个人权利，例如美国宪法第六修正案所保障的公平审判权，还有个人隐私权等。

新闻自由是个错综复杂的概念，包括事实、价值观和政策等一系列因素，这些也导致了人们对于新闻自由的复杂立场和态度，但几乎所有人都承认新闻自由脆弱易变，缺乏真正的稳定性。批评者们认为，第一修正案有其负面性，它束缚了美国国会的手脚，却几乎没有提及联邦政府强大的行政和司法机构可能的作为。立法者们不可能事先预料到强有力的总统制和"司法帝国主义"。一些批评者认为，第一修正案事实上约束的是所有政府部门，而不单单是国会。即使后来的第十四修正案将《权利法案》（包括新闻自由）的各项条款扩展到美国各州，但直到 1925 年吉特罗诉纽约州案（Gitlow v. New York），最高法院才正式明确，各州不得制定与《权利法案》中的有关条款相抵触的法律。虽然这个法院判例和后来的一些判定明确了所谓新闻自由的条件和特征，但仍有一系列州和联邦政府法律和法庭判例对新闻自由施以严苛的限制。

许多研究新闻自由的人都认同一种观点，即美国新闻自由的基本条款之一，就是不对出版物进行事先限制（no prior restraint）。这一原则坚持人们可以不受政府干预，自由出版，但要在出版后接受各种形式的司法审查。当然，这是一种受限制的自由，但即使这样，新闻自由的争议也没有消停。

在尼尔诉明尼苏达案（Near v. Minnesota）中，美国最高法院废除了明尼苏达州一项压制言论自由的法律，强化了美国宪法规定的不得对媒体进行事先限制的原则。然而，自那以后仍有几起政府试图限制争议性材料出版的案例。1971 年，《纽约时报》和《华盛顿邮报》公布了越南战争的一些秘密档案材料。两个星期后，最高法院才承认它们有权利这样做，与此同时，两家报纸被禁止进一步刊登更多相关材料。几年以后，又发生了类似的事，《进步》（The Progressive）杂志被禁止刊登一则关于制造氢弹的报道。近年来，《传播净化法案》（Communications Decency Act）试图阻止色情材料在互联网上的传播，但最终被最高法院推翻。2001 年 9 月 11 日，发生在纽约世贸大楼和华盛顿特区的恐怖袭击事件，促使国会通过《爱国者法案》（Patriot Act），力图打击恐怖主义，并限制公民自由权利，其中包括信息传播自由权利。在这个案例中，国家安全战胜了言论表达自由，最终也战胜了新闻自由。

在这些案例中，尽管政府有正当的理由，但其做法并不符合不进行事先限制的原则。还有不少其他案例，法院对试图报道司法体系的记者们发布限制令或者采取其他限制措施。这些限制措施或许是合法的，但无论如何，这是新闻不自由的表现。当然，即使有第一修正案存在，这类行为在美国的司法体系下仍是完全被允许的。

我坚信，司法、行政和立法等政府公共部门对新闻自由施加的限制，只是美国新闻自由所受的诸多限制的一部分。在私人领域，新闻自由同样受到许多限制，例如合同法案和产权法案都对媒体行为有严格限制，使其无法实现完全的新闻自由。同时，知识产权（版权）法案有时候也限制某些材料的复制、再版，Napster 和 MP3 都遭遇过这类问题。此外，雇佣合同中的保密协议，也会限制新闻自由。

启蒙哲学家们及后来的人们，对新闻自由的崇高目标抱有美好期望，认为其将提升社会品质，但在大多数情况下，这些只是遥远的目标，在现实中很难企及。这些目标今天没有实现，未来也可能永远不会实现。一些评论家认为，在考察一家媒体组织及其行为的关系时，"结构即信息"（structure is message），一些报纸或广播电视机构的组织结构就决定了其编辑和记者的工作规则。同时对于特定的行为，也有一些惯例的限制。有些报道能发表，有些不能。对媒体把关人的研究中记录了各种明规则、潜规则或者编辑部规范，这些都限制着新闻自由。新闻专业主义本身就对自由意志和个人选择有所限制。我们大都认可这些私人领域的限制（又可称之为责任和伦理）阻碍着新闻自由，但却是出于合理的理由。影响媒体表现的因素和力量非常多，它们限定、控制、阻碍甚至抹杀新闻自由。

一些理论家认为，媒体出版自由在《权利法案》中象征性地（在第一修正案中排在首位实属偶然，并非立法者们深思熟虑的结果）排在首要位置，对民主政府的运行具有特殊重要性。因此，新闻自由在我们的个体自由和权利中享有优先地位。但事实上，即使真的有新闻自由，这种自由也往往要同个人或社会领域的其他权益讨价还价。这是妥协的过程，也就是一人或一个群体在行使权利时要有所妥协，使其他人有同等机会享受权利。因此，我们就面临一个权利、原则、实践和惯例相互交织的复杂系统。今天，一份本地报纸可能会以新闻自由的名义严重侵犯我的个人隐私权，但明天，我可以以在审判前公开某些信息将损害我的公平审判权为由，限制报道此事的媒体的新闻自由。

美国媒体与法规、管制、惯例和限制共生。在大部分情况下，它们享受一系列自由权利，并拥有一套机制可以对限制自由的争议性问题提出抗诉。新闻自由意味着信息的自由流动和各种观点的广泛自由传播。而在一般情况下，我们实际拥有的新闻自由与理想版本相比要大打折扣。对新闻自由有负面影响的社会和心理因素有很多，例如同行、老板、社区等都会产生微妙的影响。透彻地审视这些因素，我们就会发现任何关于新闻自由的主张都要被否定。最后，在我们细察法律时，也应该理解一个颇有深意的信息：长期以来，媒体代言人一直在为争取越来越多的新闻自由而孜孜以求地斗争，如果说这种斗争是有必要的，恰恰说明我们的媒体是非常不自由的。

有记者朋友告诉我，"宪法中并没有提到任何关于责任的内容，媒体也没有责任做任何事"，事实或许如此。但同样一批人却对新闻媒体和记者的权利津津乐道。任何了解法律的人都应该知道，所有的权利都伴随着相应的责任。任何关于自由表达的制度，都以权利为先决条件，同时也承认相应义务的存在。这些义务是否就是责任？从某种意义上讲，这是故意咬文嚼字。尽管如此，一度被视为新闻界争取自由获胜的事，有朝一日可能会变成对新闻界的制约，比如对《纽约时报》的一次诉讼判决，使公职人员很难对媒体提起诽谤罪。① 1970 年代末，美国最高法院在审理赫伯特诉兰多案（Herbert v. Lando）中，就援引"实际恶意"（罔顾事实或明知故犯）原则，迫使《60 分钟》（60 Minutes）节目的一位制片人为其在策划报道过程中私下表达的个人想法负责任。"实际恶意"原则曾经一度被认为是媒体争取到的一项新权利，现在却反过来羁绊甚至制约媒体。有时候，立法机构或者法院的本意是界定或者拓展新闻自由的行为，但却可能造成法律漏洞，这些漏洞随即就会被用来约束新闻媒体。

耶鲁大学法学院的亚历山大·比克尔（Alexander Bickel），可谓是一位心思缜密的新闻自由斗士。他指出，我们对新闻自由界定越多，我们获得的新闻自由就越少。这与布莱克大法官的理念不谋而合，即任何界定新闻自由的行为都违背了宪法第一修正案制定的初衷。但事实上，在我们解释第一修正案的内涵和外延的过程中，新闻自由已经在很大程度上被侵蚀，余下的已经不再是原来的那个概念。新闻自由的状况现在变得更糟，更不完整。我们现在主要将其视为头脑中的社会目标，而非对美国媒体今天的现实描述。新闻自由作为言论表达自由的一部分，并不是一个已经解决的议题。一些头脑懒惰的人以为争取新闻自由的斗争在很久以前已经取得胜利，但事实上，情况仍在一直变化，需要我们时刻警醒。

12

论点总结：新闻自由并非一个已经解决的问题

言论表达自由，尤其是新闻自由，是一个崇高的社会目标，但现实是美国并没有不受约束的新闻自由。尽管美国不像其他一些国家那样限制新闻自由，但是新闻媒体享有的新闻自由也受到各种特殊情况的制约，这些特殊情况的存在是必要的，因为自由权利常常需要让步于其他利益，比如要考虑是否涉及诽谤、名誉、隐私、国家安全（特别是战时）等问题。在法律限制之外，新闻自由还受到各种社会因素的限制，例如版权法案和合同法案

---

① 1960 年，《纽约时报》刊登整版政治广告，抨击亚拉巴马州警方对示威学生施行的"滥用公权的暴力行为"，其中部分内容失实，亚拉巴马州蒙哥马利市警察局局长沙利文将纽约时报社告上法庭，指责对方"诽谤"。1964 年，美国联邦最高法院做出终审判决，认为沙利文没有足够证据证明《纽约时报》是恶意诽谤，尽管广告内容存在失实问题，但媒体对官员错误行为的批评并无恶意。这一判例确立了"实际恶意"原则，即公共人物提出媒体诽谤的诉讼，需要证明媒体存在实际恶意。——译者注

等民事法律、媒体所有权集中、公共关系机构操控新闻、媒体机构的编辑和出版方针等。尽管第一修正案要求国会不能制定法律限制新闻自由，但实际上还是存在一些限制性法律。法院认为不受限制的绝对新闻自由是存在的，但是媒体却被禁止出版某些内容。这些来自官方和社会层面的限制意味着美国媒体确实在积极追求新闻自由，但它们离享有充分的新闻自由还相去甚远。

 ## 回应

▌梅里尔：新闻自由是一个已基本解决的问题

当我们说美国享有特别的言论表达自由（其中包括新闻自由）时，我们的意思当然不是新闻媒体享有不受任何限制的完全、彻底、绝对的自由。新闻自由，或者说任何一种自由，都要在某种意义、某种程度上受到约束，并伴随相应的责任，任何一个即使只是最低限度地思考过这个问题的人都应该理解这一点。或许新闻自由只是个罗曼蒂克的概念，在美国并没有真正蔚然成风。但其实一切崇高的社会目标情况都是如此，自由与真理、法律、秩序、友谊、忠诚等概念一样，都是相对的、不完全的，会受到各种不利因素的阻碍，并没有人认为美国已经实现绝对的新闻自由。然而，丹尼斯博士认为美国媒体从任何意义上看都没有实现新闻自由，我认为这种观点有点夸大其词了。

从一般意义上，也就是在非绝对主义、实用主义、现实主义框架下理解新闻自由，媒体实际上是自由的，或者可以被认为是自由的。其中的潜在意义就是，新闻自由当然要受到来自新闻界内部和外部各种因素的限制，但并不是绝对的，正如批评家们常常提到的一样。

即使是布莱克大法官和其他对第一修正案中规定的自由持绝对主义观点的人，也承认新闻自由要受到一些限制。显然，没有人——即使是美国的开国元勋们——认为新闻媒体应该是绝对自由的，而且没有任何一位负责任、理性的人会想要这样的自由。我所说的并不是无政府主义或者虚无主义的媒体，我所谓的"自由"是指媒体尽量不受政府的限制。我说的是在真实世界中面临各种现实社会和政治问题的媒体，而不是仅仅存在于绝对主义者和诡辩者头脑中的追求理论层面上的自由的不真实的媒体。我可以说美国是一个民主国家（尽管我深知美国并没有实现真正的民主或者彻底的民主），同样，我也可以肯定地、实事求是地说美国媒体享有新闻自由。

　　丹尼斯博士引用悉尼·胡克的观点证明新闻自由必须服从于国家安全。我们应该注意到他使用了"新闻自由"这个词，而且也就是这种新闻自由必须服从国家安全。很显然，胡克也认可这种需要服从的新闻自由。什么样的美国人会需要不服从任何利益的新闻自由呢？理智的人——宪法制定者们当然是理智的——都不会想要在一个以法律和社会合作为根基的国家不服从于任何利益的新闻自由。关于这一点，虽然我的合著者丹尼斯博士住在纽约市，但他的观念还停留在"9·11"前。"9·11"恐怖袭击事件导致了后来发生在阿富汗和伊拉克的战争，恐怖主义当然是对新闻媒体自由的一种限制。我们在随后的章节会再讨论这个议题。

　　有一系列因素限制了新闻自由。有些是外部因素，比如国家安全考量、法庭规定、诽谤行为、来自广告主或其他利益集团的压力、订户需求等；还有一些是内部因素，比如职业伦理规范、编辑部权力结构本身、编委会，诸如此类。

　　我认为美国新闻自由的核心内涵就是编辑自主权，这个国家的媒体系统可以被认为是自由的，因为它们拥有编辑自主权，甚至包括广播电视媒体（广播电视媒体至少涉及新闻和评论）。美国媒体能自行进行编辑决策，因此，它们可以理所当然被认为是自由的。当然，在其他国家的媒体体制下，新闻也有其自由，即使是英国和瑞典这样君主制的国家也是如此。这种新闻自由确实是相对的，但同时也是有意义的、真实的。

　　在美国，政府并没有对新闻媒体进行事先限制，这意味着媒体可以不受政府干扰或者事先审查，自由地出版或播出它们想传播的内容。媒体可以批评政府而不用担心被关闭，这一点很重要。正如丹尼斯博士在他的挑战中指出的，在有些案例中法院对出版物施加了一些事先限制，但这只能被视为例外和特殊情况，而不应被引用来否认美国整体的新闻自由。真实有效的普遍论述不能因为个别特例的存在就被全部推翻。

　　至于认为新闻编辑部的内部规范限制了新闻自由的观点，没有人否认媒体自身管理层的内部决策和管理控制在新闻运作中起着规范和指导作用。但这只是施加于新闻媒体的一种限制吗？并非如此。如果称其为限制，那也是新闻媒体的自我限制，是实行新闻自由不可避免的一种结果。媒体管理者享有对编辑内容进行决策的自由，做出这种决策的过程，恰恰是新闻自由的一种体现，而并非限制新闻自由。

　　自由不仅仅是消极的自由，不受来自他人、法律、道德、思想、情感等任何束缚的自由是虚空的。不受任何限制和约束的自由是不存在的。事实上，任何理性的人也不会要求这样的自由，所有现实而且被需要的自由都应该受到一定的限制。现实的自由必须有基准点或者基础。

　　我们可以从孔子的思想中找到这样的例证，他认为自由的边界和基础就是善。一个人应该选择行善，而非作恶，如果恶盛行，自由或许将消失。因此，从道德角度看，我们应该只允许享有选择善的自由，而不允许享有选择恶的自由。

在言论自由方面，孔子自己的一生也都在践行这一原则。他能自由地说自己想说的话，因此，他有言论自由；他反对讲坏话或空话，也就是那些会带来错误行为的话。这是威权主义的雏形吗？我们从柏拉图、以马内利·康德、沃尔特·李普曼等人的著述中，都能看到自由有界这一论点。他们认为，任何伤害他人或者破坏社会根基的自由都必须被剥夺。你可以说孔子的言论体现了一定程度的威权主义，那么依同样的逻辑，在康德哲学甚至基督教教义中也存在一定程度的威权主义。康德的绝对命令或基督教的黄金法则都认为要有权威，但这种权威是自觉认可的，而不是外界强加的。

因此，我们可以说任何环境下的自由——无论言论自由还是媒体自由——都需要伴随自发的约束。当代学者沃尔特·伯恩斯（Walter Berns）拥护道德约束，这一点与孔子类似，他在著作《自由、美德与宪法第一修正案》(*Freedom, Virtue, and the First Amendment*，1957) 中表达了对公众美德的强烈呼吁，他澄清自己支持的并不是不宽容的审查制度，而是出于道义目的而实行的特定审查。他认为，淫秽和色情出版物可以被审查。美国共产主义者没有立场主张言论自由，因为他们不忠诚。与孔子一样，伯恩斯认为坏的演讲者和坏的演讲不值得被保护。他认为，政府应该致力于提升社区的道德水平，因此应该根据作者或者演讲者的道德水平判断和限定公共讨论。对于伯恩斯及其他持类似观点的人来说，所有理性的人都应该接受一套道德准则的限制，尽管这套道德准则很难用精确的语言加以概括。

沃尔特·李普曼（Walter Lippmann）在《公共哲学》(*The Public Philosophy*，1955)一书中也提出自由应该受到限制，或者更准确地说，他认为自由应该由个体自愿地进行限制。他跟伯恩斯一样坚信：演讲和作品只要能为塑造公共思想做出贡献，就应该是自由的。李普曼认为，忠诚的一个准则就是"捍卫和保护政治和民权秩序的长久承诺"。对李普曼和伯恩斯来说，不忠诚的人实际上已经违背了公共讨论程序赖以存在的基本共识。例如，李普曼坚信，任何人都没有破坏自由民主国家的权利（自由），在这一方面，他认同柏拉图的观点。伯恩斯则指出，如果一种言论或者著述能导致美国出现希特勒一样的人物，那这样的言论著述就应该被限制。

因此，我们可以看到，有些富有洞见的思想者们都意识到对自由进行一定限制或者对特定形式的传播施加特定道德约束的必要性——无论是在人群拥挤的剧院假装着火大叫，还是发表会对国家安全、公共道德或负责任的自由持续发展环境造成威胁的言论。

这些人的观点确实存在某些威权主义的危险。比如 1940 年代的新闻自由委员会（哈钦斯委员会）就对新闻自由充满恶意，它提出的社会责任或美德理论，常常被视为对新闻自由的威胁。这或许确实是一种威胁，关于美德、责任和社会稳定的相对价值与自由的相对价值之间的争执，至今仍未平息。

我不想再深入讨论这个话题，但是你或许应该重新认识约翰·斯图尔特·密尔和其他思想家（包括洛克、弥尔顿、伯克、杰斐逊和伏尔泰等）的思想，他们对于言论自由的信仰主要建立在功利主义的原则基础上。新闻自由实际上是相对的、不完整的，但我认为这就是这个概念的内在属性。总体来说，美国新闻界已经得到它所希望的自由。当然，我们也应该认识到，与这种自由相伴的是特定的社会责任和义务，这是自由得以存在的前提。

从现实层面看，美国享有新闻自由，美国宪法保护媒体的自由，那一定是有这种东西被保护。新闻记者认为他们享有新闻自由，他们确实享有自己认为享有的这种东西。他们讨论的是媒体可以进行自我决策的特点，而并没有考虑媒体机构自身的层级体系施加给他们的限制和约束。

当我说美国拥有自由的新闻界时，我说的是相对的自由，比其他国家更自由的自由。我并不是说美国媒体是完全自由的，任何其他认为美国有自由媒体的人，也都不是这个意思。另外，我也不是说美国媒体可以随心所欲地使用自由。自由的确有，但并不常被使用。我同意菲利普·怀利（Philip Wylie）的说法：

> 在相当大的程度上（尽管不是完全意义上），我们的媒体形象是懦弱、不自由的……媒体有很大的发行量或收视规模，但是它们要么滋生了虚假的行业形象，要么对腐败、混乱、谎言、人性堕落和其他隐藏在偶像背后的不受欢迎的真相保持缄默。但它们依然是虔诚地支持新闻自由的，即使这种支持是沉默无言的。（Wylie，1969，212）

怀利指出，美国新闻界想变得更好、更自由，是完全可以做得到的，这种观点是对的。美国媒体有自由，事实上媒体常常自己选择放弃这种自由。媒体界对自由的自我约束，不能否定新闻自由自身的存在。自由只是暂时被置于一旁，等媒体的动机更强、勇气更足的时候，它们会选择以更强势、更负责任的方式使用自己本已拥有的自由。

表达自由，是新闻自由的一个重要且不可或缺的组成部分，也是一个已经得以解决的问题，美国的表达自由程度也是世界上其他国家所不可比拟的。真正的考验是美国人的信念和他们对于新闻自由的支持程度。尽管有些时候，人们会对一些新闻机构和互联网记者的不负责任的行为感到愤怒，但他们对于新闻自由的信仰已经成为对美国宪法信仰的一部分。新闻自由已经作为一种原则教义深深植根于美国宪法条规和媒体实践中，尽管偶尔被

16

挑战，但其力量和使命从未被削弱。表达自由是一种理念，也是一种日常实践的现实，这一点已经得到大多数人的认同，无论丹尼斯教授承认与否。

论点总结：新闻自由是一个已基本解决的问题

从一般意义上讲，美国媒体是自由的。这并不意味着放纵或者无政府主义，而是有适度法律控制、伴随社会责任的自由。这是由美国宪法第一修正案许可的有节制的社会自由。新闻自由当然不是彻底的自由，因为媒体管理者们会受到来自各方面的压力。但是新闻主管们可以发表他们愿意发表的报道，而不会受到政府的事先限制，这就是美国新闻自由的含义。其核心内涵就是完全的新闻自治。新闻编辑部的政策和导向会对记者个体的新闻自由产生影响，但这与新闻自由本身无关。美国宪法第一修正案保护新闻自由（是新闻媒体的自由），因此，一定是有新闻自由这种东西存在，然后才需要被保护的。

17

 在线搜索

以下列术语和词组为关键词在 InfoTrac College Edition 中搜索更多信息：新闻媒体的自由（freedom of the press），第一修正案（First Amendment），新闻自由（press freedom），媒体的自由权利（liberty of the press），出版权（right to publish），托马斯·库利（Thomas Cooley），雨果·布莱克（Hugo Black），尼尔诉明尼苏达案（Near v. Minnesota），沃尔特·李普曼（Walter Lippmann）。

 讨论题目

1. "自由"和"媒体"是两个与"媒体的自由"相关的词，分别有哪些含义？讨论所有的可能性。互联网媒体的互动性更强，网络用户可以参与传播，这是否改变了新闻自由的含义？

2. 媒体是否可以出版或者播出任何它们希望传播的内容？如果不是，哪些内容应该被禁止？新闻自由的底线应该划在哪里？应该由谁来划？

3. "负责任地使用自由"这一概念有什么问题吗？例如，应该由谁或者哪种机构来界定责任？

4. 为什么大多数人认为新闻自由比社会责任或美德更受重视？

5. 如果美国有新闻自由，这种自由是被媒体管理者和所有者独享，还是所有新闻记者共同享有？很多人认为新闻自由属于人民，这要怎么理解？

研究题目

1. 托马斯·杰斐逊和其他美国总统都曾对新闻自由问题发表过典型的正面或者负面的言论。写一篇论文，讨论这种现象产生的原因。找出杰斐逊或其他某位总统发表的支持新闻自由的理想主义言论的案例，同时也找出反面的言论。阅读关于这个话题的研究文献或者这位总统的传记，看你是否能找到有哪些公开的对立使这位总统彻底对媒体失望。

2. 找一个与美国或者其他国家新闻自由问题相关的例子，将这个问题放在历史背景中进行考察，用适当的材料解释为什么这个问题至今没有解决。这些问题可以是图书或电影审查制度、信息自由或者诽谤等。

3. 就你个人的新闻自由问题写一篇短文。你是否拥有美国宪法第一修正案规定的出版权和言论权？你如何行使这些权利？美国当前的媒体体制帮助还是阻碍了你行使你的自由权利？互联网是否改变了当前的媒体结构？是如何改变的？

4. 读一本关于某个推动或者拓展新闻自由的人的传记或者自传，评价此人对新闻自由做出的贡献，阐明这些贡献与现在的媒体问题有何关联。

5. 根据本章的材料，评价两位作者的论点、引用的论据素材以及论证的过程。如果让你针对被引用的信息来源（或者作者）提出关于这些材料的问题，你会怎么问？准备一份你对作者的论证和论点的质询方案。假定你是他们的对立方，你正在竭力找出一种能综合各种合理观点的中间立场。

延伸阅读

Altschull, J. Herbert. *From Milton to McLuhan: Ideas and American Journalism*. White Plains, NY: Longman, 1990.

Becker, Carl. *Freedom and Responsibility in the American Way of Life.* New York: Vintage Books, 1960.

Berns, Walter. *Freedom, Virtue, and the First Amendment.* Baton Rouge: Louisiana State University Press, 1957.

Boaz, David. *Libertarianism: A Primer.* New York: Free Press, 1997.

Bodenhamer, David J., and James W. Ely, Jr., eds. *The Bill of Rights in Modern America After 200 Years.* Bloomington: Indiana University Press, 1993.

Borjesson, Kristina, ed. *Into the Buzzsaw: Leading Journalists Expose the Myth of a Free Press.* New York: Prometheus Books, 2002.

Cahn, Edmond N. "Dimensions of First Amendment 'Absolutes.'" A public interview in Dennis et al.: 41–53: Also see *New York University Law Review* 37, no. 4 (June 1962): 549–63.

Carey, Alex, et al. *Taking the Risk Out of Democracy: Corporate Propaganda vs. Freedom and Liberty.* Urbana: University of Illinois Press, 1997.

Chafee, Zechariah. *Government and Mass Communication.* Chicago: University of Chicago Press, 1947.

Chamberlin, Bill, and Charlene J. Brown. *The First Amendment Reconsidered.* White Plains, NY: Longman, 1982.

Cohen, Jeremy. *Congress Shall Make No Law: Oliver Wendell Holmes, the First Amendment and Judicial Decisionmaking.* Ames: Iowa State University Press, 1989.

Cooley, Thomas. *A Treatise on Constitutional Limitations.* Vol. 2, 2d ed. Chicago: Callaghan, 1888.

Commission on Freedom of the Press. *A Free and Responsible Press.* Chicago: University of Chicago Press, 1947.

Dennis, Everette E., Donald M. Gillmor, and David Grey, eds. *Justice Hugo Black and the First Amendment.* Ames: Iowa State University Press, 1978.

Dennis, Everette E., et al. *The Media at War: The Press and the Persian Gulf Conflict.* New York: Gannett Center for Media Studies, 1991.

Dennis, Everette E., and Robert W. Snyder, eds. *Media and Democracy.* New Brunswick, NJ: Transaction Press, 1998.

Emerson, Thomas I. *The System of Freedom of Expression.* New York: Random House, 1970.

Fallows, James. *Breaking the News: How the Media Undermine American Democracy.* New York: Vantage Books, 1997.

Friendly, Fred. *Minnesota Rag.* New York: Random House, 1981.

Gans, Herbert J. *Democracy and the News.* New York: Oxford University Press, 2003.

Gillmor, Donald M. *Power, Publicity and the Abuse of Libel Law.* New York: Oxford University Press, 1992.

Haiman, Franklyn S. *Speech and Law in a Free Society.* Chicago: University of Chicago Press, 1981.

Hocking, William E. *Freedom of the Press.* Chicago: University of Chicago Press, 1947.

Lewis, Anthony. *The Sullivan Case and the First Amendment.* New York: Random House, 1991.

Lippmann, Walter. *The Public Philosophy.* Boston: Little, Brown, 1955.

MacArthur, John R. *Second Front: Censorship and Propaganda in the Gulf War.* New York: Hill and Wang, 1995.

Meiklejohn, Alexander. *Political Freedom: The Constitutional Powers of the People.* New York: Harper, 1960.

Merrill, John C., Peter Gade, and F. Blevens. *Twilight of Press Freedom.* Mahwah, NJ: Erlbaum, 2001.

Sanford, Bruce. *Don't Shoot the Messenger: How Our Growing Hatred Threatens Free Speech for Us All.* New York: Free Press, 1999.

Soloski, John, and Randall P. Bezanson, eds. *Reforming Libel Law.* New York: Guilford Press, 1992.

Stevens, John D. *Shaping the First Amendment.* Beverly Hills, CA: Sage, 1982.

Tribe, Lawrence. *American Constitutional Law* (Vol. 1). 3rd ed. Mineola, NY: Foundation Press, 2000. See especially Chapter 7.

Wylie, Philip. *The Magic Animal.* New York: Pocket Books, 1969.

第2章
媒体-政府关系

从乔治·华盛顿到乔治·W. 布什，提到任何一位美国总统，你都能找到他曾经对新闻媒体发飙的事，即使是坚定不移地强调自己对新闻自由信仰的总统也是如此。事实上，政府与媒体的关系并不融洽。政府和官员们希望公众支持他们的政策，而媒体则常常尖锐地讽刺批评这些政策。

我们在第1章中看到，在与媒体的关系中，政府所扮演的角色往往被认为是负面的。例如，美国宪法第一修正案要求政府不能侵害新闻自由。与之相应，媒体被认为是政府的第四种权力或者说第四阶层，其功能就是监督政府。

媒体，尤其是涉及公共事务的媒体，被称为看门狗，要使政府处于被监督的状态下。民主制度中自由媒体的首要使命，就是将政府行为随时告知公众。然而，因为媒体常常遭遇不配合的政府，它们不愿意全面公开自己的信息，冲突自然而然就产生了。

媒体对政府机密的调查及披露及其受到的各种限制，通常被媒体人称为政府与媒体的对立关系。有批评者认为这种对立关系具有制约价值，即媒体监督政府的行为，确保其履行职责。这就引发了一个相关问题：谁监督媒体，确保媒体履行职责呢？无论这种对立关系是否真正存在还是是否应该存在，它都是有待讨论的问题，但是在美国和其他民主国家，一个普遍的共识是，媒体的职责就是监督和评估政府的行为和表现。无论是涉及严重腐败、较为微妙的利益冲突，还是彻头彻尾的谎言或不当言论，大部分人认同媒体的职责是为公众利益做一个警惕的观察者和分析者，而这之间常常产生冲突，需要保持一种对立关系。在美国，这个冲突和对立关系要温和得多。纵观世界其他地方，有大量案例为这种对立关系做出注解——每年都有多位记者死于非命，大部分发生在几乎没有新闻自由、对批评政府零宽容的国家。在其他地方，记者或其他媒体人持有异见会被认为是叛国，因此而入狱的情况也并不罕见。尽管存在瑕疵，但美国和其他民主国家的媒体-政府关系仍被视为现代社会的关键要素，对于 21 世纪的数字经济有至关重要的作用。

挑战

梅里尔：媒体和政府不应该是对立关系

美国人通常认为，他们有一套对立的新闻和媒体系统。媒体和政府以对立的关系存在，而且这种对立关系被认为是恰当而必要的。尤其是新闻记者特别推崇这种理念。

然而这种观念有待被质疑。我们姑且承认新闻学的一些说法，诸如新闻是政府的第四权力或者是政府的监督力量、看门狗，这些说法都暗示了媒体-政府对立关系的正当性，但这种观念真的公平吗？我坚信并非如此。在后文的辩论中，我将试图解释这些问题：首先，为什么在美国的自由主义理论下并不存在对立关系；其次，为什么传播媒介并不需要这样的关系。

新闻媒体和政府为什么是对立关系而不是朋友关系？为什么不能是时而对立、时而友好的关系？为什么不能是亦敌亦友的矛盾关系，特别是在自由而多元的媒体系统中？在美国，似乎没有必要提出这些问题，但事实上却非常有必要，因为媒体都认为自己的角色是与政府为敌的，并且引以为傲。我认为，从理论上来讲，媒体与政府间并不是真正的对立关系（法律是站在媒体一边的），也不应该是对立关系，正如它们之间不应该是合作、和谐的关系一样。它们之间应该是一种暧昧不清、随心所欲、变动不居的关系，这种关系是与媒体编辑自主权、多元化精神和新闻自由原则相符的。

除了这种对立关系的理论问题外，我认为媒体在实践中也并不真的需要这种关系。媒体希望自己是唯一的对立方；它们希望政府是孤立无援、受到法律严格约束的另一方，需要被迫为媒体提供任何需要的信息，政府毫无秘密，从不试图影响或控制媒体的任何行为，从不批评媒体。这算什么对立关系呢？

实际上，新闻自由不就意味着任何媒体都可以对政府采取任何自己喜欢的立场吗？如果我是报纸（或网站）主编，我或许愿意持续支持政府的所有政策，我有这样的自由。或者我也可以反对政府的一些政策或者暴露其弱点。我或许希望与政府成为一种矛盾的关系——时而对立时而友好。或者我真的想与政府成为水火不容的对立关系，将报纸作为反对政府的战斗利器——监督政府、批评政府，把根除政府的不良行为和过错当作媒体目标。简而言之，我可以自主决定把报纸定位为监督政府的看门狗，还是攻击政府的火炮。

在一个自由社会中，传媒与政府的关系多种多样、众说纷纭，很难用某种统一的说法进行表述。我们不能称其是对立关系，这种表述在语言和现实层面上都是一种歪曲。媒体如果将自己定位于政府的敌人也是非常荒谬的：这种定位意味着政府永远是错的，而媒体永远是对的；同时也意味着媒体将自己视为致力于为公众描述政府缺点和错误的机构，而且必须持续监督政府行为，以防其对公众造成重大伤害。

当然，政府与民众的关系相较媒体与民众的关系要更亲近些，因为政府至少有一部分官员是由民众选举出来的，而媒体并非如此。媒体大多是以盈利为目的的私人企业，它们只是简单地把自己塑造成公众利益代表和政府监督者的形象。《底特律自由新闻报》（De-troit Free Press）前任执行编辑科特·路克（Kurt Luedtke），同时也是电影《并无恶意》（Absence of Malice）的编剧，他曾经义正词严地抨击美国新闻界：

> 你们（美国新闻界）总是为自己制造出新的权利和特权，这些要求太过无理，以至于你们认为很有必要——如果是我也会觉得有必要——将其包裹在莫须有的公共责任的伪装中，并声称你们是代表我而行动的。即使我真的牵涉其中，我也宁愿你少代表我，更何况这实际上跟我根本没有关系。你们所要求的特权跟任何社会责任都没有关系，因为你们根本没有社会责任：这正是宪法第一修正案的核心要义。（Luedtke, 1982）

在路克言辞激烈的引语之后，我还要引用保罗·H. 韦弗（Paul H. Weaver）在《财富》（Fortune）和《公共利益》（The Public Interest）中的一段论述："关于'对立的新闻界'的浪漫想象就像一个神话，它可以为某些特定目的服务，但如果把这种想象当作新闻人实际行动或者期望获得成就的模式，则是非常不切实际的。"（1974, 95）

美国新闻界在更大程度上要依赖官方消息来源与其密切合作。毫无疑问，这种关系会带来一些问题，但这也是新闻界的强大优势之一。这种关系需要媒体在一些时候为政府政策鼓与呼，但同时也使本国公民能获取的各种信息的数量最大化。假如我是一名视媒体为敌人的政府官员，那么我将如何面对媒体？我会非常小心谨慎，怀疑警惕，保持最小限度的公开和坦诚，甚至带有一定程度的敌意。当我向这些敌人提供信息时，我的谨慎和敌意就会转化成在相当大程度上保守秘密或者歪曲信息。因此，在这种对立的战争中，可靠、平衡的信息减少，而消费者（公众）只能收到歪曲的、碎片化的信息。

很奇怪，记者能从"对立的新闻界"这个概念中获得任何满足。他们应该知道自己在很大程度上依赖政府获取信息。实际上，新闻记者发表的所有关于政府的信息都源于与政府相关的人，并常常需要得到政府有关人士的证实。新闻界人士对公共事件和公共问题几乎一无所知，除非他们能从来自政府内部的消息来源或者权威人士那里获取信息。如果媒体要限制或者削减这些消息来源，它们就会强化对立角色；如果它们想拓展这方面的消息来源和信息，它们就会强化其合作和友好的角色，这种角色当然不是敌人。社会学家赫伯特·甘斯（Herbert Gans）曾指出其中存在的绝妙反讽，政府官员视自己为拥有法律赋予权利的公众代理人，而新闻媒体也视自己为公众代理人。双方都声称自己能代表公众（Gans，2003）。

对立的角色通常都不是有责任感或者有道德感的角色。充当对立的角色并不是什么神圣或者正面的事。实际上，对立关系与我们不愿见到的宣传的某些方面很类似，例如提供反面信息或虚假信息。对手总是想赢——而努力提供全面、公正、平衡的信息会让他们感到不舒服。

在真实的对立关系中，政府拥有与新闻界同样的战斗权利。政府可能会试图拒绝提供信息，召开秘密会议，或利用便利条件歪曲信息，培养自己喜欢的记者并且用多种方式回报他们，对于其他记者则会用多种方式限制其工作，提供不实信息、使用宣传伎俩、传唤记者等。这样的政府才是真正的对立力量。

毫无疑问，媒体在真正的对立关系中应该是占上风的，除非美国宪法被修改。在与政府的对立中，媒体是最终定义者，媒体要做最后的总结，而且媒体也最先发言，是第一定义者。除了通过媒体提供信息外，政府压根没有发言的机会。而任何政府官员的声音如果通过媒体传播给大众，就立刻会被媒体人士分析解读，告诉刚刚听到官员发言的美国公众，这个官员发言的真正意图是什么。这种做法通常被叫作即时分析，但实际上称之为即时偏见更恰当，媒体常常通过这种方式确保自己拥有最终发言权。

政府在很大程度上受到约束，它唯一能与媒体作对的方式就是偶尔口头抨击媒体的行为，而这种抨击往往也受到媒体的控制、管理，要受到即时评论和最终发言权的制约。政府也有另一件重要武器，一件单纯防守的武器——在一定程度上故意保密。毫无疑问，政府会使用这件武器，但这会使政府面临更多问题：一些心怀不满的政府人士故意泄密（leak），一旦媒体获知政府可能隐瞒信息，其对政府的批评将进一步升级，这就需要政府自圆其说为自己辩白，而当媒体不断用无法回答的问题向政府开火时，政府人员会陷入深深的无力感。

在真正的对立关系中，政府可以做（应该做）一件事情捍卫自己的地位：更多参与媒体事务。政府应该改变通过媒体向公众传播信息的格局，自己主动向公众提供信息，在有可能的情况下"围剿"商业媒体。如果不发出任何真实的声音，那么政府在与媒体的对立中就不能成为势均力敌的一方，甚至几乎是毫无希望的一方。哈钦斯委员会于 1947 年曾提出，政府应该真正参与传播事业，这一提议或许是对的。很显然，在任何一种舆论战中，没有自己内部控制的公共传播渠道的一方，将处于明显的不利地位。

如果人们想要最大限度地获得信息，最大限度地了解各种立场和观点，那么政府的声音自然也能有所助益。这种想法听起来是符合逻辑的，实际上，政府有责任直接与公众沟通，而不是任由其信息经过大众传媒歪曲、用常常带有偏见的滤镜将信息过滤后再到达公众。为什么应该由媒体而不是其他任何机构承担将政府信息传播给公众这种重要使命呢？本书的合著者肯定会争辩说政府没有权利与私营媒体竞争，我相信大多数媒体人也持有同样的观点。但是为什么不能竞争呢？对立的政府-媒体关系本身不就暗含着竞争吗？难道政府不能通过自己的出版物、广播电台或其他信息渠道填充信息观点的巨大鸿沟吗？难道政府不能拥有与私营媒体竞争的工具吗？难道政府不能拥有自我澄清或者至少用自己的方式向公众传达信息的机会吗？这种做法与媒体人士奋力鼓吹的多元化理念是一致的，使政府-媒体对立关系中的双方更平等；它让本质上没有发言权的政府可以直接向选民、公众发声，成为这种对立关系中一个真正的竞争者，而这种局面在当前是不存在的。英国媒体格局就是一个例子，英国广播公司（British Broadcasting Corporation，BBC）与独立电视网（私营企业）竞争，并且以高质量节目著称。BBC 目前仍由政府控制，只是管制比较宽松。

但是媒体不喜欢这样的情形，尽管嘴上那样说，但它们并不真的想要一种与政府对立的关系。媒体甚至不能容忍政府成为其对手的想法。

25　　媒体视自己为政府敌人的这一事实，不仅在理论层面值得质疑，而且引发了伦理层面的问题。它们坚信，媒体应该是政府的监督者、批评者、看门狗，这种信念导致新闻界过度活跃、好斗。对立角色的定位促使媒体深挖内幕、四处打探，也促使媒体在揭露政府高层或低层的腐败问题时无端臆测、捕风捉影，甚至传播流言。新闻界的这种观念导致媒体热衷于曝光政府的负面问题，而很少关注其正面行为。由此滋生了一个理念，或者说创造了一个理念——政府从本质上来说必然是邪恶的，必须被监督。媒体在自己主演的这场戏中，赋予自己正义使命，监督政府保持正直清白。

但现在，越来越多的人提出这样的问题：谁来监督监督者？媒体往往用宪法赋予的自由保障来应对。但抛却各种辞藻的掩饰，新闻界对这个问题的回答就是，没人监督监督者。新闻界处于几乎不受监督的状态。这个答案跟媒体与政府是对立关系的论点一致吗？

作为总结，我们来看看美国传奇记者詹姆斯·赖斯顿（James Reston）在其著作《新闻界的火炮》（*The Artillery of the Press*）中写下的文字，他在该书结尾做了一段与"火炮"这一标题相矛盾的结论："聪明的政府官员不会'操纵'记者，聪明的记者也不会真的'打败'政府。如果媒体和政府能彼此合作并与正在崛起的少数富有远见卓识的人合作，而不是视对方为敌人，会让双方更受裨益。"（1967，108）由此，赖斯顿认识到了自己著作的题目和认为政府与媒体是对立关系这一理念的荒谬之处。

在实践层面上，媒体所刊登的很多内容其实并不是与政府对立的，从政府工作（大部分时候是日常工作并且非常得体）到选举活动（大部分时候是民主模式运行的方式），再到外交或战争这样的政府行为，媒体主要是传播信息的管道而非批评政府的机构。对私营领域的报道也是如此，商业报道显然是以推广为主的，鲜有批评。

论点总结：媒体与政府不应该是对立关系

媒体和政府不是敌人，或者至少说它们不应该是敌人。两者的对立关系这种定位将会使媒体充当一个与其编辑自主权冲突的角色。对立关系或许时不时会存在，但在自由、开放的媒体体系中，这种关系应该严格控制在个别情况下，而不能成为常态。自由的媒体为什么必须视政府为自己的敌人呢？为什么不能与政府成为朋友呢？有些媒体在有些时间和有些情况下，在涉及某些特定问题时，认为自己有必要反对政府，这种情况是正常的。但从整体上认为媒体应该站在政府对立面的观点，不仅于理不合，而且有悖于媒体自由、自主、自立的基本信条。

26

回应

丹尼斯：媒体与政府应该是对立关系

用"对立"一词表述媒体和政府之间的理想关系，固然有些过于严重了，但这个概念具备合理的意义，而且按照通常的理解，这种说法实际上更容易引起人们的重视。"对立"的含义，其实就是强调媒体在与政府的关系中应该充当批评、争论和争辩的角色。波特·斯图尔特大法官（Justice Porter Stewart）曾提出"组织权利"（structural rights）的概念，意指主要属于诸如媒体之类的组织机构的权利。它不同于美国宪法规定的宗教信仰自由之类的其他权利，它既属于个人，也属于机构或组织。媒体或许是拥有这种"组织权利"的唯一机构。在这种法律制度下，媒体的主要功能就是为受众提供自由传播的信息。这个过程必须是批判性的，甚至是对抗性的。我认为，如果媒体坚持强硬的对抗态度，隐秘和潜在的腐败就会随之减少。在某种意义上，对于社会来说，媒体的功能就像商业机构的会计师和审计员，他们检查账目，查看收支平衡情况，如果发现有账目不符的情况，就发出新闻报道披露此事。审计系统和公认的会计程序使不良商人无法篡改账目，掩人耳目。对政府来说亦是如此，如果没有来自媒体的监督，没有积极对抗的潜在冲突力量存在，就无法保证民主体系的正常运行。换言之，民主国家不能没有监督。

政府试图通过管理和操控信息巩固自己的地位，媒体是少数能与之抗衡的社会因素之一。从君权神授的时代到现在，政府意识到信息就是权力，控制信息（至少在某种程度上）对于获取公众对政策和政令的支持至关重要。这正是当年英国统治者推行出版许可制度和煽动法案的最初动因，这些制度和法案遭到约翰·彼得·曾格（John Peter Zenger）等美国殖民拓荒者和爱国者的奋起反抗。曾格曾经揭露一位腐败官员涉嫌参与秘密土地交易的丑闻，这种话题在现在也并不少见。当前，政府信息的保密程度已经发展到极端，甚至已经侵害了公民的知情权，使公众无法全面了解他们本应知道的事实和信息。白宫常常试图延迟信息公布，或者实际上就是掩盖丑闻。1990年代美国总统克林顿和莱温斯基的性丑闻，2004年布什政府时期发生在伊拉克以及关塔那摩监狱的虐囚丑闻都是典型的案例。事实上，华盛顿的历任政府都拒绝媒体获得关于其决策过程的信息，而媒体则坚称它们应该拥有这种权利，目的也是服务公共利益。高度警觉的媒体还揭露了由美国中央情报局和联邦调查局实施的不合法的国内监视和窃听行为，这也证明媒体与政府保持对立关系是一种好的传统。

我的合著者提出的几个论点值得仔细商榷。例如，他认为，在自由主义理论体系下，媒体与政府之间不存在对立关系。实际上，自由主义理念［不要与自由党（Libertarian Party）混为一谈］允许市场上存在多种声音，媒体也尽可能地不受政府干预。他认为这从严格意义上要取决于媒体从业者，这种观点是对的。尽管我们今天的媒体体制已不同于18世纪末19世纪初，当时的媒体人奋力与政府对抗，反对其对信息的束缚和限制，逐渐形成了今天双方对立的关系模式。19世纪初期被新闻史学家们称为"美国新闻业的黑暗时代"，尽管新闻界竭力反对，但政府还是通过了《外侨和煽动叛乱法案》（Alien and Sedition Acts）。自由主义新闻学带给我们的是高度意见化的政党报刊，有些与政府是对立的，有些则是由政府"豢养"的非独立刊物，充当政府的喉舌。由于科技、教育、广告和其他诸多因素的共同影响，大众化媒体逐渐兴起，政党报刊的黑暗时代终于结束了。

现在的一些批评者认为，我们正在重返"黑暗时代"美国新闻业的老路，或者说至少有一些粗俗、充满偏见、粗制滥造的新闻媒体。例如福克斯新闻网（Fox Network）就常常向观众灌输强硬的保守主义立场，以对抗被其称为自由媒体的影响。网络博主们也常常对新闻发表尖锐的评论和想当然的意见，揣测领导人和相关人士的动机。好斗的辩论类节目在有线电视和广播谈话类节目中也越来越流行。

今天，美国的媒体体制虽然不是自由主义的，但上文提到的、充满喧嚣的党派议论时常会逼近我们。美国的媒体体制拥有共同的价值观，就是要对政府保持批判或者说是对立的姿态。美国拥有社会责任论的媒体体制，新闻媒体享受特定的权利，并承担相应的责任和义务。其中一项就是全面、独立地报道政府，对于这项责任来说，对立的姿态就算不是必要的，但也一定是有所助益的。《华盛顿时报》（*Washington Times*）就是美国秉承自由主义传统的典型案例，该报常常以保守主义的立场构建新闻。还有电台脱口秀节目主持人拉什·林堡（Rush Limbaugh）、福克斯电视网主持人比尔·奥雷利（Bill O'Reilly）和空中美国的艾尔·弗兰肯（Al Franken）的言论整体来说都是自由主义的。关于这一话题研究的典范莫过于战时状态的美国政府与媒体的对立关系了，这一点在后文会专门讲到。

如果不进行国际比较，任何关于美国媒体和政府关系的讨论都是不完整的。在许多国家，媒体都受到控制，不仅是朝鲜、古巴这些国家，还有其他诸多发展中国家和发达工业化国家。在很多地方，政府拥有媒体的情况并不罕见。相当一部分欧洲民主国家，以各种形式补贴媒体，美其名曰保护文化多样性。

政府的媒体委员会和相关法律法规也限制新闻出版自由。即使在民主制度的发源地英国，政府也制定了严苛的法律控制媒体。法国记者也经常抱怨，他们常常由于害怕政府报复而不能积极开展调查性报道。

媒体与政府之间存在暧昧不清的关系，在这种情况下呼吁更多新闻自由，即使本意是良好的，但也是极其危险的。这种危险的典型体现之一，就是曾多次出现学校董事会审查图书的事件，这意味着人们阅读有争议作品的自由受到了挑战。言论自由的理念不是刻在大理石碑上就能永久流传的，它需要一代又一代人不断地抗争与捍卫，否则就会不复存在。负责报道本地政府新闻的记者们常常要在参与公开会议和获取公共信息等工作中与政府官员进行拉锯战，他们对此感到十分沮丧。因为法律明确规定了政府会议和公共信息公开制度，但很多政府官员对此置若罔闻，甚至横加阻挠，除非遭遇媒体的激烈挑战。如果没有对立的新闻界，很可能我们的《阳光法案》（Sunshine Acts）将成为一纸空文。至于新闻出版自由这样的基本权利，我们如果不争取行使它们，便只能失去它们。

在媒体-政府对立关系的框架内，双方都可以采取一系列策略和方式与对方抗衡。例如，华盛顿的记者们就谙熟这种对立的模式。他们想要得到关于某项政策或某部门的信息，其中一些信息是由愿意配合的信息联络官主动透露的，但另一些信息则可能会被相关部门掩饰，或者不会有人愿意主动透露。这就需要记者们下一番功夫进行挖掘，包括通过线人、替代的消息来源，或者心怀妒意的政客等渠道获得缺失的信息。在这种对立的状态下，不仅媒体可以质疑政府的行为，政府也同样可以质疑媒体的行为。在《会见新闻界》（Meet the Press）这档关于新闻与公共事务的周播节目中，政府官员可以与新闻记者、媒体评论员激辩，我们从中可以看到对立机制是如何起作用的。

事实上，谁能真正代表公共利益？媒体和政府都声称自己能。政府如此主张是因为它是由公众选举产生的，而媒体坚称自己是公共利益代言人也不无道理，至少，媒体在很多自己的动机被质疑的法律诉讼中表达了这一主张。因为美国法院做出的裁决给诸如"政府第四权力"或"第四阶层"这样的说法提供了法律保障，使其具备了现实意义。例如法院通过裁决，允许媒体进入一家监狱采访犯人，即使法院并不承认这是美国宪法第一修正案赋予的权利，但却是媒体作为公共代理人的一项特权。因为普通公众是不能随意进入监狱探查里面的情况的，而媒体是代表我们去探查的。因此，媒体就是公众的代理人。在赛克斯比诉《华盛顿邮报》（Saxbe v. Washington Post）一案中，大法官刘易斯·鲍威尔（Lewis Powell）对于这种观点表示认同，他表示：

> 因此，公众必须依赖新闻界获取涉及公共机构的信息……这种隐含权利是一种广义上的公共权利，媒体是公共利益的必要代表……和公共利益得以实现的工具。（1974，417 United States，843 and 864）

而在另一个案例中，电影制片人弗雷德·怀斯曼（Fred Wiseman）要求进入为精神疾病患者特设的教育机构拍摄，但遭到拒绝。一般来说，大中小学校都有权利规定谁能或者不能对其校园进行拍摄或者报道，它们声称这是为了保护孩子或者学生的正当权益，因为有的拍摄会涉及隐私问题。事实上，这类问题常常会通过相互妥协得以解决。

斯坦福大学（Stanford University）的威廉·L.里弗斯（William L. Rivers）教授在《对手》（The Adversaries）和《另一个政府》（The Other Government）两本书中探讨了媒体与政府之间的对立关系。他言辞激烈地指出，媒体确实是政府的对立方，我们需要记者，政府并不是一个单一实体，而是包含了联邦、州和地方各级政府在内的行政、立法和司法系统的机构。哥伦比亚大学法学教授文斯·布拉西（Vince Blasi）认为，媒体在与政府的关系中承担监督者的功能。著名的美国宪法第一修正案律师弗洛伊德·艾布拉姆斯（Floyd Abrams）在其大半的职业生涯中为媒体和第一修正案受益人辩护，他反对政府的各种限制。

如果我们将关于公共事务的新闻报道与商业、体育类报道进行比较，就能发现媒体与政府的对立关系带来的好处。尽管关于政府的报道不可能做到详尽无余（甚至还常常存在各种缺憾），但无论全国媒体还是社区媒体，却一直都在坚持不懈地报道重大事务，包括立法机关、法院、公共机构发生的事情和各种相关问题。在联邦层面上，总统被数百位记者密切关注，还有大量记者被派往国会山，但报道最高法院和联邦官僚机构的记者却寥寥无几（这有点别扭）。再看社区层面的情况，你会发现地方媒体认真地关注地方议会、法院和公共机构的信息，这些报道有些是纯描述性的，有些是分析性的，有些试图揭露一些不良行为，所有这些都在构建一种关系。总体来说，政府消息来源和记者之间的关系是坦诚合作的。当政府运转良好时，这种合作就是积极的，媒体也只是开展一些例行的描述性报道；而当政府运作不良时，公众应该知道发生了什么事，存在的疑问越多，媒体的对立姿态就显得越有必要。

30

将媒体的政府新闻报道与商业报道、体育报道进行比较，我们会发现商业报道在近年来数量显著增长，但在之前很长一段时间内，这类报道只是对商业活动进行单调乏味、大肆鼓吹式的报道，甚至很多都是直接印刷或者播出各种商业和企业机构提供的宣传材料。媒体很少对商业机构内部矛盾冲突或者某公司计划引进某条产品生产线之类的公司内部战略问题感兴趣。近些年来，许多新闻机构扩张规模，提高了商业报道的水平，因为这一私人部门也正在对个人及其所在的社区产生越来越深远的影响。

在体育报道领域，媒体机构与信息来源密切合作，甚至充当其支持者、推动者。地方媒体通常是支持本地球队的，其教练也都受到本地记者和专栏作者的追捧。美国人关于体育的一些基本理念正在发生变化，但这样的报道思路导致我们无法及时察觉这些变化。球队与机构之间的冲突被视而不见。体育记者的角色常常不像是记者，而更像是球队或者运动员的粉丝。他们忽视了那些令人尴尬的事实，如把言语粗鲁的教练和行为不端的运动员捧为英雄。现在，也有一些体育版面在尝试构建双方的对立关系，但是进展缓慢。

全世界的评论家们都赞同，与政府保持对立关系是美国媒体非常与众不同的一种特质。在大部分情况下，美国媒体很低调，但有时候它们也会挺身而出，猛烈抨击政府。只有在政府被当作新闻全面传播、信息自由流通的敌人的时候，这种情况才会发生。当然，大多数情况下，这样极端对立的情况并非必要，但是大部分记者主张要对政府保持基本的怀疑。他们可能不会像 I. F. 斯通（I. F. Stone）提出的"政府总是撒谎"那样激进，但他们也会认同政府可能会掩盖、歪曲事实和误导公众。哥伦比亚大学的迈克尔·詹韦（Michael Janeway）在他的著作《否定的共和》（*Republic of Denial*，2000）一书中对此表示认同，并提供了一种更精妙的观点，公众需要一个能引领他们挑战、刺激和质询政府的角色，在美国承担这个重任的就是对立的新闻界。

论点总结：媒体与政府应该是对立关系

媒体-政府关系摇摆不定，或者是朋友之间的争端，或者是对手之间偶尔的妥协。后一种关系是更被认可的，因为媒体承担着核查事实的责任，要承担起这种责任，媒体就非常有必要保持对政府基本的良性怀疑姿态。美国媒体曾经历过自由主义的发展阶段，当时媒体上充斥着偏见性言论，媒体成为各党派追求自己政治目标的工具。消除这种对立关系，会导致媒体权利由于政府力量干预而被侵蚀。尽管媒体和政府都声称自己代表公共利益，可以精诚合作，但保持对立的姿态对于媒体来说非常有必要。它可以确保媒体对政府保持基本的怀疑，而这对于民主社会来说是至关重要的。

31

在线搜索

以下列术语和词组为关键词在 InfoTrac College Edition 上搜索更多信息：对立关系（adversarial relationship），核查价值（checking value），政府第四权力（fourth branch of government），看门狗角色（watchdog role），多元主义（pluralism），公共利益（public interest），代表性概念（concept of representation），哈钦斯委员会（Hutchins Commission）。

讨论题目

1. 公众应该更信任媒体还是政府？为什么？试讨论。

2. 政府会在哪些方面与媒体对立？对立双方哪一方更占优势？说明你的理由。

3. 有人说政府操纵信息，你是否会说媒体也在操纵信息？试用新闻报道的实际案例加以说明。

4. 很多人认为，对立出真相，请讨论这种观点。如果说对立的新闻界使美国媒体在全球记者眼中显得特立独行，你认为这种说法是褒还是贬？你认为世界上其他很多国家为什么没有这样的媒体-政府对立关系？

5. 请讨论：一个有与政府对立的新闻界的国家，有哪些优势和问题？

研究题目

1. 研究一家本地政府机构，警察局、市政厅、环保或者卫生部门，或者其他任何部门均可，分析它与媒体之间的关系。这个部门的媒体关系工作有哪些部分是主动的？哪些部分是被动的？在这个部门向公众传递信息的过程中，新闻界设立了怎样的门槛？这个部门又为媒体获得信息设置了哪些障碍？最终双方关系的整体特征是冲突的还是妥协的？

2. 找一位公务员或者政客，本地或者全国的都可以，研究他与媒体之间的关系。双方是否存在系统性的关系？媒体对这个人的评价怎么样？如果让你给他提一些提升或改善其媒体形象的建议，你会怎么提？

3. 美国现在有国内媒体审查吗？如果有，谁是审查者？过去对于报纸、图书、电影、互联网等媒体的审查传统有哪些？有哪些是立法的结果？今天的状况怎么样？要了解现在还有谁关注审查制度，你可能需要查询图书馆资料、信息科学出版物，还有新闻媒体研究和期刊成果。

4. 对比美国和其他某个国家的媒体-政府关系，最好选一个媒体体制与美国存在显著差异的国家作为比较对象。

5. 在英国、俄罗斯、中国、利比亚或古巴等国家，新闻自由分别有什么含义？各国的法律如何定义新闻自由这个概念？各国政府采取了哪些措施削弱或者促进新闻自由？

 延伸阅读

Baker, C. Edwin. "Scope of First Amendment Freedom of Speech." *UCLA Law Review* 25, no. 5 (June 1978): 964–1040.

Blasi, Vince. "The Checking Value in First Amendment Theory." In *Samuel Pool Weaver Constitutional Law Series*. Chicago: American Bar Foundation, 1977.

Cater, Douglass. *The Fourth Branch of Government*. Boston: Houghton Mifflin, 1959.

DeFleur, Melvin L., and Everette E. Dennis. *Understanding Mass Communication*. 7th ed. Boston: Houghton Mifflin, 2002.

Dennis, Everette E., and Robert W. Snyder, eds. *Media and Democracy*. New Brunswick, NJ: Transaction Press, 1998.

Friendly, Fred. *Minnesota Rag*. New York: Random House, 1981.

Gans, Herbert J. *Democracy and the News*. New York: Oxford University Press, 2003.

Hertsgaard, Mark. *On Bended Knee: The Press and the Reagan Presidency.* New York: Farrar, Strauss & Giroux, 1989.

Janeway, Michael. *Republic of Denial: Press, Politics and Public Life.* New Haven, CT: Yale University Press, 2000.

Luedtke, Kurt. "An Ex-Newsman Hands Down His Indictment of the Press." *The Bulletin of the ASNE*, May–June 1982: 16–18.

Merrill, J. C. *The Imperative of Freedom.* 2nd ed. New York: Freedom House, 1990.

Merrill, J. C. "The Press, the Government, and the Ethics Vacuum." *Communication* 6 (1981): 177–91.

O'Neill, Michael J. *Roar of the Crowd: How Television and People Power Are Changing the World.* New York: Random House, 1993.

"The Presidency in the New Media Age." *Media Studies Journal*, Spring 1994.

Reston, James. *The Artillery of the Press.* New York: Harper & Row, Colophon Books, 1967.

Rivers, William L. *The Adversaries: Politics and the Press.* Boston: Beacon Press, 1970.

Rivers, William L. *Other Government: Power and the Washington Media.* New York: Universe Printing, 1982.

Rourke, F. E. *Secrecy and Publicity: Dilemmas of Democracy.* Baltimore: Johns Hopkins University Press, 1966.

Schudson, Michael. *The Good Citizen: A History of American Civic Life.* Cambridge, MA: Harvard University Press, 1999.

Shane, Peter M., et al. *A Little Knowledge: Privacy, Security and Public Information after September 11.* New York: Century Foundation Press, 2004.

Weaver, Paul H. "The New Journalism and the Old Thoughts after Watergate." *The Public Interest*, 35 (Spring 1974).

第 3 章
民主与媒体

新闻自由是实现民主的必要前提，这已经成为一种共识。但媒体自身的民主程度如何，
还存在一些争议。媒体常常声称自己是公众代言人，但它们代言的方式不同于政府官员或机构，后者最起码是由选举产生的，而且具有法律赋予的权力。早期的美国媒体，包括报纸、图书和宣传册等，都是由个体印刷商及其家族经营的，属于私营产业，经营目标是通过贩卖信息获得经济收益。后来的媒体组织结构变得更加复杂，但与早期媒体仍有一个重要的共同之处——虽然它们在经营方面享有充分自主权，但在管理方面却遵循严格的等级制度。电视台、杂志和报纸等媒体机构没有被要求以选举的方式确定管理者或者执行人以确保民主得以实现。当然，有人会说媒体公司的管理和执行人员是由理事会和股东大会选举产生的，也有人认为媒体内容必须在一定程度上适应公众的接受习惯，例如媒体对收视率之类的指标依赖程度比较高，这表明媒体需要充分考虑受众的需求，以便投其所好。但也就仅此而已，媒体公司或独立媒体机构的办公室几乎像军队一样独立行事，不受外界约束。实际上，媒体公司常常采用半军事化管理模式，清晰地界定领导的权威，确立报道部门之间的关系。老板是最高决策者，但这并不意味着媒体职员没有权利，他们有权利，心怀不满的员工可以推动公司变革，甚至要求辞退某位管理人员，但是员工无权决定由谁来统领整个组织。

历史上曾经有一些平易近人的媒体老板和其他领导会采取更宽松民主的管理模式。在 19、20 世纪，就有一些开明的媒体老板，例如《纽约先驱报》（*New York Tribune*）
的霍勒斯·格里利（Horace Greeley），《密尔沃基哨兵报》的卢修斯·尼曼（Lucius Nieman）就曾实行过报纸的员工共同所有制。20 世纪早期三位著名的扒粪记者（muckraking journalist）林肯·斯蒂芬斯（Lincoln Steffens）、艾达·塔贝尔（Ida Tarbell）和雷·斯坦纳德·贝克（Ray Stannard Baker）就曾退出《芒西杂志》（*Munsey's Magazine*），因

为他们的老板独断专行，即使他们的报道掀起了一场进步主义改革，其老板仍对他们进行铁腕式的管理。他们从《芒西杂志》退出后创办了自己的同人杂志《美国杂志》（A-merican Magazine）。1970 年代创建的《女士杂志》（Ms. Magazine）则采取乌托邦式的民主化运作模式，在杂志普通员工和管理层性别比例等方面彰显女权主义思想，突出女性价值。艾奥瓦州的《伯灵顿鹰眼报》（Burlington Hawk-Eye）在 1960、1970 年代尝试采取选举的方式确立总编辑人选，这些乌托邦式的民主化尝试最后都以失败告终，没有形成大气候。放眼世界，也只有法国的《世界报》（Le Monde）至今仍保持同人报纸传统，通过选举确定总编辑人选。除此之外，鲜有其他媒体能成功效仿这种模式。

　　媒体的民主化不仅仅意味着要通过选举产生总编辑，它同时意味着要采取民粹主义模式进行内容生产，即受众要在决定媒体公司的内容生产方面发挥更大作用。在前沿的电子、数字媒体领域有个普遍流行的信条，"人人皆主编"，就是对媒体民主化理念的一种基本体现。比如：互动性媒体意味着受众更多参与内容选择过程；而收视率之类的受众测量指标对媒体也有显著影响，受众可以通过"用脚投票"的方式参与决策，决定节目的去留；电影行业也大体如此，票房收入就是衡量受众意愿的重要指标，上映后首周票房收入不理想的电影，很快会被市场遗忘。互联网被称为"人民的媒体"，关键自然就在于它更能体现受众的内容偏好。许多新媒体公司和创业企业，都不再需要专业职员和层级制组织机构。

　　数字媒体公司很少像大型媒体公司一样设立标准化的管理程序，它们常常寻求合作式、更民主的管理模式。这也引发了一些问题，以民主方式管理的媒体公司，应该享有多大限度的自由？或者说这种模式是否会对新闻专业主义和内容质量控制产生挑战？新闻界普遍流行的观点是存在鲜明对立的：老一代媒体工作者和受众坚持认为编辑部内部没有民主的空间，而年青一代对此则坚决否认。这与媒体应当承担的社会责任问题密切相关，拥护非民主化媒体模式的传统主义者拒绝承认这个问题，而愿意更大程度参与媒体治理的人则认为这个问题至关重要。

 ## 挑战

丹尼斯：媒体应该更民主

36　　我当然知道，关于媒体民主化的任何提议都很激进，因为这关系到两个方面的问题：首先，受众必须在内容选择决策过程中发挥更重要的作用；其次，媒体内部的工作人员也将摆脱他们所受的管束，创建一个编辑部民主体系。我的这个提议不太适合娱乐媒体，这个行业目前发展势头旺盛，这得益于其完备的受众测量体系，它可以准确地把握特定节目、电影或音乐的受欢迎程度。唯一应当警醒的是，娱乐媒体的定位大都偏向年轻群体——电视偏向青少年群体，电影的主力收视人群也是 18～34 岁年龄段的年轻人，这就将一大部分人排除在外，剥夺了其参与传播的权利。但也有人争辩，认为这些人可以在其他地方寻求适合他们的娱乐媒体，特别是一些适合小众人群的个性化媒体，但我们对此不敢苟同。我敢肯定，我的同事约翰·梅里尔一定会就此展开激辩，认为新闻专业主义能确保受众获取最优质的内容，因此，我们不必为媒体不民主的运作方式感到忧心忡忡。而实际上，他低估了受众阅听率这些指标的价值，他认为这些是导致媒体生产劣质内容的动因。而且，他认为我们应该信任新闻机构中秉承新闻专业主义原则的从业人员，他们大都能做正确的事，即使是偶尔出现失误，也能够很快纠正。换言之，他是真切地告诉大众"别管闲事"，让媒体不受干预地做自己的事，也不要对媒体的失误"横加指责"，因为这必定会限制新闻自由。

他说的有一定道理，但我认为，我们应该对媒体的民主问题有更深入的思考，关于这个问题的讨论常常将公众排除在外。多年以来，常有人提议媒体公司内部应该成立员工参与委员会，使专业媒体工作人员能更大程度地参与决策过程，工会也在努力改善媒体公司内部专制的管理方式，但都收效甚微。有管理学家曾提议媒体公司进行柔性管理，但正如传媒经济学家罗伯特·皮卡德（Robert Picard，2002）所指出的："每家媒体公司都有自己的管理文化，这种文化由价值观、传统、运作模式、上下级关系及其他多种因素共同造就。"他认为虽然媒体公司管理方式各异，但大多数公司有一些共通之处：

- 行政文化（an administrative culture）。
- 创业文化（an entrepreneurial culture）。
- 创新文化（a creative culture）。
- 维系文化（a maintenance culture）。
- 营销文化（a sales culture）。
- 生产文化（a production culture）。
- 程序文化（a process culture）。
- 产品文化（an outcome culture）。

我们无须细究这些概念错综复杂的内涵，任何一家追求效率、将人视为具有生产能力的人力资本的公司，都有一条底线——经济收益，简单又纯粹。这很好，只是没能体现出民主的价值，甚至没有考虑到媒体对更宏观的环境产生的社会影响。许多关于媒体社会责任问题的研究都提出，新闻媒体也是"社区居民"，或者说它们有义务服务公共利益，保护公民权利不受政府侵犯，不受其他强权势力的侵犯。这些提法都很好，但是要如何操作呢？相信媒体专业主义能正确行事？这显然是不够的，情况远不如很多评论家所宣扬的那样乐观。令人感到困扰的是，这些评论家无论认为媒体太民主还是太保守，太激进还是太畏缩，他们都声称媒体自身受到了束缚，而媒体专业人士的价值理念及视野与公众的距离越来越远。因此，让非媒体人士去和媒体专业人士谈判，显然不是问题的解决之道。组织学专家克里斯·阿吉里斯（Chris Argyris）在他的经典著作《头版幕后》（*Behind the Front Page*，1974）中，对《纽约时报》进行了深入透彻分析。他发现了所有媒体机构背后都存在的现象——媒体热衷于调查社会问题，却对自身内部问题避而不谈，它们认为媒体内部的问题是"私人的而非公共的"。《纽约时报》和它的大部分同行特别是电子媒体都拒绝在媒体责任方面有任何作为，它们不设立处理读者/观众投诉的监诉官（ombudsman），也不设立新闻委员会或者其他让普通市民参与的组织。电子媒体曾一度被要求开展社区调查，即邀请本地市民和组织对某家电视或者广播媒体的表现打分，评估其在服务公共利益方面的表现。但随着对媒体的管制逐渐放松，再加上有线电视和互联网的兴起，人们认为多元而细化的媒体足以满足各方面的公共利益要求，原来对媒体的调查就逐渐停止了。有相当一部分媒体机构设有监诉官一职。《纽约时报》长期以来都强烈排斥公众参与，但 2003 年的一场波及甚广的丑闻严重摧毁了其公信力，该报不得不于 2004 年设立了监诉官一职。监诉官人选往往是经过严格选拔的一流专业人士，其目的是突破媒体机构内部的专制文化。但实际上，面对这种历史悠久、积淀深厚的媒体文化，设立监诉官一职无异于隔靴搔痒，解决不了本质问题。

据我猜测，传统媒体机构会拒绝任何形式的民主化，市场调研是个例外，但这种调研往往并不靠谱，科技的发展应该可以改善这种状况。到 2005 年，互联网作为一种严格意义上的公共媒体已经经历了 10 年的发展，但由报纸、杂志或者其他传统媒体平台创建的网站却仍在沿用传统媒体的传播模式。这些新媒体很少体现互联网互动性强的特征，因而并没有对媒体民主有推动作用，至少当时的情况是如此。但换个角度看，每种新媒体在初期都要经历一段时间的摸索才能找准自己的发展道路。早期的电视也就是配上图片的广播，但现在，恐怕没有人否认电视是一种独特的传播媒体，具有其他传播平台无法替代的功能。因此，我相信真正完善的数字媒体会充分利用其反馈机制，创造劳伦斯·K. 格拉斯曼（Lawrence K. Grossman）提出的"电子共和"（The Electronic Republic），也将促使其他媒体更加平民化，更积极地与自己的受众互动。我在其他地方也曾经写过，即使反应相对迟钝的报纸也能进行全面数字化的运作，更有效地选择内容，鼓励读者互动，深度参与编辑过程并持续开展传受双方对话,使所有内容运作环节都实现民主化。数字媒体的确有无限容量,可以承载各种类型的内容,回应所有人的所有关切。更有效的内容选择是通过人工智能实现的,媒体不需要开展无休止的受众调查以了解受众的阅听需求,但受众仍然可以参与公开/私下的交流,促使媒体生产更符合市场需求、更有价值的内容。这样的过程可以进行持续调整,现代大众传媒资源丰富,完全可以进化出真正个性化的媒体。

以上这些都是关于媒体内容民主化的问题,但媒体公司的领导机制和管理结构民主化的问题该如何解决?目前很多媒体公司仍是私人公司,领导层由内部董事会选举决定。这种模式没有办法从根本上改变,但公司的股东结构可以更加多元化,也可以丰富公司业务以回应受众需求。例如,广播巨头清晰频道(Clear Channel)在 2003 年就一度成为反对联邦通信委员会(Federal Communications Commission,FCC)关于新媒体所有权相关规定的典型。这虽然只是源于一次偶然发生的事件,但却使它们的管理模式更具有公共精神。显然,媒体领导层可以让员工更多地参与对高层管理人员的选择,这不一定非得经过直接选举才能实现,只需要建立一定的正规机制,让员工能表达他们的诉求和对管理层的期待,这种方式也能表现出媒体公司对于所服务公众的些许尊重。毕竟,媒体要服务不同的受众,他们的兴趣、爱好、倾向存在很大的差异,这没问题,我们并不需要在全国范围内投票选举媒体领导层或者选择媒体内容,但我们至少应该在切实满足受众需求方面有所作为,期望媒体能切实提升内容质量,而不是一味迎合大众趣味。无论如何,迎合大多数受众趣味的是娱乐网站或者真人秀节目这样的媒体,但却不是高质量公共事务类节目、新闻、高端杂志之类的媒体,这些媒体将越来越多地被数字化,成为融合媒体世界中的一部分,这必将催生更加民主的媒体。

是的,媒体应该更加民主,而这需要多方面的努力和参与,我在这里提到了媒体组织自身、其他社会利益群体、各种相关的公共力量,甚至在必要的时候还需要政府力量,因为政府毕竟是唯一真正被赋予代表公众这一使命的社会部门,尽管这一角色也要受到独立的司法系统和公民自身的严格监督。

论点总结:媒体应该更民主

媒体应该更民主。在内容提供方面,无论是面向普通公众的综合性媒体,还是面向特定群体的专业化媒体,内容选择过程都应该有更多公众参与。在媒体组织领导层和管理层的选择和晋升方面也应该更加民主化。媒体组织,特别是新媒体,不能再继续推行其虚伪的双重标准,一面调查、评价其他社会部门,一面却对自己的行为严格保密。因此,媒体机构选择、报道、评述新闻的过程应该更加透明化，实现这一目标的途径就是更充分地发挥数字媒体互动性强的优势，接受大多数公众的问责，同时也关注各类特殊群体，包括文化背景、利益诉求、地域、年龄及在其他各种人口统计因素方面存在差异的群体。媒体无法取悦所有人，但它们至少应该能满足自己目标受众群体的共同需求。这样一来，所有媒体累加起来，就能发出各种声音，从总体上体现各群体的利益诉求。建立公众问责制度是提升媒体民主化程度的关键之所在，坚持这种观点的人都提议媒体组织加强与社会各利益群体甚至是政府部门的联系。

 ## 回应

梅里尔：媒体无须更民主

我的合著者丹尼斯称媒体应该更加民主，却将娱乐媒体，包括当前盛行的符合普通大众口味的真人秀节目剔除在外，他认为这类媒体并不承担任何社会责任，他还认为关于媒体民主的问题我一定会提出乌托邦式的空想，这种说法令我感到可笑。我认为现实情况是，无论从何种意义上看，娱乐媒体都对社会有巨大影响力，甚至要超出新闻类媒体，但为了辩论的需要，我还是接受他的界定，在这里只讨论新闻类媒体。实际上，仅新闻类媒体就已经有足够多值得辩论的地方。

丹尼斯博士认为我会主张以新闻专业主义促使媒体代表公共利益，并成为提升媒体民主化程度的一种自发机制，这一点是对的。然而，我并不认为新闻媒体本身应该成为彰显民主价值、促进公共传播的民主典范。毕竟，在美国的宪法框架下，媒体的角色是提供能自由流动的信息和观点，在这样一种制度下，民主才可以繁荣，或者至少从理论上来说是如此。

我们在本书的其他章节也讨论过新闻专业主义的问题，其内涵就是新闻媒体应该采取一套系统化的方法获取、处理和扩散信息。用时髦的话说，也就是在新闻产品整个生产流程中的各个环节都要进行细致、睿智的判断。如果新闻媒体从高层领导到中层管理人员，再到一线采编人员，在工作中都能遵循公众认可的伦理规范，就能为大众生产出质量更高的新闻产品。因此，我相信对媒体从业者、管理者和领导者进行新闻专业主义的教育培训和适当的启发是非常有必要的。已经有一些新闻传播院系、文理院校、其他教育类院校、商学院在开展这种教育，未来这也将成为一种趋势。丹尼斯博士就是一位商学院教授，他清楚地知道，媒体机构的很多高层领导来自以上这些教育机构，我们也应该促使他们继续培养富有伦理道德意识的新一代媒体公司领导，而不能像安然（Enron）[①] 或者近年来美国几家大型制药公司那样出现公司丑闻。考虑到媒体从业人员的教育背景复杂，对于每家媒体公司和整个传媒行业而言，将这些从业者凝聚起来，建立领导英明、治理有方的媒体机构，都是一项重要使命。从这个意义上说，传媒行业可以做更多工作，比如对其从业者进行职业再教育，或者与新闻及商业院校紧密合作，直接参与未来从业者的教育过程。丹尼斯博士在其他地方也曾经提到，如果我们不与时俱进，就常常要为自己受到的教育及其反映的代际偏见所局限。

真正的新闻专业主义，不仅要考虑公司文化、管理理论、新闻业务技能等方面的问题，还要考虑公共交流的问题，也就是说我们如何更有效地与公众进行交流，从而更好地为公众服务。这当然包括建立受众反馈机制，也包括更积极地开展媒体产品市场调研。在这一方面，甘尼特公司（Gannett Company）是值得我们学习的典范。在 1980 年代，该公司就通过广泛的市场调研成功创办《今日美国》（USA Today）。当时要创办一份定位于满足人们对全国性公共事务、金融、体育和生活方式的新闻需求的报纸是一种风险极高的行为，但是由于它之前开展过周密的市场调研，并且公司的首席执行官对于创建一份全国性报纸的目标踌躇满志，因此它还是策划了这份面向年轻受众群体的报纸，借助卫星传输技术进行多地点印刷，并依赖公司充足的人力资源和资金支持，最终成功创办美国第一家全国性报纸。在初创阶段，甘尼特公司投入了数亿美元的资金。几年之后，报纸开始盈利。它原本被认为内容极度肤浅，后来也转变为受尊敬的新闻类媒体。现在有很多竞争对手在全国性问题的报道中引用其内容。尤其值得一提的是，《今日美国》在运作过程中对受众参与的重视程度要远胜其他媒体，它始终坚守对受众的承诺，这在其他媒体上是极为罕见的。我们确实需要更多这样的媒体实验，以检验我们的想法，努力以更好的媒体内容和形式满足公众的需求。

因此，我们的确需要更多市场调研，但这应该融入整个专业主义的操作理念，而不只是为质量低劣、快餐化的低俗媒体服务的一个流程。我的观点是，新闻专业人士可以建立一套质量标准，并引领媒体遵守这样的标准。

至于新闻媒体的领导层和管理模式是否应该更加民主化，我认为没有这个必要，主要出于以下几个方面。首先，我们几乎不可能对新闻媒体制定不同于娱乐、言论和广告等媒体的标准，为什么？因为它们往往由同一家公司所有，你能想象《时代-生活》（Time-Life）

[①]　安然公司曾是世界上大型能源、商品和服务公司之一，名列《财富》杂志"美国 500 强"的第七名，自称全球领先企业。2001 年，安然被曝出存在关联交易、做假账等丑闻而不得不申请破产保护。这一案件成为美国历史上第二大企业破产案。——译者注

杂志与时代华纳（Time Warner）公司所属的其他媒体实行不同的监管与问责机制（也就是底线）吗？几乎不可能。在无线电视网时代，新闻部门一度是赔本赚吆喝，为其他部门招徕人气。但当有线电视在媒体竞争格局中变得越来越重要，这样的时代就一去不复返了。电视机构的所有部门都要产生经济效益，这样才能在公司中获得一席之地，进而才能在整个市场上生存下去。大部分媒体公司是公开上市公司，由股东公开投票选择管理层，包括首席执行官和整个高管团队，然后再由他们选择其他管理人员，我认为这在一定程度上已经实现了民主。当然，我们也必须意识到，在公司的年会上参与投票表决的还包括一些大型实体机构，比如大型养老基金公司和其他一些不怎么民主的机构，它们在会议上往往很少发声。媒体公司也有一些专横的老板，但他们的工作期限一般不会长久，他们对公司不会产生激励作用，也很难拉拢最好的员工。任何有头脑的管理者都会意识到，态度粗暴、反应迟钝的管理方式是难以长期维持的。

通过本章的分析我们了解到，我们采取了很多方法促使媒体公司变得更加民主，但这些方法很少奏效。媒体服务民主的最佳途径，就是雇请高水平的专业人员，为受众生产尽可能好的内容。这就意味着，媒体工作从根本上还是取决于受众的需求及其购买意愿。市场并不民主，媒体亦无须如此。

▍论点总结：媒体无须更民主

42   无论是在领导层和管理层的选择方面，还是在内容的生产传播方面，媒体都不需要更多民主，因为这两个方面都是市场的问题，而不是民主的问题。通过受众调查、市场研究和其他途径，媒体就能对受众需求做出反应。矫正媒体不民主问题的最佳途径就是专业主义——各种意义上的专业主义，包括内容生产（编辑和节目制作的各个环节）及商业运作等不同方面。因为媒体必须满足受众需求才能为其所有者，包括股东贡献业绩，这其中就包括服务公共利益。妥善地提出并实施专业主义的原则和标准，能为公众生产更好、反应更灵敏的新闻及其他传播内容。实现这一目标的关键是在专业主义方面保持警惕，乌托邦式的变革是没有必要的。

在线搜索

以下列术语和词组为关键词在 InfoTrac College Edition 中搜索更多信息：民主媒体

(democratic media)，公司文化（corporate cultures），媒体公信力（media accountability），公共利益标准（public interest standard），受众反馈（audience feedback），公共服务（public service），盈利能力（profitability），管理风格（management styles），信任体系（accountability systems）。

 讨论题目

1. 公众为什么会在意媒体是否民主的问题？在美国的社会环境中，媒体民主与不民主在实质上有哪些区别？在其他国家呢？

2. 皮尤研究中心（Pew Research Center）所做的"人民与媒体"（people and press）之类的关于公众对媒体态度的意见调查，与媒体公司所做的市场调查是否有所不同？有多大程度的不同？

3. 如果本书两位作者各自掌管着一家大型媒体公司，他们选择媒体领导者的程序将有何不同？会有一种方法比其他方法更可取吗？为什么？

4. 对于媒体来说，"民主"到底有什么内涵？是让每位公民都能发声的民主，还是有其他含义？

5. 一家以独裁的方式管理和运作的媒体公司或者个人媒体，能否真正促进民主，彰显民主价值？

 研究题目

1. 假设更民主的媒体确实比采取传统管理模式的媒体更能有效地促进民主，以此为题写一篇论文。　*43*

2. 比较两家不同的新闻机构，一家传统报纸和一家网络媒体，是否有一家比另一家更民主？为什么？

3. 研究美国和其他国家新闻编辑部的民主模式，它们的实际状况是否良好？你如何得知？

4. 请思考：媒体通过什么途径确定它们是否在为公共利益服务？

5. 研究某家特定媒体机构内部的问责机制（如媒体监诉官制度），并将其与整个行业的问责机制（比如伦理准则、新闻评议会）进行比较，分析哪种机制更能促进媒体的民主。

 延伸阅读

Argyris, Chris. *Behind the Front Page: Organizational Renewal in a Metropolitan Newspaper.* San Francisco: Jossey-Bass, 1974.

Arnold, R. Douglas. *Congress, the Press and Political Accountability.* Princeton, NJ: Princeton University Press, 2004.

Bertrand, Claude-Jean. *Media Ethics and Accountability Systems.* Cresskill, NJ: Hampton Press, 2003.

Briggs, Asa, and Peter Burke. *A Social History of the Media from Gutenberg to the Internet.* Cambridge, UK: Polity Press, 2002.

Dennis, Everette E., and Robert W. Snyder, eds. *Media and Democracy.* New Brunswick, NJ: Transaction Publishers, 1998.

Grossman, Lawrence K. *The Electronic Republic: Reshaping Democracy in the Information Age.* New York: Viking, 1995.

Grossman, Lawrence K., and Newton W. Minow. *A Digital Gift to the Nation.* New York: Century Foundation, 2001.

Harper, Christopher L. *And That's the Way It Will Be . . . News and Information in a Digital World.* New York: New York University Press, 1999.

McQuail, Denis. *Media Accountability and Freedom of Publication.* New York: Oxford University Press, 2003.

Picard, Robert G. *The Economics and Financing of Media Companies.* New York: Fordham University Press, 2002.

第 4 章
媒体所有权集中

　　大规模的媒体交易在新闻中屡见不鲜，其中既有大型媒体公司之间的收购、兼并，也有大公司吞并小型出版商或者独立媒体机构。像《华尔街日报》（*Wall Street Journal*）、《商业周刊》（*Business Week*）和美国全国广播公司财经频道（CNBC）等商业类新闻媒体常常披露这类新闻。参与讨论的媒体分析师和其他评论员认为，大型媒体公司收购小型公司，发展成更大型的公司，这种趋势不可避免。近年来，世界上规模最大的媒体公司时代华纳被互联网公司美国在线（America Online）收购，却遭遇了互联网泡沫破裂后的大调整。另一家媒体巨头鲁伯特·默多克（Rupert Murdoch）的新闻集团（News Corporation）2003 年收购了卫星公司直接电视（Direct TV）。随着媒体行业的发展，并购会越来越频繁地出现，规模最大的前 25 家媒体公司都在不断扩张，其中不少涉及互联网商业。随着电视网等很多媒体公司被更大型公司收入麾下，其谱系图也变得错综复杂。比如哥伦比亚广播公司（CBS）与西屋（Westinghouse）合并之后又被维亚康姆（Viacom）公司收购，而维亚康姆公司之前只是 CBS 旗下的一家小型有线电视公司。还有一直以生产合家欢电影而闻名的迪士尼（Disney）公司，收购了美国广播公司（ABC），后者原本是由几家报纸和电视机构合并而成的。以上这些和其他许多媒体公司的财务交易是现今这一切都趋向集中的社会的一部分，市场经济是主导标准，曾经限制媒体规模和市场垄断的政府监管规定逐步被废除。在整个 1990 年代直到 21 世纪初期，传媒、航空和银行等诸多行业都在解除管制，行业的所有权越来越集中，而对这种趋势发出危险警告的声音则从未消失。

　　多年以来，本·巴格迪基安（Ben Bagdikian）和罗伯特·麦克切斯尼（Robert McChesney）等媒体批评者一直在对媒体集中所带来的负面效应发出警告，特别是在报纸和广播电视领域，很多独立的、家族所有的报纸和电视落入甘尼特、汤普森（Thompson）、纽豪斯（Newhouse）这样的大型连锁传媒机构手中。虽然与今天这些真正的"大买卖"

45 相比，批评家们提出的警告显得有些小题大做，但他们依然从深层次反映了美国的价值观：庞大不好，多元才好。人们常常把与社会贴近、触手可及的小型组织与言论表达自由和个人主义等同起来。媒体批评家们担忧，那些原本由媒体人——编辑、发行人、广播人等牢牢掌控的媒体机构，最终会被大型公司接管，比如通用电气（General Electric）就收购了美国全国广播公司（NBC）。一种普遍流行的观点是，如果一般商业机构接管了媒体公司，它们就将不再注重编辑独立性和完整性，而是一味强调利润问题，或者说它们会变得贪婪起来。相关的调查显示，大部分美国人认为媒体集中是一件坏事。那些被大公司掌控的媒体要根据远在曼哈顿或者洛杉矶的总部的指令行事，与公众在情感上毫无亲近感。与之相比，受众更愿意他们的媒体由本地人所有、被本地人掌控。当然，也有一些极端的例外情况，比如联邦通信委员会放宽了对媒体所有权的限制，对清晰频道这样的大型媒体公司产生了显著影响。但通常情况下，政府阻止大公司进一步扩大规模的干预措施很少获得公众的持续支持。因此，尽管公众偶尔会激烈抵制媒体所有权集中，但大部分时候，他们并没有意愿采取实际行动。唯有涉及媒体暴力或者关于儿童的问题时，媒体公司领导才会被迫参与相关谈判，或者到白宫参加会议——总统有权力传唤他们，尽管效力非常有限。总体上，面对媒体所有权集中日益加剧的问题，人们普遍认为应该寻找一条更好的出路。

挑战

丹尼斯：新的媒体所有权集中最终会有益于公众

我记得很多媒体批评家、政客和社区积极分子都曾抱怨过媒体所有权集中的问题。我听过诸如民主的消亡、普通公众交流途径被阻断这样的警告。毫无疑问，媒体所有权集中问题确实正在加剧。少数几家媒体巨头控制着大部分大众媒体——电影、有线电视、无线电视、杂志和图书出版，还有报纸。但同样的情况也出现在其他行业，例如钢铁和计算机行业。出现这种情况的原因有很多方面，包括规模经济效应、市场效率、成本控制等。现代经济似乎就是让产业格局越来越集中，至于社会或道德层面的影响则很少被考虑。由几

46 家寡头控制或影响整个行业的情况非常普遍，不仅美国，欧洲、亚洲和世界其他很多地方

皆是如此。当今世界许多国家都奉行资本主义或者市场经济原则，这进一步加剧了产业集中的趋势。随着冷战结束，尽管一些国家的情况并不理想，但大部分国家声称自己实行市场经济体制下的民主制度。只有朝鲜和古巴等少数地区奉行完全不同的制度，但即使是在这些地区，产业集中的情况也同样存在，区别在于这些国家的产业是由政府或国家所有并经营。

因此，我们要讨论的问题就是，媒体产业是否应该遵循与其他产业不同的经济规律？的确，媒体产业要承担更多社会责任，并受到美国宪法第一修正案的特殊保护，这使其与其他产业有所不同。但说到底，美国媒体大部分是商业性机构，靠利润生存，它们存在于由大玩家们主导的经济环境中。对于公众和社会来说，这是一件坏事吗？我并不这样认为。我们拥有人类有史以来最多的媒体机构和内容，从面向低端群体的超市小报、电视节目和真人秀，到面向高端群体的图书、杂志和电影，拥有各种口味的群体都能从媒体中找到符合自己需求的内容，尽管也有批评家抱怨许多大众媒体，特别是电视新闻和电视剧为了服务粗俗的社会而变得更加平庸。换言之，为了获得利润，大部分媒体在迎合公众趣味。

由于缺乏足够的受众，一些批评性的电视节目和高质量杂志难以为继，这令人非常痛心。与此同时，另一些注重创造性工作和高质量内容的媒体则能脱颖而出，获得成功。一些媒体公司非常贪婪，一味追逐利润，不惜通过生产肤浅的新闻和粗制滥造的娱乐内容欺骗、迎合公众。这确实是一些有影响力的大型媒体公司的做法，但一些地方性媒体的老板也同样贪婪，他们不讲究专业主义，唯一的目标就是追求利润最大化。实际上，媒体所有权集中的主要影响就是读者和观众有更多内容可供选择。现在人们可以选择的电视频道不再局限于几家，而是有几十家，未来甚至有数百家。美国人在 2005 年可以选择的日报数量与 1900 年甚至与 1990 年相比，都有所下降，但现在有上千家新闻网站、数十万博客，还有诸多其他媒体。媒体所有权集中为新闻选择带来的真正考验是在公共广播和电视领域［如公共广播公司（PBS）和美国全国公共电台（NPR）］，这些媒体一度被视为高品质新闻的稀有标杆，却在与 A&E 电视网（A&E Network）、历史频道（the History Channel）、探索频道（Discovery Channel）等有线电视的竞争中毫无招架之力。这种情况出现在媒体规模庞大、内容富足的时代，大型媒体公司促成了互联网和宽带传播技术发展的壮观景象，网站和有线电视频道无限膨胀。这些公司充分利用了互联网资源，获得了充足的网络广告收益，为打造高质量内容提供了资金保障。其结果是网站获得更多用户，小玩家也因此获得更多机会，从普通个体到专业生产电子信息和服务的机构都获益匪浅。

在美国和其他国家，媒体所有权集中趋势主要体现在大型媒体公司上。它们使全球范围内的对话和电子商务成为可能，成千上万个新媒体机构的出现也使公众受益。大型媒体公司生产各种网页浏览器和提供门户服务，为我们所有人创造了交流工具。媒体所有权集中究竟是否代表着一种威胁？检验这一问题的一个重要渠道就是考察政治派别和候选人的观点。但这方面的讨论目前还比较少。美国哥伦比亚大学商学院著名的媒体和电信专家艾里·诺姆（Eli Noam）曾在 1990 年代指出，"在传播政策方面，民主党和共和党的分歧并不大"。这种状况在乔治·W. 布什（George W. Bush）担任总统的第一年就发生了一些变化。当时 FCC 主席迈克尔·鲍威尔提议大幅度放宽对媒体所有权的限制，这一提议过于激进，因此遭到了公众的强烈抵制。从以看门狗自居的自由媒体到美国步枪协会（National Rifle Association）等各种组织都表示要抵制这种政策，最终美国国会不得不介入此事，这一提议并未通过。然而，这种情况的出现并不普遍，因为管理媒体巨头，监管媒体行业这样的传播政策很少能上升到公共焦虑的层面上。事实上，很少有人呼吁政府加强管制，增加反托拉斯力度，终结大公司收购小公司、鼓励不同媒体公司之间合作兼并的政策。之前在不同行业之间有严格的界限，但现在电影电视公司可以与有线电视和网络公司合并，电话公司也可以与传统出版公司、广播电视公司联合，公众很少对此提出异议。尽管安德鲁·杰·施瓦茨曼（Andrew Jay Schwartzman），还有麻省理工学院（MIT）的诺姆·乔姆斯基（Noam Chomsky）等关注电子媒体发展的人也曾对此发出警告，但很少得到公众回应。

还有一些学者提出了温和但却发人深省的反对意见，例如伊利诺伊大学（University of Illinois）的罗伯特·麦克切斯尼和哥伦比亚大学的托德·吉特林（Todd Gitlin）等，都曾对媒体所有权集中的趋势表示担忧，但却没有提出应对这种不可避免趋势的有说服力的解决方案。一些富有责任感的媒体行业领导者，比如热心记者委员会（Committee of Concerned Journalists）这样的组织，也对贪婪的媒体所有者控制媒体内容可能产生的负面效果感到忧虑，但它们也承认，宪法第一修正案禁止设置障碍阻止媒体所有权的集中趋势。因此，除了在口头上表达忧虑，它们并无实质性动作。

在我看来，除非世界经济发生剧变，媒体所有权集中的趋势无法逆转，而且利大于弊。那种认为文化产品不能像木材、钢铁和电脑一样随意买卖的观点，是不切实际的浪漫假想。无论我们是否乐意，信息经济正在兴起，所有媒体产品都是其中的组成部分，媒体业当前的发展已经从整体上促进而不是削弱了信息的多元化，比如网站的爆炸式发展就证明了这一点。正如哥伦比亚大学的诺姆所言："一些关于产业集中所产生的影响的假设往往是错误的：首先，产业集中的情况并不像批评者所说的那样严重，集中只是出现在一些领域，而不是所有领域；其次，观点本身也是多样化的，比如有人就认为地方主义能确保

媒体提供新鲜而多元化的内容。"(Noam，2004)

论点总结：新的媒体所有权集中最终会有益于公众

媒体所有权集中最终会有益于公众。这是一种涓滴效应（trickle-down theory），也就是媒体所有人在主观上并无意为公众做善事，而是要服务于自我利益，贪婪的所有者常急于获取利润，为了在商业竞争中生存，它们要遵从受众的期望和需求，提供受欢迎、有价值的内容，以取悦读者、听众和观众。媒体所有权的集中只是整个经济潮流在媒体和传播行业的一种体现，其目的是在国内外经济环境下生存下去。今天发生的事是不可避免的，成功的媒体公司为了生存所需会为公众利益服务，满足受众和顾客的需求，从而最终使公众获益。

回应

梅里尔：媒体所有权集中对公众和社会有害

丹尼斯教授注意到，不仅是在传媒行业，全社会各行业的巨头规模都在扩大，因此他得出结论：这种情况既然发生了，就必定是合理的，甚至是好的。正如丹尼斯教授说的，小商家或许会消失，但这并不一定是坏事。可能有人会问，杂货店的多元化与信息和观点的多元化是否可以等同？多元化的媒体对于民主制度来说至关重要，因为这一制度需要以信息通达的公民群体为基础，而银行和钢铁厂的数量减少却不会影响民主的实现。

丹尼斯博士说，美国媒体是商业机构，靠盈利生存，确实如此。他还注意到现在的媒体处在大玩家主导的经济环境中，他认为这对普罗大众来说是一件好事。我对此不敢苟同。对于媒体企业及其所有者来说，所有权越集中，意味着瓜分市场利润的市场主体越 *49* 少，这当然是件好事，但这对于普通公众何益之有呢？他能从远方的出版公司那里买到比本地出版商出版的更好的报纸吗？我想答案是否定的。当然，我们可以得到科技含量更高的产品，但是报纸内容却将更加墨守成规，丧失地方色彩。广告收入数额增加，新闻和观点则会变得更加程式化，缺乏个性，与社区息息相关的感觉也会被淡化。这或许能解释，为什么所有的读者调查都表明公众对媒体的态度变得越来越消极，甚至存在敌对情绪，他们对媒体内容的信任和尊重已经消失殆尽。当然，最令人愤怒的一个例子就是清晰频道，丹尼斯博士在前文对这一案例一笔带过。清晰频道控制着地方广播系统，大部分节目是在本地区以外制作的，根本无法满足听众对本地新闻和其他本地化内容的需求。最令人气愤的是，这家傲慢的公司还在音乐行业颇有实力，主导着听众的选择，影响着公众的音乐品位。地方听众对清晰频道怨气深重，以至于美国参议院不得不为此召开听证会，听取多方意见，一些资深的广播电视从业者也参加了听证会。抗争的一个结果，就是鲍威尔主席在其大范围的媒体所有权制度改革新方案中将广播媒体排除在外。

丹尼斯博士注意到，媒体为了盈利而迎合大众口味。这里就存在一个问题：究竟媒体是迎合大众口味，还是塑造大众口味？或许兼而有之。但在我看来，现在的媒体为盈利这一目标所累，一心要攫取更多利润。美国媒体确实一直都在追逐利润，但在早些时候，它们服务公众的职能和刊登多元观点的特质使其显得更有责任感、更富活力。

美国媒体整体状况堪忧，我们很难将其原因单纯归结于媒体垄断和所有权集中，还有其他多方面的因素，例如本性贪婪、缺乏道德意识、为扩大受众规模而制作低俗内容等。丹尼斯坚称，人们现在有几十个频道可以选择，将来甚至会有几百个，这都要归功于媒体所有权集中。而且他提到网络和宽带技术的发展势头正盛，为公民提供了持续增加的信息来源，的确如此。虽然网络媒体目前呈现出个性化的色彩，但我们有理由相信，这些媒体将来也会落入渴求利润的大型传媒巨头手中，这种趋势已经开始显现出来，甚至巨头之间也在相互吞并。媒体巨头吞并地方报纸有哪些影响，现在还没有定论，但我认为现有的证据能清晰地证明，它们最终对地方社区的响应力度会降低，转而更关注公司的经营目标。我知道一家大型报业连锁公司把优秀报纸变成了中等水平，把劣质报纸也变成了中等水平，这是一种净收益吗？我并不这样认为。

丹尼斯说巨型媒体公司促成了全球对话，他坚信这只会对公众有益处。当然，美国有线电视新闻网（CNN）和其他大型媒体组织正把（主要是美国的）思想和文化传输到世界其他地方，但这在多大程度上对公众有益处？我们可以提一个简单的问题：美国化的媒体内容能在多大程度上使俄罗斯和欧洲民众受益？它们只是倾销摇滚乐、耸人听闻的内容、色情、广告、关于性和犯罪事件的垃圾新闻。我认为，向中东地区灌输美国信息的努力已经一败涂地，不仅如此，由于美国政策进一步激化了阿拉伯地区的仇美情绪，反而刺激了阿拉伯本土媒体的发展。当然，大型媒体公司乐见全球化发展趋势，它们会因此扩大受众规模，增加利润，提升影响力。它们的动机未必是要真心帮助其他国家的普通公众，它们想要的只是获得更大规模的受众群体，再转而将他们售卖给广告主。而扩大受众规模的途径就是提供更多娱乐信息和肤浅的信息，而不是拓展严肃的道德内容和睿智的对话，或是建立人们对重要生活准则的尊重。

批评家本·巴格迪基安称巨型媒体公司中的佼佼者为"地球村的领主"（Lords of the Global Village）。多年以前，乔治·塞尔迪斯（George Seldes）曾著《传媒领主》（*Lords of the Press*，又译《报阀》）一书，这里的"领主"牢牢掌握着散播文化的权力，在世界各地打造小美利坚。它们有自己的政治议程，主要就是维持现状。巴格迪基安曾指出，"对于不符合其商业利益的经济变化，它们会一概抵制"。这些"领主"联手发力，使商业、文化、观点都逐渐同质化，对公众产生了前所未有的影响。他的这些说法或许有些夸张，但从总体上来说是正确的。超级媒体大亨之一鲁伯特·默多克就曾承认自己经常干预旗下报纸的编辑立场。还有一些由基金会和其他股东共同所有的公共媒体公司的管理者们坚称，他们对报纸的内容和编辑方针不感兴趣，他们只关心利润问题，但巴格迪基安认为这些说法不过是"充斥于整个媒体行业中的狭隘的鬼话"。

我们是否需要采取一些措施，应对这种限制竞争、垄断程度越来越高的资本主义经济趋势？或许很多人会像丹尼斯博士一样认为不需要，把一切交给市场裁决，让大型公司继续发展，直到市场上只剩下两三家公司，那么接下来呢？只剩一家公司？一家全球传播巨人是否能比多家公司提供更好的服务？按照丹尼斯博士先前的思路，这是有可能的。他还认为美国宪法第一修正案禁止我们干预媒体所有权集中的趋势。但是我们还有反托拉斯法，尽管这些法案在过去这些年间并未被实施过，但我坚信，我们必须采取行动阻止强大的媒体巨头在全球扩张的趋势。它们已经变得很难控制了，一些媒体公司甚至已经富可敌国。在某些领域、某些时候，我们应该意识到市场不是至高无上的，除了规模和利润，这个世界还应该有其他价值。

▎论点总结：媒体所有权集中对公众和社会有害

媒体所有权集中，使人们只能从越来越少的信息提供商那里获得观点和看法，这也使 *51* 权力集中到少数有钱人手中。媒体越来越失去本地化色彩，关注重点从社区转向不定向的大众群体。这种集中使媒体的管理重心从新闻和其他形式的传播转为商业经营。"协同效应"这个从医学领域借鉴过来的概念，现在已经成为传媒领域的主导法则。协同效应使同一家公司可以掌控多家不同的媒体，推销同质的观点、产品、明星和政客。全球媒体巨头更是试图控制尽可能多的媒体，包括报纸、杂志、通讯社、广播和电视台、电视网、图书出版商、电影制作公司、有线电视运营商、卫星频道、唱片公司、连锁剧院等，从穿衣时尚、政治到公共政策，全方位地影响着公众。

在线搜索

以下列术语和词组为关键词在 InfoTrac College Edition 中搜索更多相关信息：媒体所有权经济（economics of media ownership），集中（concentration），竞争（competition），跨媒体所有权（cross-media ownership），协同（synergy），媒体兼并（media mergers），企业集团（conglomerate），报业连锁（newspaper chain），国外所有权（foreign ownership），媒体垄断（media monopoly）。

 讨论题目

1. 分析至少两个行业的集中模式（比如报纸与电视，或杂志与图书出版），判断其内容多样化程度是提高了还是降低了？你认为人们的信息和娱乐需求是否得到了更好的满足？

2. 美国宪法第一修正案规定，"国会不得制定法律"限制言论和出版，但反托拉斯法和广播电视监管制度要对媒体公司的商业经营加以规范，这其中的矛盾如何妥善解决？

3. 在一些国家，涉及所有权问题的传播政策属于国家层面的法律，常引发不同政党之间的激辩，而在美国，所有权问题是专家学者们热衷讨论的一个话题，但却很少引发公共讨论，其原因是什么？

52   4. 丹尼斯博士提出了"贪婪的媒体所有者为了利润，一定会好好为公众服务，满足公众需求"的观点。这里的一个基本假设就是，媒体只是追逐商业潮流，而且唯有如此，它们才能生存。请结合媒体内容多元化和信息质量问题分析这种观点。

 研究题目

1. 选择你们当地的某家家族所有或者本地人所有的报纸、杂志、电台或者网站，对其一周的新闻报道进行内容分析，并将其与某家传媒集团所属的媒体进行比较，分析两类媒体新闻报道内容的异同。

2. 媒体批评家提出媒体所有权集中会损害民主。结合实际证据，针对此观点写一篇论文，这些证据在辩论中要能站得住脚，甚至最好在法庭上也能站得住脚。

3. 比较美国与其他国家关于所有权问题的传播政策的差异，与大部分欧洲或者亚洲国家相比，美国的所有权政策有何特色？

4. 一家独立媒体在媒体所有权集中的大趋势下如何生存下去并繁荣发展？请提出你的对策，写一份商业计划书或者一篇论文。

 延伸阅读

Albarran, Alan B. *Media Economics: Understanding Markets, Industries and Concepts.* Ames: Iowa State University Press, 1996.

Alger, Dean. *Mega Media: How Giant Corporations Dominate Mass Media, Distort Competition and Endanger Democracy.* Lanham, MD: Rowman & Littlefield, 1998.

Bagdikian, Ben. *Media Monopoly*, 7th ed. Boston: Houghton Mifflin, 2004.

Barnouw, Erik, ed. *Conglomerates and the Media.* New York: New Press, 1998.

Bogart, Leo. *Commercial Culture: The Media System and the Public Interest.* New York: Oxford University Press, 1995.

Demers, David. *The Menace of the Corporate Newspaper: Fact or Fiction?* Ames: Iowa State University Press, 1996.

Doyle, Gillian. *Media Ownership: Concentration, Convergence and Public Policy.* London: Sage, 2002.

Hamilton, James T. *All the News That's Fit to Sell: How the Market Transforms Information into News.* Princeton, NJ: Princeton University Press, 2004.

Hoskins, Colin, et al. *Media Economics: Applying Economics to New and Traditional Media.* Thousand Oaks, CA: Sage, 2004.

Low, Linda. *The Economy of Information Technology and the Media.* River Edge, NJ: World Scientific, 2000.

Noam, Eli. Interview with Eli M. Noam, April 10, 2004.

Owen, Bruce M. *The Internet Challenge to Television.* Cambridge, MA: Harvard University Press, 1999.

Turow, Joseph. *Breaking Up America: Advertisers and the New Media World.* Chicago: University of Chicago Press, 1997.

Weaver, Paul H. *News and the Culture of Lying.* New York: Free Press, 1994.

Wolf, Michael J. *The Entertainment Economy: How Mega Media Forces Are Transforming Our Lives.* New York: Random House, 1999.

第5章
媒体与公众信任

　　如果你在伦敦著名的海德公园（Hyde Park）遇到一群演讲者，你能清晰地知道他们中间哪些人是头脑清醒的，哪些人是迷糊、不可靠，甚至心理扭曲的。我们相信其中的一些人，但对另外一些人抱有怀疑的态度。网络聊天室和博客上也存在类似的情形，睿智的人和胡言乱语的人混杂其中。我们的报纸和网络等大众媒体也概莫能外。有些内容无法立刻赢得我们的信任（甚至永远不可能），例如电台和有线电视脱口秀节目主持人发表的那些未经证实且常常荒诞不经的言论，超市小报上耸人听闻的新闻大标题，网站上捕风捉影的指控；但电视网新闻节目、主流报纸和其他值得信赖的媒体一直在努力获得公众信任。

　　媒体（包括个人所有和集团所有的）和公众关系的一个核心问题，就是媒体与公众信任。两者关系用一个词概括，就是"喉舌"（vox populi），或者叫"人民的声音"（voice of the people）。在民主社会中，媒体被认为承担着为公众发声的职责——表达公众的关切，提供公众需要的信息，为公众提供讨论和辩论的渠道。幽默作家威尔·罗杰斯（Will Rogers）曾说过，一份好报纸就是"一个民族同自己的对话"，这种说法很好地概括了公众信任的理念。公众信任就意味着公众相信、信赖、依赖媒体，在国家的大多数公共事务中媒体是公众必不可少的代言人。近年来，"公众信任"这一概念常被等同于公信力（credibility）、可信性（believability）、可靠性（trustworthiness）。一家新闻机构，包括报纸和电视新闻节目，如果没有赢得公众信任，就很难生存，很难获得成功。这意味着大部分受众相信他们从报纸或者电视上读到或者听到的内容。一种理想主义的观点认为，公众信任是一家媒体得以生存，人们选择为它工作而不是为其他机构工作的主要原因。在这种观点看来，媒体的主要功能就是提供新闻、信息、观点、娱乐，从而为公众服务，同时也提供产品和实用性服务。另一种观点认为，商业性媒体是追逐利润的资本主义企业，至少在美国是如此。在这种框架下，任何为构建公众信任所做的服务公众的工作，严格来说都是一种自我服务。但无论哪种观点，媒体与公众信任都是一个热门的讨论话题，并且适用于各类媒体，特别是新闻信息类媒体、观点类媒体（如广播电视脱口秀节目和观点杂志）、娱乐媒体（如电影、电视和音乐唱片业），甚至还包括传媒家族的边缘成员（如广告、营销、公共关系）。这些媒体公司要在市场竞争中生存，就必须获得受众的信任、理解乃至支持。公认的观点是，无论出于利己还是利他的目的，媒体都是地球村或者其他不同主体之间的黏合剂。辩论继续。

 挑战

梅里尔：媒体存在的目的主要是盈利

传统、经典的美国智慧以及常被提及的理想主义，都认为美国媒体主要就是通过经营传媒业务来提供公共服务的。如果媒体期望获得并保持公共信任，当然就必须提供这样的公共服务。要挑战这样一种深入人心的充满理想主义的观点并不容易，但是随着追逐利润和竞争在资本主义社会中成为大势所趋，并且与美国的基本意识形态相得益彰，这一观点必然要面临挑战。在美国，抛开媒体会议上那些冠冕堂皇的说辞，盈利问题就是媒体公司决策的本质驱动要素，也是媒体总监及其所有者们重点考虑的问题。

思考一下现状，我们的媒体中充斥着广告，新闻性的内容反而成了点缀，从这一点我们就能了解媒体行业全面追逐利润的整体景象。当65％至75％的出版篇幅被广告占据时，恐怕媒体大亨们不会真的以为自己在为公共利益服务。过度重视商业经营让媒体公司赚得盆满钵满，却很难使人相信媒体能向公众提供充实、健康、非宣传性的内容。

我们姑且承认，在美国的媒体哲学中盈利是必要且必需的，问题是，媒体为了最大限度地获取利润，是否会不惜削减员工数量和薪酬呢？

当更多媒体机构被大型媒体公司收入囊中，媒体所有权集中程度有增无减，而全国媒体上都充斥着低水准、同质化的内容时，关注公共利益究竟体现在哪里？媒体所有者和高管层的薪水高达数十万甚至上百万美元，而普通编辑、记者和作者夜以继日地工作，却只能赚取4万～8万美元的薪水，有的甚至更少，关注公共利益又体现在哪里？曾经有调查发现，媒体中刚毕业的新闻硕士研究生平均薪酬是3万多美元，而MBA群体的平均薪酬是8万多美元甚至更高。

56

当小型周报以数百万美元的价格被出售时，关注公共利益体现在哪里？当家族所有并为社区服务多年的报纸一朝被毫不关心本地事务的外地媒体公司以不可思议的价钱收购时，关注公共利益又体现在哪里？媒体关注的到底是公共利益，还是自己的腰包？

新闻教育家雪莉·比亚吉（Shirley Biagi）列举了关于媒体所有权的一些有趣的事实：前十大报业集团拥有全美国三分之一的日报，全美国杂志年收入的 60％控制在 20 家公司手中，广播业年收入的 50％控制在 20 家公司手中，70％的电视台附属于几大电视网，图书出版业年收入的 30％集中在 6 家出版公司（Biagi，2000）。我们应当承认，这些数字本身不足以证明媒体不关心公共利益，或者说其缺乏责任感。但它们能够证明，在美国传媒业，所有权集中所创造的财富与财富增长的力度确实非常惊人，而这正表明美国传媒巨头真正追求的是财富的增长。

比亚吉指出，罗伯特·麦克切斯尼、托德·吉特林、诺曼·所罗门（Norman Solomon）等许多批评家在提及媒体的缺点时都承认，美国人并不反对媒体把盈利作为自己的一个目标，真正引起争议的是这些媒体巨头赚钱的方式。比亚吉也提出了三个有意思的问题：

> 宪法第一修正案保护新闻采集机构，这一传统是否意味着这些机构要承担特殊的责任，提供民主社会中公众需要的信息？娱乐产品生产公司是否应该提供多样化、有创意的文化作品？公司价值的引入对大众传媒来说是利还是弊？（Biagi，2000，177）

资深媒体批评家本·巴格迪基安指出，尽管人们对公共事务的兴趣不断提升，但报纸上的新闻版面却减少了。他还对媒体关注公共事务的现实做法提出了质疑：政治报道贫乏；大部分报纸内容平庸，甚至低劣；许多城市只有一家报纸；广告不断吞噬原本属于新闻的版面空间；现场报道减少；只有约 3％的美国城市存在报业竞争（而在 1910 年，大部分城市存在报业竞争）；越来越多的新闻稿（大约三分之一）由公共关系公司提供（Bagdikian，1974，8 - 17）。报纸领域对内容的控制不断收紧，成功的媒体公司规模更加庞大，势力不断扩张。

57　传媒专家雷·希伯特（Ray Hiebert）认为，从总体上看，媒体更热衷于获得最大规模、最有价值的公众，而不是努力满足社会不同群体的特殊需求。即使是认可媒体商业目标的《传媒周刊》（*Media Week*），也承认在媒体运作中起决定性作用的是金钱。公共利益、信息准确、平衡报道和新闻伦理这些标准显然已经退居其次。数十家关于媒体产业的网站都站出来指责媒体人和媒体公司贪婪的罪行，它们几乎不可能为公共利益服务。因此，要为媒体公司关注公共利益进行辩白的确非常困难。希伯特和其他批评者也指出，广

播电视媒体拼命地争取大众，而忽略了特殊人群的需求，如果它们顾及了特殊群体的需求，会影响盈利吗？批评家们还注意到，媒体投资者在敏感问题上倾向于采取消极立场，他们只是对市场需求保持敏感。大部分出版商和媒体主编虽然不像过去那样抱着"让公众见鬼去吧"的态度，但是对于阅读他们报纸的读者的信息和精神健康问题，他们着实并不关心。编辑自主权就是他们的口号："我们做我们想做的决定，这是我们的工作；我们提供什么，读者就看什么。毕竟，如果你不读我们的报纸，你还能读谁的呢？"

当被问到报纸是否有责任找出读者的需求点并尽力使其获得满足时，编辑们的典型回答是："我们是媒体人，媒体人对于读者的需求点有天生的直觉。说实在的，我们需要的，就是你们需要的。"那么读者和电视观众到底得到了什么呢？关于一些耸人听闻的案件的无休止的报道，从斯科特·彼得森（Scott Peterson）案到迈克尔·杰克逊（Michael Jackson）案均是如此，中间还掺杂着各种谣言和主观臆测；蓝鲸被困在冰里的照片；美国国会渎职的报道和图片；美国某个小镇发生的凶残的奸杀案案情报道，记者还向悲痛的母亲提问，问她对女儿的死有何感受；美国一个城市冒起滚滚浓烟，声音低沉的电视节目主持人把我们带到了"能动摇人类对科技的信心的震撼的爆炸场景"；更糟糕的还有有线频道24 小时循环播出的新闻，其中充斥着各种漫不经心的惊悚标题，把一切事情都贴上非黑即白的标签，或者更准确地说是非保守即民主的标签，似乎这是解释世界上所有事物的唯一方式。

很显然，对于美国媒体消费者来说，以上这些信息大多是琐碎的，肤浅的，充满挑逗性的，耸人听闻的，消极的，批评性的，而且常常是轻率浮躁的。除了少数几份精英刊物，如《纽约书评》（*New York Review of Books*）、《外交事务》（*Foreign Affairs*）、《纽约客》（*New Yorker*）、《评论》（*Commentary*）等，读者在其他媒体上很难获得富有思想、内容充实的信息和评论。电视观众被围困在充满犯罪、性和肤浅情景喜剧的荒漠中。像公共广播系统（public broadcasting system）所提供的那些有深度、有洞见的节目是非常罕见的。

但以商业为导向的媒体经理很可能会说："这些定位于有思想、受教育程度高的受众群体的内容和节目是不盈利的，因为受众规模太小，我们的网必须撒在浅水区，而且要尽可能地撒开，才能捕获足够多的鱼。"这能算是提供公共服务吗？或许可以，但也只是很特殊的类型，就是给无所事事、精神颓废的人提供饭后甜点和打发时间的无聊消遣，而这样的人在普通公众中占了相当大的比重。所以，媒体经理人的格言常常就是"给他们可以消遣的内容，而不是他们真正需要的内容"，或者更准确地说"给他们我们希望他们接受的东西，因为这些东西更容易被吸收，这样我们的发行量、收视率才能提高，利润也才能因此而增加"。

1947 年，美国新闻自由委员会（Commission on Freedom of the Press）在其著名的《一个自由而负责的新闻界》（*A Free and Responsible Press*）中，对美国媒体辜负公众信任这一问题进行了第一次大规模的公开批判。根据该委员会的说法，媒体面临三大危机，其中之一就是少数控制媒体的人并没有提供能满足社会需求的服务。直到今天，很多批评家仍然很严肃地看待这些批评意见，这意味着媒体主要关心的并不是公共利益，而是私人利益。

律师兼媒体批评家杰罗姆·巴伦（Jerome Barron）在《谁的新闻自由》（*Freedom of the Press for Whom*）一书中强调，媒体傲慢排外，根本没有为公共利益服务。巴伦援引资料，谴责美国媒体经常助长错误和不理性行为，并且常把无助的弱势群体的声音排除在外（Barron，1973，78 - 79）。

美国媒体是追求利润的商业机构，享有特权，以财务增长和底线收益为主要目标。J. 赫伯特·阿特休尔（J. Herbert Altschull）注意到，在商业媒体系统中，"内容主要体现广告主及其商业同盟的理念，这些人常常就是媒体所有者和发行人"。至于公共利益的问题，他断言："没有任何报纸、杂志或广播所有者能够超出他们的广告主所能接受的自治范围。"（Altschull，1995，254 - 255）

媒体专家迈克尔·沃尔夫（Michael Wolf）在他 1999 年出版的著作《娱乐经济：媒体巨头如何改变我们的生活》中提出的观点更深刻，类似的观点还存在于前媒体发行人南希·梅纳德（Nancy Maynard）发表的一篇专栏文章《媒体巨头：市场力量如何改变新闻》（2000）。这两份基于事实的评估报告都指出，娱乐和信息产业都是市场经济的产物，它们的一切行为都是为满足自己的目标。他们虽然没有直言这些市场行为会有损专业质量，但依我个人的经验来看，情况确实如此。学生如果能近距离考察任何一家媒体，将其内容和主要收入来源——通常是广告——的既定目标联系起来，就很容易发现这一点。不用听信我或者那些顽固的批评家的话，你们自己要去发现真相。

一篇关于新闻自由和社会责任的综述性文章（Dennis, Gillmore, Glasser, 1989）指出，市场经济理论常常被搬出来为美国唯利是图的商业体系正名。从理论上来讲，这种制度应该能提升信息的多元化程度，正如所有者多元化和读者多元化一样，因为竞争和赚钱是拥有自由意志的人的自然本能。但事实是否如此呢？许多人会存疑，并且已经有人表达了疑问，认为媒体多元化程度实际上降低了，在这片土地上能被听到的声音越来越少。难道不正是追逐利润的本能促使媒体经营者们放弃机会，明哲保身，为了获得受众的低层次认可而故意降低眼光和标准吗？这怎么能充分地为公共利益服务呢？这明明是为媒体所有者个体的经济利益服务！在美国，公众对媒体的信任和尊重都在逐渐消减，"重拾公众信任"这样的高谈阔论只能显得更加空洞。或许现在应该停止这样的说辞，坦白承认媒体的主要目标就是赚钱盈利，只有在这一主要目标得到一定程度的满足后，才有可能谈得上为公众服务的问题。

论点总结：媒体存在的目标就是为了赚钱

美国媒体的主要目标就是获取利润，任何关于公共服务的想法都是其次的。主导整个媒体行业的广告，就是理解这个问题的关键——广告能使媒体获得高额利润。当大型公司不断吞并小型媒体机构时，公共利益的考量在哪里？当媒体高管的收入以六位数计，有的甚至高达上百万美元，而在一线工作的普通员工只能得到非常微薄的报酬时，公共利益的考量在哪里？当媒体忙于满足公众的低层次共同需求，而本地的、家族所有的草根报纸逐渐消失时，公共利益的考量在哪里？美国媒体的现状是，电视的政治报道贫乏，大部分报纸表现中庸，许多城市的报纸都由一位所有者掌握，现场直播的硬新闻减少，我们看到的新闻中有三分之一是公共关系类稿件。

 回应

丹尼斯：媒体要维持公信力、获得利润，就必须服务于公共利益

近年来，美国媒体领导者们最关心的课题莫过于媒体公信力和公众信任（public trust）了。这两个词常被混用，但其实公众信任一词的含义更广泛。从 2001 年，甚至更早的时候开始，诸如热心记者委员会、卓越新闻项目（Project for Excellence in Journalism）等组织以及一些观点或左或右的媒体批评家都对改善媒体与公众关系这个课题表达出积极、普遍的关注。目前，皮尤研究中心、安嫩伯格公共政策研究中心（Annenberg Center for Public Policy）和盖洛普机构（Gallup Organization）的民意研究者们都在追踪测量公众对媒体的信心（confidence）、尊敬度（esteem）以及信任程度（trust）。为什么？因为美国社会的两极化趋势正在加剧，2000 年的总统大选就清晰地表明了这一点，而在 2004 年的大选中情况变得更加糟糕，美国人几乎在所有问题上都存在根本性分歧。最重

要的是，在此期间，媒体行业自身曝出多起丑闻，包括《纽约时报》、《今日美国》、CBS 及其他新闻机构都涉嫌剽窃、造假等。在文化冲突中，媒体自身成为一个变量和影响因素，新闻媒体在民主社会中承担何种角色？还能在多大程度上获得公众的信心和信任？这些问题都令富有洞察力的评论家和公众感到忧虑。伊拉克战争期间，媒体仅能从军方获得有限信息，而白宫更是在一切问题上都对媒体获取信息进行限制，有些批评家对此提出质疑，但公众对此并没有强烈不满。

然而，正如丹尼尔·海宁格尔（Daniel Henniger）在《华尔街日报》中所写的："在信息时代，权威是无价之宝。"而关于媒体丑闻、政治偏见、对伊拉克战争中决策失误问题的过度报道等方面的指控，都在很大程度上削弱了媒体机构的权威，CBS 和《纽约时报》都不能幸免。来自权威机构的民意调查显示公众对于媒体准确报道新闻的信心正在显著减少，其他证据也表明公众对于主流媒体中的政治信息的信任度也已大打折扣，一个令人忧虑的信任鸿沟已经出现。

早些年间，关于媒体信誉和公众信任的调查都是由令人尊敬的学术组织和调查机构操作的，包括皮尤研究中心人民与媒体项目（Pew Center for People and the Press）、公共议程基金会（Public Agenda Foundation）、美国报纸编辑协会（American Society of Newspaper Editors）。这样的调查很早就有，事实上关于媒体与公众态度的研究已经有 60 多年的历史。这些研究得出的结论有好有坏，以 1993 年开展的关于"人民与媒体"的多项研究为例，这些研究表明：大部分公众认为媒体是可信的、可靠的，但也有相当一部分人不同意这个观点；大部分公众认为媒体从总体上是准确、公正的，但也有少数人对此持怀疑态度；大部分美国人希望他们的媒体成为政府的监督者，然而他们对于宪法第一修正案和新闻自由的理解却很少。皮尤研究中心 2004 年度的"人民与媒体"调查再次证实了这些看法。

导致所有这些关于媒体与公众信任问题的根源，就是梅里尔在辩论中提到的核心观点——媒体要获得利润。我认为在目前的制度下，如果没有公众信任这个大前提，媒体很难获得高额利润或者取得其他商业成功。毕竟，公众是为传播系统埋单的消费者，他们自然希望自己获得的信息是完整的、准确并实用的，这是最佳状态的公众信任。公众希望从媒体中获得不同观点以及关于公共事务的深度解读，同时他们也需要娱乐、体育和广告类资讯。有人会说自己不需要广告，但大部分人却认为广告有趣又有用，而不喜欢广告的人可以按下静音按钮，屏蔽广告。

我相信，有充足的证据表明大部分美国新闻人和机构投身这一事业的首要动因是对新闻工作的热情和服务公众的期望。无论是诸多关于美国新闻记者的研究还是我个人的经验，都清晰地表明了这一点。这就是各种新闻诽谤官司，《纽约时报》的杰森·布莱尔（Jayson Blair）、《今日美国》的杰克·凯利（Jack Kelley）这些行为不端的记者的丑行让新闻界反应如此激烈的原因，这些丑闻和丑事玷污了整个行业，背弃了公众，也使新闻业的生命线——公众信任——遭到严峻挑战和威胁。还有一起臭名昭著的案例是《新共和》（*New Republic*）记者查尔斯·格拉斯（Charles Glass）的新闻造假丑闻，有人根据这个事件制作了一部电影《欲盖弥彰》（*Shattered Glass*）。这些有不良行为的记者都得到了严厉的惩罚，他们都丢了工作，在《纽约时报》和《今日美国》的案例中，相关的编辑也被去职。在 2004 年的美国总统大选中，CBS《60 分钟》节目制作了一期关于小布什在服兵役时受到优待的节目，但后来被发现其中作为证据的一些文件是伪造的，节目因此引起巨大争议。在所有这些案例中，内容瑕疵这一问题都被广泛讨论。拉什·林堡被指控非法购买药物，比尔·奥雷利被指控性骚扰，这些成为丑闻主角的媒体人是否能对媒体行业产生直接影响还是个未知数，但这些事件肯定产生了遗留问题，比如媒体传播准确、可靠、可信的信息的声誉就因此受到损害，这是显而易见的事实。媒体有时候会为自己申辩，但它们也表现出愿意采取修补措施的姿态，纠正错误，端正立场，争取赢回自己的信誉。与安然这样的腐败公司相比，这些案例中的媒体公司的腐败行为的影响主要体现在公共精神层面。电视记者和作家罗伯特·麦克尼尔（Robert MacNeil）曾对此有所表述，他指出："危机非常严重，证据表明，至少就当下来说，公众信任正在被削弱。"（MacNeil，1985，4）麦克尼尔提出了一系列关于媒体的建设性批评意见，涉及的话题包括：新闻与娱乐融合，存有偏见的报道，新闻失实。他和同僚们认为，媒体要获得受众忠诚，就必须让受众感受到媒体的传播是公正而有价值的，公众信任非常关键。1990 年代末，热心记者委员会和其他一些组织发布了一系列宣言，麦克尼尔关注的许多问题都得到了回应。这些宣言呼吁要为下一代创办更好的媒体，无论电影、漫画书还是互联网，都应该减少暴力和色情内容。

很显然，媒体人非常关注公众信任的问题，他们愿意采取措施提升自己的工作质量，以赢得公众信任。近年来，正因为梅里尔教授之前提到的原因，经济趋势甚至促使他们更加关注这方面的工作。现在，更多媒体机构在寻求获得公众关注和广告主的支持。几十家新的、富有竞争力的有线电视频道开播，包括 CNN、福克斯和 CNBC 等；我们也拥有成功的全国性报纸、新的杂志（包括网络杂志）以及由从思想深刻的评论家到青少年意见领袖等各类群体形成的队伍庞大的博主们，新的博主还在不断涌现，甚至难以计数。发行量一度下滑的报纸，情况开始稳定下来，有些报纸发行量甚至有所回升。在这种情况下，媒体竞争更加激烈，出于竞争的需要，提供值得信任和尊重的传媒产品就显得前所未有的重要，这其中还涉及所有权问题的考量，我们在后面会专门讲到这一点。

梅里尔教授提出的问题直指媒体人的职业动机，他认为最坏的情况是，媒体人都为了追逐金钱，他们唯一关心的就是利润。对于大部分记者来说，实际情况当然并非如此，他们更多是出于对公共事务、写作和表达的热爱而从事这个职业的，这其中当然也包含期望功成名就的因素，但他们并非一味钻进钱眼里的人。制作电视娱乐节目、编辑图书杂志或者画漫画的人也是如此。我所认识的大部分媒体人认为自己所从事的是公共服务行业，提供对公众有益的产品。他们中的许多人也可以做其他很多事，从事其他行业，但依然坚守在传媒业，因为他们认为这项工作更加富有挑战。

许多媒体所有者确实赚取了不菲的利润，但他们的投资仍大部分面向传媒而非其他行业。对于大多数（不是所有）媒体公司而言，信息和娱乐都是最重要的业务，这就意味着它们没有把投资转向盈利能力更高的领域，或者谋求业务的多元化拓展，简而言之，它们都专注于媒体行业，提供公众愿意接受的媒体产品。有批评观点认为，像《华盛顿邮报》的唐纳德·格雷厄姆（Donald Graham）、《纽约时报》的小阿瑟·苏兹贝格（Authur Sulzberger, Jr.）、彭博传媒（Bloomberg Media）的迈克尔·布隆伯格（Michael Bloomberg）、新闻集团的鲁伯特·默多克这些人都是通过在经济大潮中投机取巧获利，对这样的说法应该谨慎审视。美国媒体行业的所有权集中程度加剧，传媒业被越来越少的几家寡头掌控，很多人对此提出批评，认为这在一定程度上是由过度贪婪导致的，但事实却并非如此。美国所有行业都面临着小公司越来越少、大型公司越来越多的形势。这是一个严酷的现实，传媒公司只是这个潮流中的一部分。当然，即使是被称为家族产业的一些媒体机构，也通常有多位股东共同所有。

媒体行业一度被人认为是微利行业，但在 21 世纪早期却发展成规模惊人的大产业，在由信息时代的科技和新媒体共同构筑的新经济中担任着举足轻重的角色。即使人们担心很多媒体公司的行为是受华尔街经济环境的驱使，而忽略了读者和受众的切身需求，但实际上这两个方面的动因是缺一不可的。总之，不管是时代华纳、新闻集团、迪士尼等这些大型媒体公司，还是家庭作坊式的小型创业公司，或者是其他各种规模的公司，它们生产的内容都必须符合公众需求，经得起公众推敲。因此，在 1990 年代兴起的新经济浪潮中产生了更多媒体，市场上高质量、富有竞争力的媒体更多了，最终悄无声息退出市场的低劣媒体也更多了。尽管如此，我认为最终仍然是公众获益，因为社会多元化使他们有了更多更好的选择。

在 2003 年、2004 年，我与两位研究助理访问了美国前 25 大媒体公司中的 23 家的高管层，包括论坛报集团的首席执行官，时代华纳、赫斯特、甘尼特、考克斯、迪士尼和其他媒体公司负责战略规划和发展的副总裁,访问的目的是了解他们对自家公司未来前景的规划。

当然,他们表达的观念主要是以利润为导向的,但我也听到他们说要通过为公众提供信息和资讯服务以促进公共利益的目标和追求。他们不是低俗的色情作品生产商,也不是唯利是图的奸商,而是创业产业中思维缜密、富有洞见的专业从业者。我并非天真地妄信他们,在经历过 21 世纪初互联网泡沫破灭大潮、投资者价值大幅度缩水的情形之后,我担心他们会为规避风险而趋于保守,在内容创新和数字化等方面缺乏有创造力的解决方案。

《纽约时报》的媒体批评家肯·爱莱塔(Ken Auletta)出版了几本书,展现了媒体大亨和他们的高管层的个人观点。他们的内在职业动机很复杂,从单纯的经济利益诉求到富有公共精神的专业主义诉求,不一而足,但几乎没有人保留早期强盗贵族或者早期媒体所有者那种否认媒体在构建公众信任方面的义务的观念。

我认为,无论媒体规模大小,关于它们的发展趋势,都有两个与所有权有关的问题有待讨论:其一,观点市场上的声音是否明显减少,以至于威胁到传播的多样性?其二,媒体质量是否因此受损?关于第一个问题,现在可利用的信息传播渠道较以前更多了。直到 1980 年代,大部分美国家庭还只能接收 4 到 5 个电视频道;现在,他们能接收几十家频道,所有频道都提供不一样的内容。其他媒体领域也在蓬勃发展,尽管大型媒体公司数量增加了,但得益于桌面出版系统和电子革命带来的便利,仍有上千家由独立公司发行的新闻出版物。

而且得益于互联网和万维网技术的发展,传播范围和空间几乎是无限的,其中储存了海量信息,任何有需要的人都可以下载。因此,认为美国的媒体市场缺乏多样性的想法是有问题的。当然,研究这些经济发展趋势,探析多样性是否受到严重威胁的做法是正当的。为此,我们需要富有见解的传媒经济批评家,他们混杂在久已存在的各种评论家群体中,包括奥斯瓦尔德·加里森·维拉德(Oswald Garrison Villard)和厄普顿·辛克莱尔(Upton Sinclair)。他们从 1920 年代就预测:一些贪婪的媒体所有者终有一天将控制美国所有的媒体。而直到今天,这种情况也没有出现过,我认为以后也不太可能会出现。尽管政府放松管制的政策对于广播电视产生了影响,但政府对媒体并购和其他趋势仍然严格监控,比如针对微软和玛莎·斯图尔特(Martha Stewart)的反垄断诉讼就是非常典型的案例。

至于第二个问题,美国新闻业的质量一直在上升,美国新闻业和娱乐业的质量虽然仍有提升空间,但与 10 年或者 20 年前相比已经有很大程度的改善,更不要提相对于 20 世纪初的情况变化了。当时美国有 7 000 多家日报，现在只有 1 500 家。新闻报道质量显著提高了，部分原因要归功于科技进步，大部分媒体的写作水平也明显提升。几乎所有媒体的设计和美工质量都有大幅度上升。印刷媒体、电子媒体等各个领域的报道专家数量都有所增加。实际上，全世界范围内的传播革命正在进行，梅里尔教授和他支持的那些猛烈抨击媒体业的人似乎对此并未察觉。

随着媒体行业的成长，市场调查逐渐成熟并被广泛采纳，这使媒体更了解自己的受众。媒体人知道自己的读者和观众需要什么，他们通过读者调查、电视收视率调查和其他各种关于媒体与公众之间关系的测量手段，持续获得受众反馈。这些形式的反馈是由市场压力和对投资利润的追求促成的，同时也有助于保持公众健康而持续的关注。如果没有媒体与公众之间相互信任的关系，没有反馈的机会，媒体发展的趋势应该是媒体消费者（个体及群体）都停止收看电视，拒绝阅读报纸，不再订阅杂志。但这种趋势并没有出现，对于这种现象的一个有力的解释就是，先有公众信任，才能有经营利润。媒体人并非圣贤，但他们的动机也不像一些评论说得那样不堪。

▮ 论点总结：媒体必须服务公众以维持信誉、获取利润

包括记者在内的许多媒体从业者都在寻求为公众利益服务。因此，当他们的信誉受到威胁时，他们展开了激烈反驳。因为公众信任是销售报纸的必备条件，而盈利动机是排在第二位的，绝大多数记者与瓜分利润的阶层相去甚远。媒体所有者的利润主要源于广告和用户使用费。他们通过不同传播手段的集中而非信息的集中实现媒体渠道多样化，从而提高利润。其结果是，媒体所有权的集中并未导致媒体市场上声音数量的减少，新闻的质量不降反升。

65

 ## 在线搜索

以下列术语和词组为关键词在 InfoTrac College Edition 上搜索更多信息：可信性（believability），信誉（credibility），信任（trust），喉舌（vox populi），媒体大亨（media moguls），公共服务（public service），责任（responsibility），媒体接近权（media access），职责（accountability），盈利能力（profitability），热心记者委员会（Committee of Concerned Journalists），皮尤研究中心人民与媒体项目（Pew Center for People and the Press）。

讨论题目

1. 追求利润是否意味着媒体公共服务会打折扣？你如何定义公共服务（public service）和公众信任（public trust）？

2. 广播电视新闻编导协会（Radio and Television News Directors Association）、皮尤基金会（Pew Foundation）和波因特学院（Poynter Institute）等这些机构和组织在促进媒体与公众关系方面做了很多工作，你认为它们做这些工作的主要动机是什么？

3. 假设在我们的媒体系统中确实存在激烈的竞争，你认为这种竞争是否包含对公共服务和公众信任方面的考量？

4. 梅里尔和丹尼斯在辩论中都提供了媒体和受众规模方面的一些数据，这些数据与公众信任和公共服务有关联吗？如果有，他们如何对追求利润是媒体的首要动机这一观点进行证实或证伪？

5. 你认为大部分公众会信任并尊敬媒体吗？你为什么会持这种观点？调查研究显示的结果如何？

 研究题目

1. 对一家地方电视台的公共服务活动和节目开展调查，采访该电视台的一位管理人员，了解他是怎样努力执行 FCC 关于"公众利益、公共便利和公众需求"等方面的要求的。这些活动在过去 10 年间是否发生了变化？数量有所增加还是减少？广播电视行业解除管制是否显著影响了公共利益的评价标准？

2. 讨论电视收视率、广播收听率和网络点击率问题，这些指标是否可以成为衡量公众信任的标准？报纸读者调查指标呢？这些调查能为新闻决策者提供哪些关于公众及其对本地媒体态度的信息？

3. 对你所在的社区所能接触的报纸进行分析。这些媒体中哪些内容与公共服务、公众信任有关系？为公众提供信息的内容与旨在获取商业利润的内容之间存在差异，如何协调二者之间的关系？两个方面可以兼顾吗？如果可以，该怎么操作？

4. 研究报纸、杂志、有线新闻网等媒体的编辑方针，传统媒体或网络媒体都可以。

从公开发布的关于编辑方针的公告中，区分哪些是关于公共服务的严肃声明，哪些更关注媒体的自我发展，或者只是迎合如政客、体育迷之类的特定人群的需求。从以下几个方面概括这些编辑方针：（1）报道宗旨；（2）媒体立场（积极、消极或是中立）；（3）目标受众（如政策制定者、公众或者特定利益群体）。

5. 研究公益广告，也就是不为某种特定产品或者厂家代言，而是关注公共事务的相关问题（例如关于社区福利基金、艾滋病研究、环境等问题）的广告。这些广告的目标受众群体是谁？媒体刊登这种广告的动机是什么？你是否理解那些没有获得公共服务支持的议题？产品类广告是否曾经促进公共利益？研究某家杂志或者电视机构，并提供详细的研究资料。

 延伸阅读

Altschull, J. Herbert. *Agents of Power: The Media and Public Policy.* White Plains, NY: Longman,1995.

American Society of Newspaper Editors. *Newspaper Credibility: 206 Practical Approaches to Heighten Reader Trust.* Washington, DC: Author, 1986.

Auletta, Ken. *Backstory: Inside the Business of News.* New York: Penguin Press, 2004.

Bagdikian, Ben H. *The Effete Conspiracy and Other Crimes by the Press.* New York: Harper & Row, 1974.

Barron, Jerome A. *Freedom of the Press for Whom?* Bloomington: Indiana University Press, 1973.

Biagi, Shirley. *Media Impact: An Introduction to Mass Media.* Belmont, CA: Wadsworth, 2000.

Commission on Freedom of the Press. *A Free and Responsible Press.* Chicago: University of Chicago Press, 1947.

DeFleur, Melvin, and Everette E. Dennis. *Understanding Mass Communication*, 7th ed. Boston: Houghton Mifflin, 2002.

Dennis, Everette E. *Of Media and People.* Newbury Park, CA: Sage, 1993.

Dennis, Everette E., Donald M. Gillmor, and Theodore Glasser, eds. *Media Freedom and Accountability.* Westport, CT: Greenwood Press, 1989.

Ghiglione, Loren. *The American Journalist: Paradox of the Press.* Washington, DC: Library of Congress, 1990.

Harwood, Richard C. *News Media and Society: How to Restore the Public Trust.* Dubuque, IA: Kendall-Hunt, 2002.

Henniger, Daniel. "How Dan Rather and Media's Kings Lost Their Crowns." *Wall Street Journal*, November 12, 2004, p. A12.

Hiebert, Ray, Donald Ungurait, and Thomas Bohn. *Mass Media.* White Plains, NY: Longman, 1988.

Lichter, S. Robert, Stanley Rothman, and Linda Lichter. *The Media Elite: America's Powerbrokers*. Bethesda, MD: Adler & Adler, 1986.

MacNeil, Robert. *The Mass Media and the Public Trust*. New York: Gannett Center for Media Studies, Occasional Paper No. 1, 1985.

MacNeil, Robert. *Media and Public Life*. New Brunswick, NJ: Transaction Publishers, 1998.

Maynard, Nancy. *Mega Media: How Market Forces Are Transforming Our Lives*. New York: Maynard Partners, 2000.

McChesney, Robert. *Rich Media, Poor Democracy: Communication Politics in Dubious Times*. Urbana: University of Illinois Press, 1999.

McQuail, Denis, ed. *McQuail's Reader in Mass Communication Theory*. London: Sage, 2002.

Sanders, Karen. *Ethics and Journalism*. Thousand Oaks, CA: Sage, 2003.

Weaver, David H., and G. Cleveland Wilhoit. *The American Journalist in the 1990s and the End of an Era*. Mahwah, NJ: Erlbaum, 1996.

Wolf, Michael. *The Entertainment Economy: How Mega Media Forces Are Transforming Our Lives*. New York: Random House, 1999.

第6章
知情权

　　一家地方学校董事会开会讨论开除一名教师并解除其合同的动议，会议拒绝向记者开放。随后，董事会主席又要求一家报纸编辑不要刊登此事。这两个相关联的案例都是在阻碍我们通常所说的"公众知情权"（the people's right to know）。在第一个案例中，当事人试图阻止记者采集信息，而在第二个案例中，他们又试图阻碍信息的传播与出版。按照许多记者和法律专家的定义，知情权即公众对与公共利益相关的重要信息知情的权利。而这一权利实现的前提是采集并出版信息。

　　尽管美国宪法中没有专门提到这一点，但记者和大部分媒体人普遍相信公众应该享有知情权。这一权利常被定义为公众有接近政府政策和决策过程的信息的权利。新闻界自认为是传达这类信息的通道，因为普通公众没有这种能力，也没有资源持续获得关于政府行为的详尽信息。这种理念认为，公众要成为精明的选举人和理性的市民，就必须先获得充足合理的信息。如果政府总是保密，就会引发公众质疑，它所制定的政策也无法获得信任。《阳光法案》要求政府机构召开公开会议，相关文件也要公开，以供公众查阅，使"知情权"从一个抽象的概念转化为具体的事实。当然，这些方案的规定还不完善。从理论上来说，政府应该在公开透明的机制下运行，应该为公众负责，知情权是实现这种目标的前提条件。权利——强大的基本权利——常常能战胜法律和特权。例如，当一些不受欢迎的群体要组织有争议的游行时，社区为保护局面安定和平，会有种种顾虑，但它们也不能因此阻止美国宪法赋予的言论自由权利。在传统意义上，媒体获得信息不是一种普遍的
权利（right），而是一种特权（privilege）。有一种信念坚定地认为公众享有知情权，媒体也非常乐意宣扬这一点，不管美国宪法究竟是否为此提供了保证。

挑战

丹尼斯：知情权不存在

　　知情权并不是美国宪法赋予的不可剥夺的权利，而是希望获得政府或者私人部门信息的记者或者公众自己创造出来的。数年来，新闻机构与法院、立法机构纠缠不清，希望有权利获取各种机密信息。这种所谓的权利在法律领域已经有了一定的基础。据此，法院有时候会宣称，在特定条件下，知情权在特定范围内是存在的。但是，要受这么多条件限制的权利根本不能称其为权利，倒更像是一种依赖法官裁决的受限制的特权。他们今天给予的，明天就可能收回。我认为，知情权是个存在严重缺陷的概念，扰乱了其他权利的行使，对美国宪法第一修正案规定的权利更多是阻碍而不是促进。当然，还应该注意到很重要的一点：知情权常常是立法系统创造的一种特权，在美国宪法中其实找不到这个概念。实际上，截至 2004 年，美国有 31 个州规定了这样的记者特权，有些规定限制的范围很窄，还有一些给予了记者很大的空间，允许他们不公布自己的秘密消息来源。从技术层面上，媒体和公众在获取信息方面都没有强有力的权利保障，原因很简单：美国最高法院认为，除了法院以外，承认其他人享受宪法规定的获取信息的权利是不合适的。媒体和公众已经享有参与法庭公开审理案件和其他公开会议的宪法权利。

　　当媒体人要求享有其他人没有的权利和特权时，他们就会借助知情权这个概念。对于一个模糊的机构权利来说，这种做法是无可厚非的，因为知情权不是作为一种个体权利（individual right）而是作为一种机构权利（institutional right）被提出的，由此引发了很多争议。美国宪法第一修正案所赋予的言论自由权利属于个体权利，支持知情权的人声称，这种新权利是由收听权利（right to listen）衍生出来的。听众（或任何从公开讲话和发布会上获得信息的人）都能获得信息，这就是知情权。很显然，《权利法案》赋予的大部分权利是针对个人的，媒体篡改了这一点，在这些权利中加入了一些集体或机构的要素。

　　美国知名宪法研究学者、哈佛大学法律教授劳伦斯·特赖布（Lawrence Tribe）认为，知情权的倡导者们应该把"个体发言权这种核心权利"与"无差别的公众知情权"区分开来（Tribe，1988，674）。他指出，采取这种立场的人认为第一修正案并不是赋予个体权利，而是保护一种言论自由的制度，"这种观点把第一修正案的复杂角色过度简单化

70

了"（Tribe，1988，675）。另一位知名学者埃德温·贝克（Edwin Baker）对此观点表示赞同，他指出，知情权只是意味着政府不能干涉公众的言论自由权利。

知情权是新闻界的发明创造，始于 1950 年代早期，当时新闻界越来越感受到官僚机构成为媒体获得政府信息的拦路虎。于是，它们开始争取查阅政府文件和参与会议的权利，所谓《阳光法案》就是要求政府在阳光下运作。这些记者想获得联邦和州两个层次的政府档案、文件和各种记录、公报的查阅权限，这被称为信息自由运动（Freedom of Information，FOI）。运动活跃分子为这一目标拟定了纲领性文件，这份思维缜密、气势磅礴的宣言《人民知情权：合法获取公共事务相关的记录和文件》（*The People's Right to Know: Legal Access to Public Records and Proceedings*），由哈罗德·L. 克洛斯（Harold L. Cross，1953）撰写。信息自由运动产生了多方面的积极影响，催生了多个州的《阳光法案》（与会议公开、政府信息公开相关的法律）以及《联邦信息自由法案》，许多原来将媒体和公众拒之门外的政府会议现在也对外开放。

信息自由运动是必要的，其成果也令人可喜，但记者们并没有因此止步，他们提出了更多要求。媒体人声称他们有权查阅许多涉密的政府记录和文件，包括一些涉及国防和国家安全的内容。记者们还要求获得更大范围的诽谤诉讼豁免权，包括政府官员和公民个人发起的诉讼。有些记者还要求获得搜查公民个人文件以获取真相的权利，并一再表明隐私权是套在媒体和公众头上的一道无形的枷锁。

多年以来，媒体和一些法律专家一直在争取信息自由，包括法律程序公开、档案记录和会议公开等，这些对民主制度的正常运行都至关重要。但他们也提出了一些过分的要求，要获得更大范围的知情权，这些常与流言八卦和公众好奇心相关，会侵害隐私权。而且，还有健康、环保运动等领域的积极分子以及一些涉及紧急状态的人也加入了媒体的行列，他们也要求获得知情权。这种情况引起了新闻自由倡导者的注意，如明尼苏达大学的简·科特利（Jane Kirtley）指出，"关于美国人享有知情权这一点已经被广泛认可"（Kirtley，2003）。她援引了一系列关于美国宪法第一修正案的解释性文献，证明媒体侵犯隐私权是正当合理的。

2004 年，发生了几起记者因拒绝公开匿名消息来源而受到威胁的案件，有记者被以蔑视法庭罪指控，并被判处监禁，这些案件都闹得沸沸扬扬。例如《纽约时报》的朱迪斯·米勒（Judith Miller）就陷入了一场荒诞的法庭冲突中，因为她拒绝透露为她提供了关于白宫助理故意泄露 CIA 探员与反政府人士结婚的信息的匿名消息来源。在这起案件中，米勒女士甚至没有发布这则消息，但法院仍坚持认为她违反了保密规定。她坚持认为自己所做的事是正当的，但只是基于"公民抗命"的正当性，并没有其他的正当性依据。

当然，记者在这方面常常享有特权。

　　所以，如果记者们坚持他们的诉求怎么办？如果这只是媒体人在自己圈内发点牢骚，倒没有什么问题，但这些要求已经有很多上呈到美国联邦最高法院。每个案子的基础依据都是公众知情权。这种诉讼方式被安东尼·刘易斯（Anthony Lewis）称为"媒体例外论"（press exceptionalism），即媒体享有普通公众所不具有的特殊权利。这种现象也引发了一个关于概念的问题，因为《权利法案》的其余部分是适用于个人的，而知情权则被拔高为一种机构权利，其在努力创造一种更广泛的宪法权利。而且好多律师会告诉你，只要律师足够努力，你的任何诉求都一定能找到权威的支持。在这个案例中，詹姆斯·麦迪逊（James Madison）的言论成了权威支持，他曾经写道："一个不了解民情或者无法获得民情信息的政府，只是一场闹剧或者悲剧的序幕；又或者，它将最终以闹剧、悲剧谢幕。知识终将战胜无知，一个民族要成为自己的主宰，就必须以知识武装自己。"正如大法官威廉·O. 道格拉斯曾写的：

　　　　媒体在我们的宪法框架中占据优势地位，这种地位既不源于财富，也不源于权势，而是它们能满足公众的知情权。知情权是人民治理国家的关键。（Douglas，1972，Branzburg v. Hayes，408，U.S. Reports，665 at 713）

　　有相当一部分出版人、广播电视工作者和网络创业者涉足传播业显然是为了赚钱，尽管他们常会有别的说辞，他们对公众知情权问题只有模糊粗略的了解。对于他们来说，道格拉斯的观点真让人喜忧参半。

　　尽管知情权的积极倡导者对道格拉斯大法官的支持表示感激，但他们需要的是比语言支持更有力度的支持。他们认为波特·斯图尔特大法官在耶鲁大学法学院那场著名的演讲中提到的"新闻自由法律条款的使用范围应扩大到机构层面"（Stewart，1975，631），才能给予媒体充分的支持。这正是知情权的倡导者们期待已久的表态：美国宪法第一修正案是一种机构权利，是对公众知情权强有力的支持。遗憾的是，斯图尔特大法官似乎只在耶鲁大学做过这种表态，这种观点在法院系统中并没有达成大范围的共识（甚至也没有达成小范围的共识），并没有成为有据可依的法律。公众知情权仍然只是一种理论范畴，尽管很多观点指出斯图尔特的演讲在美国宪法第一修正案及延伸法案中并不存在合理依据，但其观点仍被当作金科玉律反复引用。这种认为结构性的媒体自由是以公众知情权为基础的说法，仍然只是个人观点，而没有成为法律。对于急于为知情权寻求合法性依据的法律和新闻界人士来说，斯图尔特的演讲并没有为他们提供充足的支持。

　　这场争论的下一个回合是联邦法官埃尔温·考夫曼（Irving Kauffman）做出的雄辩。

他指出，媒体自由的实现取决于传播过程三大要素所受的保护：信息的采集、加工和传播。这个观点听起来很合理，记者们也一针见血地指出，如果不能采集信息（通过新闻采访的方法）、加工信息（编辑、排版等），就不可能传播信息，这当然是合乎逻辑的。但是，新闻界的理想却远远超前于现实。考夫曼法官所提出的是表达自由的理论，在我看来，这是一种充满理想色彩的理论，但缺乏现实的法律基础。

大多数法律学者认为信息传播自由有足够的宪法支持，美国宪法第一修正案正是针对人们的言论和出版自由权利提出的。但信息采集的自由却缺乏相应的法律基础，实际上，媒体对于这方面权利的大部分诉求与一起案件有关，该案件否认媒体在法庭审理过程中有不公开消息来源的特权。拜伦·怀特（Byron White）法官在该案中使用了一个双重否定的句式提出了一个并不那么确定的观点，"新闻采集不是不受第一修正案的保护"（White，1972，Branzburg v. Hayes，408，U. S. Reports，655 at 707）。他并没有说这些保护到底是什么，在关于加工编辑信息这方面，法律基础是很薄弱的。很少有人向法院提出保护媒体这方面工作的要求，法院当然更不会自己提出来了。在为数不多的几起要求保护新闻编辑权利的案件中，法院都从整体上拒绝了这些方面的要求。有一次例外发生在 2001 年 5 月，当时联邦最高法院宣布，媒体无须为非法获得录音承担责任，同时也指出公众知情权高于个人隐私权（Greenhouse，2001）。

媒体在争取知情权的宪法地位方面做出了很多有创意又机智的努力，但至今仍未获得成功。各种迹象表明，要把这种观念提升为美国宪法第一修正案中一项明文规定的实际准则，还需要相当一段时间。即使如斯图尔特大法官所言，言论和出版自由既是个体权利又是机构权利，但多年以来，出版和广播电视经营权利都仅限于媒体所有者的范围。这种情况已经有所变化，首先是桌面出版系统的普及使普通人可以以廉价、简易的方式进行信息传播，更重要的是，互联网和万维网的问世让人们可以搭建自己的网络，并可以向无数人传播信息。数字时代，小型媒体公司也被赋予了诸多可能性，从而使它们与大型媒体机构之间的关系变得紧张起来，这意味着所谓知情权的争议常常与媒体公司的经济动机密切相关。事实上，媒体一般是规模很大的公司机构，而要从普通人那里获取个性化信息还是相当困难的事情。

知情权是一种非常受局限的权利，有严苛的附加条件，以至于称其为一种权利简直是一种误导。传播学者富兰克林·S. 海曼（Franklyn S. Haiman）是知情权的忠实拥护者之一。他认为，公众知情权是美国宪法第一修正案的关键要素，"因为大多数关键信息掌握在政府机构和官员手中，其完全可能通过隐瞒关键信息而妨碍民主程序"（Haiman，1981，368）。海曼认为，知情权存在的基础就是公众要践行公民责任，就必须了解信息，"从本质意义上讲，政府掌握的信息是属于公众的，是用纳税人的钱收集起来的，其目的是行使人民赋予政府的权力"（368-369）。说得如此振振有词，但海曼也不得不承认并支持各种随之被提出来的例外情况，这些情况都严重破坏了公众知情权：

- 出于保护隐私权和收集信息对象的其他正当合法权益的需要。
- 出于确保程序公正、慎重的需要。
- 出于保护公众经济利益的需要。
- 出于维护社会治安和制度安全的需要。

这些广泛且具有强制性的附加条件给公众知情权留下了一个缺口。知情权不是绝对的，但是如果将其定义为一种基本权利，则总具有现实意义，知情权的适用范围应该比海曼和其他学者所设想的要更加广泛。权利不应该是"时而存在时而不存在"的命题。

知情权的法律基础薄弱，因此，我们有理由对于是否应该如记者们所期望的那样赋予其地位的问题存疑。要如此严谨地评判这种所谓的权利，还有其他无法回避的原因。本书前文曾引用编剧兼记者科特·路克的观点，他曾对美国报业协会坦言：

> 并没有公众知情权这回事，你们捏造出这个词，却不明确指出哪些内容是公众有权利知道的。公众只能知道你们选择告诉他们的东西，不能多也不能少。如果公众确实有知情权，那么你们选择哪些内容进行新闻报道的问题，就需要好好说道说道了。
> （Luedtke，1982，4-5）

路克言之有理，如果公众确实有知情权，他们当然有权利决定自己真正需要知道哪些信息，并决定媒体（作为公众代理人）应该传播哪些信息，取消编辑和记者们编辑新闻、对新闻进行把关的权利。但另一个噩梦又开始了，如果媒体在知情权这个一般原则下担任公众法定代言人，它们当然要被法院和立法部门告知有义务向公众提供特定信息。这绝对是对新闻出版自由的极大冒犯，我认为记者绝对不会支持这种观点。新权利伴随着新义务，如果真的给予知情权全面充分的宪法保护，我严重怀疑新闻界是否会乐意接受由这种权利所带来的责任和义务。因此，我的观点就是，媒体不要再打着为公众服务的旗号提出种种实则为自己服务的要求了。

论点总结：知情权不存在

知情权并没有宪法依据，宪法保护的是个体权利，而不是机构权利。知情权实际上是法院提出的概念，因此它是可以随时被取消的一种特权。在上升到宪法这种重要的层面之前，知情权的现实适用范围还很有限，有待继续拓展。信息自由运动的最初目标是集中精力争取查阅政府文件的权利，后来又拓展到了一般意义上的知情权。然而，即使是查阅政府文件的权利也受到严格限制，比如涉及隐私权、经济利益、社会稳定和国家安全等问题的文件就不能被查阅。

回应

梅里尔：知情权存在

我的合著者坚称知情权不是由宪法赋予的一项不可剥夺的权利，而是由记者发明的或者是仁慈的立法机构给予的。要驳斥这一点是很难的，《权利法案》中确实没有明确提出知情权的概念，这种权利看起来似乎就只是新闻记者或者热衷于公共利益的人自己发明的。

然而，在明确这一点之后，我仍坚持认为，自由（并开放）社会中的公民是享有知情权的，即使这种权利还只是停留在理论的层面上，没有在宪法中被明确提出来。我认为，一项基础权利或者自然权利的存在，并不取决于其在宪法中是否有强制性的条款规定，这种权利会适时成形。我相信，知情权最终会出现，并获得法律认可，即便政府（无论美国还是其他国家）暂时还没有承认这项权利。

知情权确实还没有在宪法中被明确提出来，但记者们所做的却不仅仅是创造出这个概念，而且他们从新闻自由的条款中推论出公众知情权的存在。我认为这种推论是合乎逻辑的，从一定意义上来说，他们正是通过这种推论创造了知情权的概念。但是记者们不必为这种创造感到罪恶，恰恰相反，能透过理论的迷雾看到支撑言论自由的公众知情权，他们应该为此感到自豪。

我们应该问，美国的国父们为什么要提出新闻自由？仅仅是因为要获得自由的媒体吗？只是为了让后人夸赞这一法律条款吗？很显然，《权利法案》中规定新闻自由的条款是有更实质的用意的，这就指向了我们现在所讨论的公众知情权问题。人民是共和国至高无上的主人，如果他们不了解公共事务和政府工作，就肯定无法成为好主人，也无法很好地管理自己。在这一理论框架下，他们发现自己必须首先知情，然后才能管理。政府是建立在他们知情这个假设的基础之上的。因此，他们当然有知情权。从理论上讲，他们需要知情，为了与其政治目标相符，他们必须享有知情权。保障自由媒体存在的根本原因，就是让公众可以知情。

有人会问：如果人民有知情权，媒体是否就要与政府共同承担让人民知情的责任？我的回答是肯定的。我坚信，在一个自由社会中，享有新闻自由的媒体必须相信知情权是一项基本权利，如果一家媒体要求这样的权利，它就必须严肃地承担起为公众提供关于公共事务的信息的责任。如果存在知情权，媒体需要承担实现这一权利的重大责任，公众是否能够知情就取决于媒体的表现。

这里就要将政府的要素纳入考量，因为如果媒体不能从政府那里获得信息，自然就无法向公众报道，令其知情。所以，我认为人们确实享有知情权，政府与媒体则共同承担让人们知情的责任。如果离开媒体与政府的合作，公众当然无从知晓关于自己政府的信息。媒体和政府在让公众知情方面常常有失职的情况，但这不能抹杀知情权的存在。

自二战以后，公众知情权这一概念有重大发展，哈罗德·克洛斯出版《人民知情权：合法获取公共事务相关的记录和文件》，肯特·库珀（Kent Cooper）出版《知情权》（*The Right to Know*，1956），奥尔森·G. 西奥哈里斯（Althan G. Theoharis）编著《保密文化：政府 VS. 公众知情权》（*A Culture of Secrecy：The Government vs. the People's Rights to Know*，1998），还有数量众多的论文，都在宣扬这种权利，并抨击政府侵犯了这种权利，批评政府违背了新闻自由理论，这使这场反政府运动得到广泛的公众赞赏与支持。但问题远不止这么简单，在让公众知情这个问题上，还有两个重要因素需要加以考量：公众和媒体。但这两个要素却常常在讨论中被忽略掉。

坦白说，公众要么不知道他们享有知情权，要么不能严肃对待自己的这种权利。好像他们压根儿就不在乎。如果确实存在公民权利，那么知情权就是其中非常重要的一种。这种权利是美国政府、公众讨论、理智投票、公众舆论的基石，是民主制度的核心要素和精髓。然而，虽然公众看起来对这种权利漫不经心，但这不能否定这种权利本身的存在。美国社会中唯一重视公众知情权的部门就是媒体了。媒体揭露、抗议政府侵犯公众知情权的行为，并表达自身对此的焦虑，它们通过呼吁公众知情权以促进新闻自由的合理实现。

媒体的问题在于把知情权被否定的所有责任都归咎于政府，这显然是不对的。新闻媒体自身也应对此承担一部分责任。熟悉典型新闻媒体工作流程的人一定都知道，普通大众每天所见、所闻的信息只有很少一部分与政府有关。因此，事实上，媒体指责政府隐瞒信息或者犯下的其他错误，媒体自身也难辞其咎。

编辑和新闻主管们在推崇公众知情权的同时，也要忙于筛选政府信息。他们会省略这样那样的报道、图片或观点。他们是事实上的审查官，尽管动机是好的，但审查就是审查。他们就像政府一样管理信息，他们在限制公众知情权方面也要承担一定责任。编辑们声称他们是在"行使自己的编辑特权"，他们认为自己的行为是编辑信息，而政府则是管理和限制公众获得信息。事实上，不管他们使用哪种措辞，都改变不了公众知情权受限制的事实。

观察过报纸和杂志编辑过程的人都不难发现，政府信息会很容易被弃而不用。废纸篓里塞满了公众原本应当知情的信息，但在新闻界很少有人为此咬牙切齿、痛哭流涕。媒体自己在报道中隐瞒了政府信息，用他们批评政府的话说就是"侵犯公众知情权"，但媒体对此毫无自知之明。也有人争辩称，政府网站上有大量信息向公众公开，但我对此抱有疑虑。在海量信息中，真正会对公众个人或机构决策产生影响的那些数据和信息可能恰恰是缺失的。然而，媒体人一直宣扬知情权是美国社会制度不可分割的一部分。

77　　　当然，媒体人是对的，公众确实有知情权。这种权利意识根植于美国新闻界的思想中，自二战以来就前所未有地兴盛。现在，重点要从媒体向公众转移，从新闻自由向媒体责任转移，从媒体的机构权利向公众的个体权利转移，这些都是从被动自由向主动自由转变的一部分。媒体社会责任理论的一部分内容就是要更多正面强调媒体的责任，而不是强调媒体受到了政府的哪些限制。公众知情权是这种趋势的一种自然而然的产物。我认为，新闻自由之前一直被解释为媒体的自由，其哲学合理性就在于公众需要知情。在美国这种多元、开放、自由的社会中，公众从理论上来讲是社会的治理者，知情需求从哲学层面上就成为一种权利。

我的合著者丹尼斯博士在论述中引用了科特利教授的观点，他认为知情权对民主制度本身至关重要，这种观点令人信服，我对此也深表赞同。正如科特利所说的，"在任何一种民主制度中，信息畅达都是关键，公众需要通过投票选举官员，由这些官员起草制定并通过法律。如果没有信息，公众或许就会逐渐被政府疏离，因为政府越来越不需要依赖他们"（Kirtley, 2003）。她也引用了丹尼斯博士常引用的人物之一威廉·G. 道格拉斯大法官的话："政府的一切秘密从根本上来说都是反民主的，是官僚体制的积弊。对公共事务进行公开辩论和讨论，对于我们国家的健康至关重要。对于公共问题，应该开展'畅所欲言、积极活跃、广泛公开'的讨论。"

当然，关于法院和法官粗暴干涉知情权的案例也存在。2004 年，除了记者因卷入CIA 特工身份被曝光一事而人身安全遭遇威胁的朱迪斯·米勒-瓦莱丽案，还有更为典型的一个案例，是发生在罗得岛州普罗维登斯的笔记本与盾牌（notebook and shield）案，一名电视记者在工作中涉嫌犯罪而被起诉。指控他是因为他从一位匿名消息来源那里获得了一份记录某位市政府官员收受贿赂的录像带。NBC 新闻总监尼尔·B. 夏皮罗（Neal B. Shapiro）对此案件评论道："这正是新闻机构应该做的事情，这段资料为普罗维登斯市民提供了他们应该知道的关于政府官员的信息。自报道推出后，这位官员也被起诉、庭审并判有罪。"（Shapiro，2004）他还补充道："是时候将记者列入消息来源保护法案的受保护名单中了。"该法律已经为心理治疗师、医生、律师和神职人员提供保护。

　　总之，尽管丹尼斯教授和其他否认知情权的人做出了精彩的辩论，但我仍要再次强调，公众知情权是存在的。无论有多少人否认它，无论否认它的是政府官员还是媒体从业者，它都是存在的，它是美国民主制度的一块重要基石，它是新闻自由合理存在的基础，也是保障美国政治活力的必要前提。

▍论点总结：知情权存在

　　美国宪法当然没有对知情权做出明文规定，但却暗示着知情权的存在，或者说知情权是一种天然的权利。新闻自由的概念就包含了知情权的理念，很显然，如果没有知情权，媒体就没有理由（或者只剩下利己主义这一种理由）享有新闻自由。美国的哲学理念就是人民是自己的治理者，因此公众需要知情，这种需要自然而然地转化为一种权利。媒体和政府在满足公众知情权方面都要承担自己的责任。人们或许对知情权问题的思考并不深入，但现有的政府机制使公众本能地感受到自己享有这种权利。如果没有这种权利，新闻自由就是无源之水、无本之木。

78

 在线搜索

　　以下列术语和词组为关键词在 InfoTrac College Edition 中搜索更多信息：权利（rights），义务（duties），责任（responsibility），《阳光法案》（Sunshine Acts），获取信息（access to information），接近权（rights of access），个体权利（individual rights），机构权利（institutional rights），宪法第一修正案（First Amendment law），主动自由（positive freedom），被动自由（negative freedom），知情权（right to know）。

 讨论题目

　　1. 思考公众知情需要、知情意愿与好奇心问题，并结合"知情权"的概念进行理解，你能得出什么结论？

2. 如果《权利法案》中没有关于知情权的规定，我们还可以从哪里获得这种权利？知情权仅仅是一种理论或者理念层面的权利吗？

3. 如果公众享有知情权，媒体为何还要保留一些信息？当媒体编辑隐瞒自己的消息来源，不提供强奸案受害者的名字，拒绝泄露官方消息来源时，公众该如何相信知情权的存在？

4. 美国宪法中规定的新闻自由与公众知情权等同吗？请给出你的答案并解释。

5. 如果知情权这个概念在 1950 年代早期才提出来，而它的逻辑依据其实一直都存在，那你认为是什么原因导致知情权理念在美国社会中发展如此缓慢？

研究题目

7 9

1. 写一篇论文，梳理支持与反对知情权的各种代表性观点。近年来，哪些人堪称"知情权"的代言人？又有哪些人是反对者？

2. 研究《联邦信息自由法案》的起源、现状和未来，写一份报告。

3. 从知情权的视角出发写一篇关于隐私权的综述文章，要包括三四本书或几篇文章的内容，隐私权在哪些情况下要优于知情权？

4. 什么是知识产权？它与版权法案有何关联？为什么版权法案是美国联邦法律的组成部分？版权法案对个体作者权益的保护会对知情权构成怎样的破坏？这个问题是否值得关注？

5. 关于知情权是否存在的问题为何会存在争议？为什么媒体人坚信其存在，而律师们却坚决抵制它？

延伸阅读

Anderson, Jack. "We the People: Do We Have a Right to Know?" *Parade* (January 30, 1966): 4–5.

Boyer, John H. "Supreme Court and the Right to Know." FOI Center Report 272. Columbia: University of Missouri, November 1971.

Cooper, Kent. *The Right to Know.* New York: Farrar, Strauss & Giroux, 1956.

Cross, Harold L. *The People's Right to Know: Legal Access to Public Records and Proceedings.* New York: Columbia University Press, 1953.

Davis, Charles N., and Sigman L. Splichal. *Access Denied: Freedom of Information in the Information Age.* Ames: Iowa State University Press, 2000.

Dennis, Everette E., D. M. Gillmor, and David Grey, eds. *Justice Hugo Black and the First Amendment.* Ames: Iowa State University Press, 1978.

Douglas, William O. *The Right of the People.* New York: Doubleday, 1958.

Greenhouse, Linda. "Court Says Press Isn't Liable for Using Ill-Gotten Tapes." *New York Times,* May 22, 2001, A14; also see editorial, "A Victory for Press Freedoms," p. A18.

Haiman, Franklyn S. *Speech and Law in a Free Society.* Chicago: University of Chicago Press, 1981.

Kirtley, Jane E. "Privacy vs. Public Right to Know." *Encyclopedia of International Media and Communications,* Vol. 3, pp. 573–583. Amsterdam: Academic Press, 2003.

Kurtz, Howard. *Media Circus.* New York: Times Books, 1993.

Luedtke, Kurt. "An Ex-Newsman Hands Down His Indictment of the Press." *Bulletin of ASNE* 65 (May–June 1982): 16–17.

"The People's Right to Know: How Much or How Little?" *Time* (January 11, 1971): 16–17.

Rourke, Francis E. *Secrecy and Publicity: Dilemmas of Democracy.* Baltimore: Johns Hopkins University Press, 1966.

Shane, Peter M., ed. *A Little Knowledge: Privacy, Security and Pubic Information after September 11.* New York: Century Foundation Press, 2004.

Shapiro, Neal. "Notebook and Shield." *Wall Street Journal,* November 17, 2004, A16.

Stewart, Potter. "Or of the Press." *Hastings Law Journal* 26 (January 1975): 631–38.

Sunstein, Cass. *Democracy and the Problem of Free Speech.* New York: Free Press, 1993.

Theoharis, Althan G. *A Culture of Secrecy: The Government vs. the People's Right to Know.* Lawrence: University Press of Kansas, 1998.

Tribe, Lawrence H. *American Constitutional Law.* Mineola, NY: Foundation Press, 1988. See especially Chapter 12, "Communication and Expression," 576–736.

Whalen, Charles W., Jr. *Your Right to Know.* New York: Vintage Books, 1973.

Williams, Lord Francis. "The Right to Know." *Twentieth Century* (Spring 1962): 6–17.

8 0

第 7 章
媒体偏见与政治倾向

　　自由独立的新闻界几乎被公认为民主制度得以实行的关键要素，但对于记者、编辑及其他新闻从业者的政治倾向和潜在偏见却存在很多争议。在政治上持有保守立场的人，包括时政分析员布伦特·博泽尔（Brent Bozell）、电台评论员拉什·林堡和其他许多人，都坚持认为媒体是自由主义的、左倾的，并常常带有偏见、不公正。这种观点在许多政治立场右倾的媒体批评家、机构和研究中心中间非常广泛。政治左倾的批评家和评论家则用相反的字眼对媒体下了不同的定义，他们认为媒体和新闻界太过于保守，倾向于保持现状、支持既得利益者。例如，《国家》（*The Nation*）杂志的评论家埃里克·奥尔特曼（Eric Alterman）和公正准确报道组织（Fairness and Accuracy in Reporting，FAIR）都极力支持这一观点。介于两者之间的新闻记者、评论家们，则认为自己是公正无私的专业人士，遵循从新闻院校和全国的新闻编辑部学到的新闻专业主义理念和实践准则，这些准则常警醒新闻界不要过多涉足政治。尽管如此，仍有一些人愿意承认，大部分新闻媒体有一定的政治倾向，至于倾向是什么则取决于你讨论的对象。CBS 和 PBS 的传奇新闻巨头弗雷德·W. 弗兰德利（Fred W. Friendly）就曾说过"新闻界当然是自由主义的"，但同时他也承认，自己所说的是个人比较了解的主流报纸和电视网。《时代》杂志前首席记者，同时也是多本畅销书的作者理查德·克勒曼（Richard Clurman）对此表示赞同，尽管他本人被很多人认作左派的权威代表。

　　民意调查机构、各类调查组织和研究群体对于这个问题也非常关注。位于华盛顿特区的媒体与公共事务中心（Center for Media and Public Affairs），由社会科学家罗伯特·里奇特（Robert Lichter）领导，他的研究发现媒体存在大量自由主义倾向。然而其批评者指出，他的工作大部分由保守派机构资助。媒体准确性组织（Accuracy in Media，AIM）

由保守派积极分子里德·欧文（Reed Irvine）领导，该组织也开展了大量研究，认为媒体存在极端自由激进的倾向。约翰·科里（John Corry）是保守的《美国观察者》（American Spectator）杂志的专栏作家，他赞同这种观点，认为新闻有的时候就是一种阶层游戏，自由主义意识形态是在游戏中获胜的必要条件。杜克大学传媒经济学家詹姆斯·T.汉密尔顿（James T. Hamilton）从理论层面展开了研究，其数据表明，新闻媒体更愿意选择自由主义报道倾向，在经济、社会和政治新闻领域尤其如此。

社会学家赫伯特·甘斯和其他一些学者否定了媒体存在政治倾向的说法，他们认为媒体从本质上是非政治的，很少有记者直接扮演政治角色，大部分人小心翼翼地坚守不偏不倚的公正性原则。媒体批评家埃德温·戴蒙（Edwin Diamond）曾盛赞美国记者是最好、最公正的记者，认为他们在公共生活和媒体产业中，在本质上扮演中立角色。媒体教育家戴维·韦弗（David Weaver）和 G. 克利夫兰·威尔霍伊特（G. Cleveland Wilhoit）是令人尊敬的著名的《美国记者》（The American Journalist）一书的作者。他们也通过研究发现，媒体业从本质上来讲是非政治的，尽管他们认同民主党的记者数量比共和党的记者数量多，但并没有明确的证据表明媒体有严重的政治倾向。自由主义杂志《国家》的维克多·纳瓦斯基（Victor Navasky）将美国媒体称为意识形态中心，学习国际新闻的学生会发现情况的确如此。本书的作者之一也曾告诉一名国外读者："别再提美国媒体的政治倾向和党派性了。如果非要说美国媒体有意识形态，那这种意识形态就是客观性，尽管我们并不相信绝对客观性的存在。"纽约大学的媒体批评家杰·罗森（Jay Rosen）也在其著作《新闻记者的工作目标是什么？》（What Are Journalists For?）中对客观性做了类似的表述。

尽管对这个问题的争论正在进行中，但当美国人被问起是否认为美国媒体有政治议程和意识形态倾向时，他们都会做出肯定的回答，无论他们所认为的倾向是自由的还是保守的。在信息和观点自由流动被视为民主体系核心的现代社会，认为媒体存在政治倾向性的观点对于媒体的品性构成了严峻挑战。

 挑战

丹尼斯：新闻媒体没有政治倾向性

题目中这个直率的表述似乎让作者看起来很傻，因为许多美国人想当然地认为媒体充满了偏见，媒体常常反映从业者个人的政治主张和见解，报纸记者、电视节目主持人或者其他传播者都是如此。事实上，如果我们仔细探究在美国媒体中上演的自由与保守的论争，看起来双方的评论员常常会达成一种共识，即媒体是自由主义的（更靠近民主党的主张），还有一些人为了赶时髦而让自己看起来是左倾的。言辞尖刻的有线电视评论员和作家安·库尔特（Ann Coulter）坚持这种观点，她甚至认为"自由主义的媒体"憎恨美国，几乎要叛国。哈佛大学经济学教授罗伯特·J. 巴罗（Robert J. Barro）的语气要温和一些，他说"'自由主义的媒体'这种叫法并不是一种妄称"，他还注意到新闻媒体和脱口秀节目常常会引用自由主义的信息来源，尽管美国整体看起来正日趋保守。他在《商业周刊》发表的文章中写道："如果观众和读者的观点与其代表们的观点类似；媒体的倾向性会使自己远远地背离受众。"（Barro，2004）还有之前提到的，令人尊敬的媒体经济学家詹姆斯·汉密尔顿也曾引用数据证明媒体报道存在左倾的倾向。而争论另一方的代表人物埃里克·奥尔特曼在其代表作《什么是自由主义媒体？》（*What Liberal Media?*）（2003）中提出了强有力的案例，他认为对保守派长期持续的故意虚假宣传，使人相信新闻媒体在意识形态层面上是坚定的自由主义者。2004 年，《纽约时报》的监诉官丹·欧卡兰特（Dan Okerant）发表专栏文章，大肆吹捧《纽约时报》是一家自由主义的报纸，使关于这个话题的争论再度掀起热潮。在很多人看来，媒体的自由主义倾向只是一种假设。欧卡兰特后来也争辩称，《纽约时报》从总体上来说更关注大都市受众关切的问题，这在一些人看来就是左派的做法，但或许这只是对社会舆论现状的一种反映。

在这一观点的交锋中，考虑到媒体是多元化的而非整齐划一的，我在讨论中要先将观点性内容和评论排除在外。报纸社论版及其对页、电视评论节目中表达的观点已经被贴上了清晰的标签，广播脱口秀节目也清晰地表达观点，这些内容当然是有倾向性的，但它们未必就有偏见。最好的评论文章往往会筛选证据，提供结论。当然，这也是评论自身的特征，评论员们倾向于以某种特定政治立场发言，反映他们自己的经验和利益，这是观点新闻，世界上许多国家的杂志和报纸都以这种方式运作，特别是在欧洲。

但我们真正需要讨论的是新闻栏目和电视新闻节目，这类节目无论质量好坏，都更多采取描述而非解释的表达方法，内容更多是传递事实，而不是表达观念或观点。美国大部分新闻只是描述性的，有一部分是分析性的，还有一部分包含解释的成分。我们在第 12 章中也会讨论到，新闻客观性就是将信息组织起来回答特定问题的一种方式，这些问题包括何事、何人、何时、何意。其中一些问题的答案肯定不是唯一的，但以此认定这种表达方式包含政治倾向的看法是毫无道理的。

纵览历史，我们可以发现关于政治倾向性争论的演变轨迹。富兰克林·罗斯福知道全美国 80％以上的报纸发行人反对他的政府，因此他转而向记者寻求支持，记者们往往更年轻，与他们的保守派老板相比更倾向于自由主义立场。他同时还选择在广播中发表自己的炉边谈话，表达自己的主张，而不再依赖传统媒体的报道。对于罗斯福来说，新闻界既是保守的（其社论文章表达的观点往往很保守），同时媒体的新闻类栏目偶尔又对他表现得友善，似乎更倾向于自由主义。但这并不是因为记者是罗斯福政府的支持者，他们只是客观地报道了新闻。数年后，民主党候选人阿德莱·史蒂文森（Adlai Stevenson）称美国媒 *84*
体为"一党媒体"，意思是说媒体是保守的、反自由的。自那以后，实际上每位美国总统都对媒体有强烈的看法，因为媒体对这些总统及其政府通常都很强硬，关于媒体倾向性的指控也因此愈演愈烈，但不同时期、不同政府指控的内容不同，有人认为媒体太保守，有人认为媒体太自由。再后来到 1996 年美国总统大选时，一份报告称华盛顿有 87％的媒体机构投票支持比尔·克林顿。在 2000 年大选时，乔治·W. 布什和艾尔·戈尔都对媒体的竞选报道颇有微词。在 2004 年美国大选中，CBS 新闻节目《60 分钟》公布了关于布什在美国国民警卫队服役情况的文件，而这些文件后来被证明是伪造的。该节目及其主持人丹·拉瑟都因此备受争议，而关于媒体在竞选中扮演的角色的讨论也一直热度不减。针对拉瑟的批评接连不断，指责他果不其然是自由主义记者。《纽约时报》后来也出现了类似的情况，该报披露了关于伊拉克大规模杀伤性武器的相关问题，因此被共和党指控其是想在竞选的最后关头给总统及其政党致命一击。

赫伯特·甘斯在《哥伦比亚新闻评论》（*Columbia Journalism*）中曾发表过一篇详尽的分析文章（1985），他剖析了指责媒体太过自由的言论，并对保守派研究者的理论提出质疑，要求他们公布分析数据，以供他人评估。像罗伯特和琳达·里奇特夫妇以及斯坦利·罗斯曼（Stanley Rothman）在其合作的著作《媒体精英》（*The Media Elite*，1986）中列举了一系列有偏见的左派媒体，但他们所指的大都是大型媒体机构，如新闻类杂志、电视网和大城市报纸等。韦弗和威尔霍伊特对一个全国性样本开展了研究，提出了相反的结论，他们认为记者既不受政治意识形态和倾向性驱使，也不是任何组织的合谋者。正如甘斯和其他人所指出的那样，记者只是隶属于某个政治派别——只要不是其中的积极分子——并不能证明他会在报道新闻时，根据自己的意愿掺入个人色彩，正如一个人的宗教信仰不会妨碍他对别人的宗教信仰做客观公正的报道一样。

我支持这种观点的一个原因是新闻专业主义，新闻媒体机构的雇员们接受过专业训练，还有很多核查及平衡手段来约束他们，使其不能利用新闻媒体为个人的政治派别谋求利益。记者们接受过关于采集信息、消息来源归类、将各种报道和文件整合进一篇新闻报道的训练，熟练掌握其中的技巧。城市与城市之间报纸的竞争程度已经大不如前了，但如果《纽约时报》刊登了带有偏向性的报道，就肯定会迅速被《华尔街日报》或者无线电视网质疑并纠正。大量的电视、报纸、有线频道甚至是互联网都在进行信息采集和发布，相互之间可以核查、平衡。同时还有公众和信息提供者通过信件或个人投诉等方式对媒体报道进行反馈。他们可以寻求其他媒体讲述自己的故事，如果他们坚信自己的声誉受到了玷污，也可以诉诸法律手段解决问题。

85　　　美国法律体制并不完美，还有很多缺陷，例如小报的煽情主义报道、过分强调性和暴力因素的报道，更别提新闻报道缺乏连续性的问题了。但是美国媒体不是政治性媒体，这与其他国家的媒体体制截然不同。这就是说，美国几乎没有对当权者采取不批评态度的亲政府的报纸或电视网，恰恰相反，美国的媒体是反权威的，它们时常对现状和当权者持批评怀疑的态度。新闻界和媒体机构尽管不是全部，但也大都坚持负面报道，揭露社会弊端，而不是为权贵唱赞歌。而且，美国媒体的动力机制也在变化，它们几乎不再坚持事实与评论的严格区分，解释性报道越来越多，这种报道有时候会被误认为有偏见和政治倾向性。

　　同样，越来越多的政治势力寻找倾向于支持自己观点的友好的记者，但不管民主党还是共和党，自由派还是保守派，最终都失望而归。幸运的是，愿意写带有偏向性报道的记者是非常少的，媒体机构也能有效地应对有潜在倾向性或者在工作中抱有偏见的记者。当然，美国新闻史中也记载了许多质量低劣、证据不足或者编辑不当的报道，但这些错误并不是由偏见造成的。

　　路易斯·D. 博卡尔迪（Louis D. Boccardi）曾担任全世界最大规模的新闻采集机构美联社的主席和首席执行官，他拒绝透露自己是否隶属于某个政治派别以及会投谁的票。博卡尔迪被推崇为新闻界公正无私的楷模，作为报纸和电子媒体的重要新闻来源，美联社也因此成为反对有意的（或无意的）政治倾向性的有力例证。事实上，自从 2003 年从美联社退休以后，博卡尔迪被任命领导《纽约时报》的一支独立调查小组，调查该报一位因新闻造假而被除名的记者，后来又先后在 2004 年和 2005 年被 CBS 任命调查针对该媒体的指控。

　　当然，不向政治偏见屈服，媒体也能获得自己的利益——公信力，这是它们最重要的资产。没有公信力，媒体就失去了对于公众的意义，而公信力的维系，要靠媒体公正无私、秉承专业主义手法采集新闻、编辑新闻。公信力问题是许多新闻组织和学者研究的热门话题。新闻界的这种自我纠正机制注定了故意的政治偏见是不能被容忍的，必须尽快修正，正如它不能容忍造假、漫不经心的错误和其他损害新闻界使命的行为，这种使命被哈钦斯委员会称为"公正、精确地呈现当天的新闻"。对于新闻媒体来说，玷污自己的产品将意味着自己要付出巨大的代价。因此，我反对那种无论左派还是右派都来指控新闻界有政治倾向性的头脑简单的观点。相反，美国新闻媒体的问题在于太过温和，它们希望能吸引受众、留住受众，竭力向受众传播公正无偏的事实，这样反而使新闻显得索然无趣了。

论点总结：新闻媒体没有政治倾向性

在美国的新闻机构中很少出现偏见和有意歪曲新闻事实的情况。一方面，有新闻专业 *86* 主义的约束；另一方面，媒体机构害怕引发官司，这使它们不太可能故意呈现政治倾向性，或者允许记者依据自己的政治倾向刻意扭曲新闻报道。有些批评者热衷于指控新闻媒体有保守或者自由的倾向，但实际上美国新闻媒体更多是采取中间主义立场的，它们尽力在中立线上走平衡木而不是支持某一方的观点。当然，观点性媒体和评论版常常会明确表达立场，表达政治倾向性，但是就大部分媒体的新闻内容而言，美国媒体与其他国家媒体相比，不仅谈不上有政治倾向性，反而在其报道中常出现太过中庸、谨小慎微的情况。

 # 回应

梅里尔：新闻媒体有政治倾向性

丹尼斯博士辩称新闻媒体没有倾向性，这简直是开玩笑。他自己也承认，大部分人相信媒体是有倾向性的，但他似乎要把这种认知贬低为民粹主义者的一种无知。丹尼斯博士也解释说，他所讨论的只是新闻栏目和电视新闻节目，不包括媒体的言论部分。他指出，社论版及其对页、广播电视评论类节目等当然是有倾向性的，这些大都可以归纳为观点新闻。

所以，我们现在争论的焦点与原本的论题稍有不同，丹尼斯真正想讨论的是这个问题：新闻媒体的新闻报道部分是没有倾向性的。

我必须采取的立场是，即使是新闻媒体的新闻报道部分也是有倾向性的。当然，要证明这一观点并非易事。倾向性是一个很复杂的概念，几乎不太可能确认或者测量。一个人常常要透过自身存在的倾向性的认知视野，判断别人是否存在倾向性。

在我看来，很明显，记者本人的主观价值体系和视野就是一种现实的局限，因为记者必定从个人的带有倾向性的视角出发，描述和反映现实。一位自由主义的记者和一位保守主义的记者对同一问题或事件的报道可能是截然不同的。黑人记者和白人记者对洛杉矶骚乱的报道也是不同的，还有其他一些类似的因素。比如：对于 1993 年的韦科惨案①，身为大卫教派成员的记者和身为圣公会教派成员的自由主义记者的报道会有所不同；关于配偶间的暴力问题，女性记者和男性记者的报道会有所不同；阿拉伯记者与犹太记者对以色列-巴勒斯坦冲突的报道会有所不同；古巴裔美国记者和美国白人记者对埃连·冈萨雷斯（Elian Gonzalez）案②的报道会有所不同。

丹尼斯认为，新闻专业主义能阻止记者进行有倾向性的报道。他也提到，媒体有很多核查和平衡措施，使记者免于在新闻报道中体现个人倾向。而且他坚称，如果一家媒体的报道存在倾向性的问题，就会迅速被另一家媒体揭露。在新闻界的理想状态下，这种愿望或许可以实现，但在当前的情况下，这些想法都不太现实。例如，我们可以观察任何一则由自由主义报纸或者保守主义报纸刊登的涉及复杂、富有争议性的新闻事件的报道，注意它们都引用了谁的言论，如何选择性地使用信息，使用了哪些图片等。对于读者来说，要辨认一家报纸是自由主义立场还是保守主义立场并不困难。倾向性的存在是不争的事实，尽管它是通过对事实侧重点的选择或者消息来源的选择而间接实现的。

近年来，有些学者（其中包括一些经济学家）发表了一些关于媒体政治倾向性的令人不安的数据。例如加利福尼亚大学洛杉矶分校（UCLA）的教授提姆·格罗斯克洛斯（Tim Groseclose）和芝加哥大学的杰夫·迈佑（Jeff Milyo）合著了《媒体倾向性的测量》（*A Measure of Media Bias*，2004）一书，他们采用精确的实验研究方法提出了媒体政治倾向性的指数概念，这类概念被用在评估美国参议员及其政治倾向性方面已经有相当长的时间。他们发现，在媒体新闻报道中存在显著的自由主义倾向，对政治左派人士言论的报道比对右派言论的报道更多、更充分。丹尼斯教授之前也已经提到了杜克大学的詹姆斯·汉密尔顿的研究，该研究引入了其他一些研究成果，证明媒体关于经济形势的报道更热衷于采取自由主义的观点和主张。这些研究者并不是空谈家，他们的研究成果和方法都是公开的，人人都可以对这些研究进行检验，并得出自己的结论。更不要说还有很多信口开河的评论家，他们根本不做任何论证，就直接声称媒体存在自由主义或者保守主义的倾向。

丹尼斯为"媒体没有倾向性"的立场辩护的另一个证据是他指出美国没有政党媒体，美国也很少有亲政府立场的报纸或电视网。他说："我们的媒体是反权威的，它们时常对现状和当权者持批评怀疑的态度。"那么，若真如此，这不正说明媒体是有政治倾向性（一种反

① 1993 年 2 月 28 日，美国联邦执法人员出动坦克和飞机，对大卫邪教设在韦科的总部进行围剿。在当天的冲突中，有 6 名大卫教徒和 4 名联邦执法人员丧生。此后双方进行了长达 51 天的对峙，又有多人丧生。此事引起美国媒体和民众对政府行为过当的批评，被称为韦科惨案。——译者注

② 2000 年 4 月 22 日，美国移民局官员将 6 岁古巴男孩埃连·冈萨雷斯从其亲属多纳托·达尔林坡家强行带走。当时 6 岁的埃连随母亲乘船偷渡前往美国，途中遇海难，其母死去，埃连则获救抵达美国，由居于佛罗里达州的叔父收留。这引发了一场政治味浓的监护权争夺战。——译者注

权威、反对现状和当权者的倾向性）的吗？丹尼斯说媒体的大多数报道是负面的，我对此表示赞同。而且在我看来，这就是一种负面的倾向性，它不符合平衡或者说中立的新闻理念。

丹尼斯博士认为新闻媒体没有政治倾向性的另一个证据是，质量粗糙、证据不足、编辑不当的新闻之所以会出现，主要是因为报道的低效和草率，而不是因为倾向性。情况或许确实如此，但我们又如何才能得知确切的情形？他还说新闻报道不存在倾向性，因为媒体要有自己的公信力，公信力是媒体最有价值的资产，它们必须保护这一资产。如果说公 *88* 众对新闻媒体的信任的确与媒体没有倾向性密切相关，那我认为这正清晰地说明媒体是有倾向性的，因为几乎所有的受众调查都显示，公众并不十分信任媒体。

我的辩论对手指出，那些找记者写倾向性文章支持自己立场的政客将会非常失望。他认为这也是证明媒体没有倾向性的一个有力证据。但一位记者难道不能无意中在报道里表达倾向性吗？这不还是有倾向性吗？或许我们应该把论题置换为"有意的倾向性"。记者会有意地在报道中体现倾向性吗？或许会，或许不会，但不管媒体的倾向性究竟是记者有心还是无意，媒体有倾向性这一事实都是毋庸置疑的。对于任何一位传媒领域的学生来说，要得出媒体新闻报道不存在倾向性的结论，都是极为困难的。记者或许不会经常有意地在报道中用这样那样的方法表达倾向性，但我们已然能从《纽约时报》的杰森·布莱尔、《今日美国》的杰克·凯利的案例中看出，记者对于自己工作的选择有很强的自主性，而我们也只能在他们的事情败露后才真正知道他们做了什么。我也相信大部分记者是遵循新闻伦理规范的，但也有人不遵守，这就是问题所在。

最后，丹尼斯博士似乎希望媒体表现出更多的倾向性，因为他说："相反，美国新闻媒体的问题在于太过温和，它们希望能吸引受众、留住受众，竭力向受众传播公正无偏的事实报道，这样反而使新闻显得索然无趣了。"的确，我们的媒体中有很多平淡无趣的内容，但这并不能说明媒体没有倾向性。我担心，自由主义倾向的观点充斥在媒体中，媒体将不再注重审视并质疑这类观点。事实上，我并不否认，福克斯新闻网找到了它的市场定位，以右派倾向自居，而其他大部分媒体大都呈现左派立场，虽然受到一些批评者的质疑，但它们几乎没有正面回应过这一问题。公众有权利提出质疑，否则我们将退化到一个众声喧哗却无法认证新闻和信息真相的年代。毫无疑问，这将是民主制度的灾难。

论点总结：新闻媒体有倾向性

新闻报道大部分是有倾向性的，特别是当涉及政治新闻或者有争议的社会新闻时。倾向性是伴随着记者个体的价值观和文化理念而天然存在的。还有其他因素会导致倾向性的产生，例如记者的受教育情况、宗教、社会阶层、性别、所属党派、政治理念还有其他一系列导致个体倾向性的因素。记者会从个人的主观认识出发对新闻报道进行过滤，尽管这种做法大都是无意识行为，但也终究会使新闻呈现某一方面的倾向性。尽管最关注倾向性问题的记者会尽力公平、准确、公正地报道新闻，试图消除某种倾向性，但又往往会因此而产生另一种倾向性。因此，新闻媒体有倾向性。实际上，媒体呈现（或反映）其记者和编辑的倾向性，这种倾向性或许是在无意中产生的，或许是被隐藏在事实背后的，但倾向性就是倾向性，倾向性是天然存在的，它渗透在媒体中，甚至每则新闻报道中。

在线搜索

以下列术语和词组为关键词在 InfoTrac College Edition 中搜索更多信息：倾向性（bias），媒体倾向性（media bias），意识形态（ideology），保守主义（conservative），自由主义（liberal），中立主义（centrist），温和派（moderate），一党媒体（one-party press），媒体精英（media elite），主观性（subjectivity），价值体系（value system），特权阶级（vested interests），公正性（fairness），公正准确报道组织（Fairness and Accuracy in Reporting），媒体准确性组织（Accuracy in Media），媒体研究中心（Media Research Center），媒体权力（media power）。

讨论题目

1. 查找字典中对于倾向性的定义——与不偏不倚的判断相反的某种喜好或偏向，思考这个定义在新闻媒体领域的适用性。你如何识别新闻中存在的倾向性？根据个人见解和文献阅读，你能列举出哪些能证实倾向性存在的证据？

2. 回顾新闻史，思考早期有倾向性的政党报纸和现在商业化新闻媒体的差异。媒体有政治议程吗？它们可以有政治议程吗？

3. 比较世界各地的观点性报纸杂志和新闻类主流报纸杂志的差异，例如《时代》《新闻周刊》《华尔街日报》等对美国总统的报道，与《国家》（*The Nation*）、《旗帜周刊》（*Weekly Standard*）、《国家评论》（*National Review*）的报道有何不同？

4. 新闻媒体该如何让公众相信自己是没有倾向性、不偏不倚地报道政治和选举新闻的？

5. NBC、CBS、CNN 的政治报道与福克斯新闻网、基督教新闻网（Christian News Network）的新闻报道有何不同？MTV 新闻（MTV News）的报道又是怎样的？它的政治倾向性是什么？

研究题目

1. 统计在报纸、杂志或电视节目中使用州或者联邦级别的重要政治人物作为消息来源的次数，将报道按照正面、负面或中立进行区分，你如何定义每种类别？自选对象进行研究，例如你所在社区的报纸或者电视晚间新闻节目表现如何？

2. 分析公众政治人物对于新闻媒体的批评言论，包括总统、众议院新闻发言人、参议院少数派发言人，还有其他各种人。他们是否指控报纸有倾向性或者不公正？如果有，他们的具体说法是什么？调查并证明他们的说法是否属实。

3. 就政治倾向性问题采访某位记者或编辑，听听他对这一问题的见解，他自己所在的媒体是如何规避倾向性的？他对其他媒体包括其竞争对手在倾向性方面的表现是如何评价的？

4. 许多媒体批评家来自商业、教育、工会、医药和其他行业。他们时常指控报纸在涉及各自领域的报道中存在偏见和误解。关于"媒体是反商业的，或者是反对其他机构或组织的"这种争论，你自己有何见解？

延伸阅读

Alterman, Eric. *What Liberal Media? The Truth about Bias and the News*. New York: Basic Books, 2003.

Barro, Robert J. "The Liberal Media: It's No Myth." *Business Week*, June 14, 2004.

Benjamin, Burton. *Fair Play: CBS, Westmoreland and How a Television Documentary Went Wrong*. New York: Harper & Row, 1988.

Bozell, L. Brent. *Weapons of Mass Distortion: The Coming Meltdown of Liberal Media*. New York: Crown, 2004.

Commission on Freedom of the Press. *A Free and Responsible Press*. Chicago: University of Chicago Press, 1947.

Dennis, Everette E. *Of Media and People*. Newbury Park, CA: Sage, 1992.

Dennis, Everette E., ed. *Media Studies Journal: The Fairness Factor* (Fall). New York: Freedom Forum Media Studies Center, 1992.

Fallows, James. *Breaking the News: How the Media Undermine American Democracy.* New York: Vintage Books, 1997.

Gans, Herbert. "Are U.S. Journalists Dangerously Liberal?" *Columbia Journalism Review* (November/December 1985): 29–37.

Goldberg, Bernard. *Bias: A CBS Insider Exposes How the Media Distort the News.* New York: Regnery, 2001.

Goldstein, Tom, ed. *Killing the Messenger: 100 Years of Media Criticism.* New York: Columbia University Press, 1989.

Groseclose, Tim, and Jeff Milyo. *A Measure of Media Bias.* Chicago: University of Chicago Press, 2004.

Henry, William A., III. "Are the Media Too Liberal?" *Time* (October 19, 1992): 46–47.

Lichter, Robert S., Stanley Rothman, and Linda S. Lichter. *The Media Elite.* Bethesda, MD: Adler & Adler, 1986.

Manoff, Robert Karl, and Michael Schudson, eds. *Reading the News.* New York: Pantheon, 1986.

McQuail, Denis. *Media Performance: Mass Communication and the Public Interest.* Newbury Park, CA: Sage, 1992.

Protess, David L., et al. *The Journalism of Outrage: Investigative Reporting and Agenda Building in America.* New York: Guilford Press, 1991.

Sabato, Larry J. *Feeding Frenzy: Attack Journalism and American Politics.* New York: Lanahan, 2000.

Schudson, Michael. *The Power of News.* Cambridge, MA: Harvard University Press, 1995.

Weaver, David H., and G. Cleveland Wilhoit. *The American Journalist: A Portrait of U.S. News People and Their Work.* Bloomington: Indiana University Press, 1986.

第 8 章
媒体、政治与选举

据估计，2004 年美国总统大选，所有候选人的竞选经费总额近 10 亿美元，几乎是州长选举和议会选举经费总额的两倍，是美国历史上"最昂贵"的一次选举。这些经费中最大的一部分支出是花在哪里了呢？媒体！竞选各方用于媒体的经费支出占总额的 40%。为什么是媒体？因为媒体可以通过有偿（广告和赞助活动）和无偿（对候选人和辩论会等的报道）的内容报道，为公众提供认识、了解、选择总统候选人的途径。各层次政府公职岗位候选人都会通过私下在购物中心露面或者公开发表演讲及其他各种方式积极组织竞选活动，但是通过这些方式与公众接触的机会毕竟有限，因此，更重要的还是依赖媒体报道。

很少有人相信媒体能控制选举，但媒体的影响力已经被普通公众和政治专家们普遍意识到了。候选人在正面新闻报道中的高曝光率、对媒体支持的策略性应用，再加上有效的广告投放，这些都被视为取得竞选成功的决定性因素。媒体权力，更温和的说法是媒体影响力，在候选人或者代表某个人、团体或者议题的利益相关群体的经费支出模式中得以展现。候选人及其幕僚会极力奉承媒体，几乎到了要祈求媒体关注和支持的地步，这也是媒体影响力的一种体现。那些公众支持度一般又缺乏竞选资金的候选人会非常艰难，因为他们无法获得媒体关注，进而也无法获得公众关注。

有的政府公职候选人会尝试采用迂回战术（end run），即绕开主流媒体，选择其他媒体，例如发送直邮广告或者利用新媒体，他们可能也会取得成功。实际上，迂回战术的成功运用也暗示着媒体的强大影响力，尤其是广播电视新闻、有线电视、广播脱口秀节目、报纸和其他宣传方式等。候选人不得不采取迂回战术，这凸显了媒体向摇摆不定的选民推销某位候选人或者某个议题时的强大力量。有时候，媒体甚至会帮助那些它们最终并不支持的候选人，因为相对于让一位遥遥领先的候选人毫无悬念地取得胜利，它们更喜欢势均力敌的竞争，这也是观众愿意看到的竞争。

新闻报道声称自己中立无偏。但是脱口秀节目主持人并不这样标榜自己，他们会鲜明地为自己喜欢的候选人拉票，保守派的肖恩·汉尼迪（Sean Hannity）如此，自由派的唐·伊姆斯（Don Imus）也是如此。类似的，大多数报纸或杂志的社论版也很明确地表达立场，为其喜欢的那位候选人背书。这些背书究竟能不能改变选举态势，是一个饱受争议的话题，但由于选举人都渴望得到这种支持，我们有理由推断他们看到了这种支持能带来的好处。一些政治学家和传播学者声称这些拉票文章会影响选举态势，即使只有百分之几的效果。因为美国的选举常常是势均力敌的，百分之几的影响就能从根本上改变局势。

学者对于媒体是否有能力控制选举的问题一直存在争议，他们曾经认为媒体对选举的控制力很强大，后来又认为这种控制力很微弱，现在则认为媒体在帮助公众缩小选择范围方面存在显著影响。政客们的想法没有这么矛盾，他们相信媒体的力量是强大的，并且他们希望获得尽可能多的媒体曝光和支持。如果他们得不到媒体支持，他们就会转而抨击媒体，声称媒体有偏见，或者对自己的候选人不公平，其目的不是想要跟媒体交朋友，而是想要获得更多的报道篇幅，他们通常会如愿以偿。竞选资金高企是竞选改革争论的一个核心议题。普通公众和多数精明的竞选经理普遍认为媒体会产生强大的影响，它们能够并且经常左右选举活动。

挑战

梅里尔：媒体报道但不控制选举

有人认为公众厌烦选举的一个原因，就是这些选举常常是由媒体而非政党或个人意志控制的。我并不赞同这种言论，我认为媒体仅仅报道了选举活动。当然，通过报道候选人的纲领、主张和形象，媒体的确会在一定程度上对选举活动产生影响。毫无疑问，媒体确实影响着选举。在某种意义上，媒体聚焦于候选人，重点呈现他们的观点、主张和个性。实际上，媒体会从多个侧面呈现候选人的形象，它们或许提供了过多信息，或许夸大其词地报道了候选人的一些小缺点。

对于政治竞选来说，媒体起着非常重要的作用，没人会否认这个观点。但由此就能认为媒体控制竞选吗？我并不这么认为。2004 年的美国总统大选表明，决定选举的因素一是钱，二是战时的在职总统。乔治·W. 布什和约翰·克里（John Kerry）都很有钱，两个人的竞选开销都在 3.5 亿美元左右，超过之前的任何一位总统候选人。拉尔夫·纳德（Ralph Nader）作为第三政党候选人，虽然获得的票数足以阻止其他任何一位候选人获得压倒性胜利，但在竞选中的影响力却非常微弱，甚至不如他本人在 2000 年竞选中的表现，当然也不如罗斯·佩罗（Ross Perot）在 1992 年竞选中的表现。有时候，一些野心勃勃的候选人能获得足够的曝光度，从而筹集足够多的资金，2004 年大选中的霍华德·迪安（Howard Dean）和 2000 年大选中的比尔·布拉德利（Bill Bradley）都是如此，但他们甚至都没有获得候选人提名。有些候选人大量依靠免费的公开宣传，在多次大选中都有在这方面运作成功的典型，例如在 2004 年的竞选中，民主党派有多位候选人，而竞争对手一方只有布什一人。虽然媒体用有限的资源和资金尽可能报道每位候选人，但他们还是几乎没能在任何一个关键州取得初选胜利，在 11 月的终选中当然也不可能取得胜利。我认为，大多数情况下，媒体并非影响选举的决定性因素。当然，政治广告是一种重要的推动因素，但是除此之外还有很多其他复杂微妙的因素，这些因素决定着谁能赢得新罕布什尔州的初选，或是在艾奥瓦州或其他地方的党团基层会议上获得支持，并最终获得提名。

现在，候选人并不是通过竞选演说或新闻报纸来拉选票的，而是主要通过电视展示自己。从某种意义上说，他们只是将自己的形象宣传进一步拓展，超出了之前的地方性局限。确实，电视上的"政治诊疗师"（spin doctor，他们自己常常是失败的政客）会对候选人的整体形象产生影响。乔治·W. 布什的成功就在很大程度上得益于杰出的政治战略家及顾问卡尔·罗夫（Karl Rove），2003 年的一部电影就调侃罗夫是布什总统的"大脑"。

我认为，真正控制选举的是人民，是选民，而不是媒体。通常情况下，无论人们在广播电视上获得什么信息，从新闻媒体中解读到什么观点，他们仍会根据自己的党派立场或者意识形态立场投票。固执保守的共和党拥护者会坚持投票给乔治·W. 布什，他们并不在意《华盛顿邮报》大肆褒扬约翰·克里的文章，或者是克里在电视脱口秀节目中的表现。媒体可能会强化一位选民的选举倾向性，但是并没有证据表明媒体会改变选民的意愿。即使媒体真的改变了个别人的投票意愿，但也远远达不到说媒体控制选举的程度。

我不否认，媒体的确会给一些候选人比其他候选人更多的报道篇幅，从 2004 年美国总统大选中也能看出这一点。关于自由党候选人、社会党候选人、绿党候选人的报道在哪里？媒体对改革党候选人进行了一定的报道，但数量少得可怜。媒体的报道重点还是民主党和共和党，原因很简单：其他党没有获胜的可能，也没有足够的广告资金。罗斯·佩罗首次参加总统竞选时，还是获得了一定程度媒体曝光的，虽然主要是通过广告的形式出现的。脱口秀节目很受候选人欢迎，但是那些怀有偏见且口无遮拦的脱口秀主持人也不能控制选举，他们仅仅是利用候选人提升自己的名声和地位。在这些节目中，主持人比作为嘉宾的候选人更夸夸其谈，不遗余力地在镜头前显摆自己的老练。

95 　　但认为主持人会导致选民改变投票意愿的观点，是值得怀疑的。肖恩·汉尼迪和拉什·林堡尽管在节目中舌灿莲花、激情澎湃，但他们是否真的为保守派拉了很多票，也是值得怀疑的。一定要记住，选举的影响因素很多，包括两党的政治积极分子、处于选举之外的宗教性团体、政治行动委员会以及特殊利益团体等。当然，他们都将媒体作为接触选民的平台，尽管除此之外他们也开展电话直接宣传或挨家挨户登门造访。2004 年，互联网因强大的互动性在选举活动中扮演了重要角色，霍华德·迪安就通过线上传播媒介获得了许多追随者，这使得他在民主党初选中占据领先地位。此后，克里和布什也开始频繁使用这种新媒体。

论点总结：媒体报道但不控制选举

　　尽管媒体在向公众报道候选人及需要投票决定的议题等方面扮演着重要角色，但是媒体所做的只是报道选举，而不是控制选举。媒体要为广告主获得最大多数受众而保持客观性。记者本人可能会倾向于某个候选人，但是在非广告业务方面，媒体作为一个机构，对政治要保持中立。每次选举活动都有确定的赢家：媒体。它们竭尽所能延长整个选举活动，并且从候选人或广告主那里赚取每一分钱，这就是它们对短期竞选以及那些限制广告投放的竞选改革从来就不感兴趣的原因。

　　媒体的影响力是强大的，但是选民个人的既有政治倾向作用更强大。因此，认为媒体会大面积改变投票结果这一观点是不正确的。候选人可能会由于在电视上的某些言行获得或损失一些选票，因此，那些认为媒体对选举毫无影响的想法也是不正确的。总体来说，媒体当然会对选举产生影响，但是它们仅仅是作为候选人及其团队的宣传工具在起作用。从某种意义上看，是候选人控制媒体，而不是媒体控制候选人。

 回应

丹尼斯：媒体影响并且经常控制选举

　　梅里尔教授认为，媒体并没有集体合谋、有意识地促使美国人按照媒体的意愿选择政府官员，这当然是正确的。理由很充分：公众根本不会买账。美国选民对一切权力都抱有怀疑的态度，无论是公司、工会还是媒体，他们极端反感媒体强势干预选举的企图。然而，美国政治和媒体之间的故事远没有梅里尔博士试图让我们相信的那么简单。在我所认识的人中，没有人真正相信媒体会极有风度地按照道德规范的要求，不偏不倚、客观公正地报道每一位候选人。美国没有党报或国家运营的广播电台，但所有媒体也都和政治进程存在复杂关系。即使不能证明媒体完全控制着选举，我也坚信有充足证据可以证明媒体对选举有强大控制力。何出此言？

首先来看新闻报道。是否所有公职岗位候选人、所有公民投票动议都得到了客观公正、不偏不倚的报道？当然不是！一些候选人被认为比其他候选人更有胜算，因而更有报道价值。通常，在职官员自然比其竞争对手更受关注。例如在 2004 年的美国总统大选中，在职的布什高举在战争中经常使用的政治策略——"在风口浪尖中调换官员是不明智的"，他自然比参议员约翰·克里更容易取得优势。媒体强大的控制力并不是因为它们会控制选民的行为或是改变选民的态度和意愿，而是因为它们可以通过重点报道某些候选人，从而缩小选民的投票范围。媒体通过这种方式设置政治议程，正如政治科学家伯纳德·科恩（Bernard Cohen）所说的："媒体不灌输观点，而是限制思考范围。"在任何领域，富有魅力的候选人通常都会以挑战者的姿态得到更多积极向上的报道，如 2004 年大选中的霍华德·迪安、2000 年大选中的比尔·布拉德利和约翰·麦凯恩（John McCain），他们都一度得到了广泛的正面报道。如果一些候选人的表现令人失望，没有满足媒体预期，就会被大量负面报道。例如，在 2000 年大选中，民主党候选人艾尔·戈尔原本被寄予厚望，因为他比口才平平的乔治·W. 布什更能言善辩。但在候选人公开辩论时，布什尽量减少了自己的失误，而戈尔却发挥失常。此时，布什被媒体认为是赢家并且进行了铺天盖地的报道。在 2004 年大选的公开辩论环节，克里被认为是更好的辩手，布什的表现被认为低于标准，因此，媒体报道称前者赢得了全部三场公开辩论。

安嫩伯格公共政策中心主任凯瑟琳·霍尔·贾米森（Kathleen Hall Jamieson）及其合著者保罗·瓦尔德曼（Paul Waldman）都不赞成保守主义和自由主义批评家们的观点。实际上，媒体的确决定着选民对政治和选举的了解程度。他们将其称为"媒体效应"（press effect），解释如下：

> 当记者将粗糙的具体经历变成推定的事实，然后又将这些事实串联成完整的故事时，他们实际上就创造了一种看待个人和事件的思考方式以及人们对政治的理解方式。因为民主的成功大大依赖于记者履行他们受宪法保护的使命。很重要的一点就是，新闻视角的改变会改变一些重要新闻事实，建构事实的方式会变成被认定的框

架。新闻记者所建构的事实会成为我们相互交流并讲给后人们听的关于我们时代的意义的故事。（Jamieson and Waldman，2003）

接下来看看媒体观点。候选人积极寻求报纸或杂志发表支持他们的社论。在选举中，关于社论要为哪位候选人背书的决策是由媒体编委会做出的，与这些编委会会面因此也成为每位候选人日程上最重要的事。很显然，在一场均势的竞选中，很多权威人士都认为，取得媒体社论的支持非常关键。一般认为，将报纸的政治倾向正式公之于众这种传统的形式对选民有重要影响。格雷格·米切尔（Greg Mitchell）是《主编与发行人》杂志的编辑，也出版了几本政治和历史方面的著作。他研究了 2004 年大选中竞争最激烈的 15 个关键州的报纸的背书社论，结果表明，乔治·W. 布什获得了关键的社论支持并因此受益匪浅。米切尔得出结论，"社论背书效果明显"（Mitchell，2004）。

尽管大多数脱口秀节目主持人的政治观点早就广为人知，但是候选人仍会尽力出现在这些节目中，寻求回转的余地，广播、电视、有线电视脱口秀节目都是他们的战场。从 1990 年代起，一丝不苟的公职候选人就已经成为脱口秀节目制作的一个亮点，甚至是在日间电视节目中，戏谑调侃候选人的问题也频频出现。在一个大部分媒体比政客的机会主义色彩还浓烈的国家，一位活泼且有能力的候选人能通过参加脱口秀节目改变对自己不利的局势。就连娱乐媒体也要在政治和选举的问题上插一脚。如《今夜秀》（*Tonight Show*）、《戴维·莱特曼深夜秀》（*Late Night with David Letterman*）等节目都受到候选人的追捧。例如，希拉里·克林顿作为纽约参议员候选人就出现在《戴维·莱特曼深夜秀》中。她在之前已经被动员了好几个星期了，因为她的顾问认为这对她有好处。从脱口秀节目主持人的开场白到候选人实际登场，娱乐节目为他们带来了充分的曝光率和知名度。

互联网新闻和评论网站尽管还是最近几年的新生事物，但像马特·德拉吉（Matt Drudge）这样的博主也已成为一个重要的影响因素。2004 年是博客元年，从单一议题的倡导者到视自己为非传统新闻服务提供者的人，都能成为博主。他们不仅报道竞选活动本身，而且他们对候选人的输赢更是直言不讳，此外他们还能从竞选活动或形形色色的支持者中获得内部消息提供给受众。由于博主们在新闻和信息传播方面没有标准的约束，并且有些人热衷于发布绯闻和进行人身攻击，这导致博主在选举活动中扮演复杂多样的角色。他们不仅吸引着年青一代的选民，还吸引着有不同奋斗目标和宗教倾向的人。2004 年的选举日，正是博客泄露了投票的调查结果（电视网说它们不会这么做），导致公众做出克里将赢得选举的不正确预测，这一信息在选举日传播了几个小时，以至于坚定的保守派评论员都一度认为美国政权将在两党之间发生更迭。

关于政治广告的影响已经有了很多研究。政治广告是政治社会化过程的一部分，为人们的选举提供决策参考，就像一份关于候选人和投票议题的消费指南。候选人用这些广告传递他们的价值观、执政理念等诸如此类的关键信息。广告的数量同时也显示出候选人的筹资能力以及在选举中最终胜出的可能性。人们对于政治广告有诸多争议，这类广告有多大影响力？正面呈现己方优势和负面揭露对方问题，哪种策略更有效？还有其他一些问题。撇开这些问题的答案不谈，广告被认为对于其购买者来说是极其必要的。其他的说服性媒体也有助于赢得竞选胜利，例如候选人网站、候选人支持者和各种游说团体网站等。媒体帮助候选人获胜的能力曾经被学者和批评者们低估，但是现在的情况大有不同。候选人都尽最大努力积极寻求媒体对他们的大量正面报道，因为他们知道自己会从中受益良多。

是谁在不断否定媒体的影响力？是媒体！为什么？因为它们不想表现得太过强势、抢眼，那样会毁坏它们的力量和影响力。看看那些媒体上的政治专家吧，他们在周末脱口秀和公共事务节目中趾高气扬地自我炫耀。尽管媒体百般否认，但事实上它们的表现就像是政治掮客。一些分析人员认为，媒体是美国政治的新选举人，扮演着同过去的党魁一样的角色，但方式却有一点微妙。因此，那些认为媒体对选举有强烈影响，在选举过程中扮演重要角色的看法，与事实相符吗？完全相符。

论点总结：媒体影响并且经常控制选举

媒体高度重视选举活动，这并不是出于公平公正的原因，而是因为媒体相信通过选举赢得政治权力毕竟是极其重要的新闻议题。传播理论学者认为，促进公共生活的信息流动和观点碰撞是媒体最基础和重要的功能。因此，媒体设置议程具有认知层面的效果，也就是说它不直接影响人们的观点，但却限定人们思考的范围。认知效果影响选民的关注重点，影响他们在民意调查中所做的选择。媒体决定着哪些人、哪些议题能得到最大限度报道，哪些候选人会获得社论的支持。脱口秀节目主持人明确表达对选举人的看法，他们大都有清晰的立场表态。媒体还刊登政治广告，为什么？因为候选人、政治操盘手，特别是大众都认为媒体对选举活动有重要影响，媒体在从乡镇到白宫等各个层次的选举中都扮演着重要角色。

 在线搜索

以下列术语和词组为关键词在 InfoTrac College Edition 上搜索更多信息：政治广告

(political advertising)，媒体影响（media influence），选举报道（election coverage），政治形象（spin），政治诊疗师（spin doctor），媒体力量（media power），议程设置（agenda-setting），态度（attitudes），观点（opinion），行为（behavior），认知影响（cognitive influence），不偏不倚（impartiality），填鸭式灌输（feeding-frenzy）。

 ## 讨论题目

1. 在这场主题辩论中，"报道"（cover）和"控制"（control）是主题词，它们的字面意思就很难理解，你将如何更好地构建这个话题的讨论？

2. 你有任何调查结果能证明媒体的特定行为会在任何程度上影响选举吗？什么原因导致我们做出媒体会影响选举活动的假设？与19世纪的政治演说和政治对话相比，媒体对选举可能产生哪些不同的影响？

3. 如果媒体对候选人的报道篇幅与金钱有关，并且媒体报道控制着选举活动，那么资金匮乏的候选人就会陷入不利处境。对于"民主选举"这个概念来说，这种情况意味着什么？

4. 如果你认为媒体确实对选举有影响的话，为了削弱媒体的影响力，你将如何改变媒体的选举报道？

 ## 研究题目

1. 写一篇关于政治广告的论文。讨论其发展历程及其在当前政治竞选活动中所承担的功能。

2. 调查并撰写论文，评价任意两种新闻媒体对于选举的重要性，选择的新闻媒体可以是广播谈话类节目、报纸社论以及观点杂志等。它们真的会影响选举活动吗？你要怎样搜集证据论证自己的观点？

3. 探究互联网在政治竞选活动中不断变化的角色。候选人如何用网页和电子媒体来推动竞选活动？媒体如何用互联网空间报道和评估竞选活动？新媒体是否对选举活动造成了显著影响？你是怎么知道的？

4. 假设强势的媒体试图在选举中左右局势，将这种观点与认为媒体应该扮演公正无偏的旁观者角色的观点进行对比分析。

 延伸阅读

Capella, Joseph N., and Kathleen Hall Jamieson. *Spiral of Cynicism: The Press and the Public Good.* New York: Oxford University Press, 1997.

Davis, Richard, and Diana Owen. *New Media and American Politics.* New York: Oxford University Press, 1998.

DeFleur, Melvin L., and Everette E. Dennis. *Understanding Mass Communication,* 7th ed. Boston: Houghton Mifflin, 2002.

Dennis, Everette E., and Ellen A. Wartella. *American Communication Research: The Remembered History.* Mahwah, NJ: Erlbaum, 1997.

Jamieson, Kathleen Hall, and Paul Waldman. *The Press Effect: Politicians, Journalists and the Stories That Shape the Political World.* New York: Oxford University Press, 2003.

Mitchell, Greg. "Editorial Endorsements Do Matter." *Newsday*, November 17, 2004.

Perlmutter, David D. *The Manship School Guide to Political Communication.* Baton Rouge: Louisiana State University Press, 1999.

Plissner, Martin. *The Control Room: How Television Calls the Shots in Presidential Elections.* New York: Free Press, 1999.

Sabato, Larry J. *Feeding Frenzy: Attack Journalism and American Politics.* New York: Lanahan, 2000.

第 9 章
舆论与民意调查

　　从选举活动到人们对经济、国际事务甚至是性的态度，媒体在报道这些公共事务时，通常都倾向于采用受众调查和民意调查的方式。媒体不但自行开展民意调查，或者与其他新闻机构合作，如《今日美国》与盖洛普民意调查、《纽约时报》与 CBS 民意调查、《华盛顿邮报》与 ABC 民意调查；而且它们也会刊登许多商业或独立调查机构的民意调查结果，包括哈里斯（Harris）、盖洛普和佐格比（Zogby）等机构的调查结果。一些大学院校也会组织民意调查，如玛利斯特（Marist）学院和昆尼皮亚克（Quinnipiac）大学。近些年来，宾夕法尼亚大学安嫩伯格公共政策研究中心也因其民意调查而声名大噪，因为在此之前，民意调查主要都是商业公司的领地。皮尤研究中心的人民与媒体项目（由一个基金会资助）主要关注公众对于媒体的态度。此外，高等院校、私人公司、智囊团、政府机构甚至是会计师事务所和广告公司都在以科学抽样的方法对各种话题展开调查，其中有些与政治相关。每家机构都声称要精确呈现特定时间段也就是调查实际开展时期的公众意见。负责任的媒体机构不仅展示调查结果，而且会提供有关的调查方式、调查主体、调查时间、调查意图等具体信息。大多数媒体机构有一套标准用以评估民意调查结果，它们会接受那些符合标准的调查而拒绝不符合标准的调查。

　　几十年来，民意调查被用来追踪政治和选举过程，从总统选举到州长、参议员选举都有。甚至在正式选举之前，相关机构会采用民意调查衡量候选人的姓名知晓度、相对受欢迎程度及其他一些可能会影响当选的因素。竞选活动开始之后，特别是在总统竞选期间，会有各种民意调查呈现不同党派在地理区域、种族、宗教信仰以及性别等方面的政治差异，为舆论把脉。正如民意调查从业者们所说的，这些民意调查就是"实时抓拍"
（a snapshot in time），把人们公开表达出来的对某个特定问题的思考和态度及时抓拍记录下来。我们可以通过公众意见测量知道总统的支持率、最受美国人尊敬的人、某个机构（国会、商业机构、最高法院）在公众心目中的排名情况。其他相关的公众调查话题包括公众对结婚和离婚的态度、健身的情况、对经济的看法、偏见与容忍度及其他很多内容。

　　一些民意调查本身就可以成为新闻报道，有完整的数据，并提示出现误差的可能性，向公众详细解释民意调查自身及实施过程。另一些调查则是作为更大的新闻报道中的一部分呈现的，这类报道通常由具体故事开始，结尾部分需要有总结性的调查结论，整篇报道才算完成。民意调查被用来追踪公众对于种族、性取向以及其他话题的看法，所有这些都可以作为更大的新闻报道的一部分。我们还应该记住，民意调查已经从挨家挨户进行的简单人工调查，发展为通过电子邮件、电话甚至互联网等多种渠道实施的调查。

　　政治候选人常常抱怨那些把他们描述为落后于竞争对手的人或者包含其他负面因素的民意调查，但是民意调查是美国人生活的一部分。一些政治候选人、游说团体、工商企业以及其他人会实施为自我服务的民意调查，它们会对一些问题进行设计，从而得出对自己有利的答案。但是媒体通常都会如实报道本来的状况，媒体更注重那些独立调查或者媒体自己组织的调查，这种调查采用的方法常常是公众知晓而且认可的。有关竞选和选举的民意调查通常都会受到严格监控，如果发生错误，媒体的公信力就会受到质疑。21 世纪之初的民意调查面临的另一个问题是，让人们参与民意调查变得越来越困难，特别是通过电话或者入户进行调查，安全系统会把调查员和入户人员拒之门外。尽管如此，民意调查行业也采取各种措施，使它们的工作尽可能精确，因为提供精确的调查结果是它们的生存之道。总体来说，媒体和公众都将民意调查视为测量舆论的一种可靠方式。

挑战

丹尼斯：媒体通过民意调查构建、塑造舆论

　　越来越多的人相信民意调查，他们认为媒体像温度计测量温度一样测量舆论"脉搏"。然而民意调查是对现实世界的一种社会建构，只反映民意调查实施者希望反映的内容。媒体确实也实施它们自己的民意调查，但是与它们从为自我利益服务的厂商、游说团体、智囊团等各种来源获得的调查相比，媒体自己做的调查要少得多。在涉及政治和选举问题时，媒体会对它们采用的调查数据进行筛选，并力求保证数据的准确和连贯性。这些调查结果最终会被投票结果验证，如果在选举当日，它们预测的结果被证明是错误的，媒体将会非常难堪。

很多民意调查被证明是错误的，有时候媒体预测会出现一方压倒性的胜利，结果却是势均力敌。这种情况经常会在总统大选的初选阶段出现，这个时候候选人还不怎么为大众所熟知，公众意见很可能在最后一秒钟发生反转。当然，这样的结果总会引发关于民意调查可信性的问题。在 2004 年 11 月的美国总统大选中，双方竞争就非常激烈，用民意调查专家的话形容就是"形势胶着"，布什有微弱优势，这在后来被证实是正确的。然而，在选举当天，一家知名调查公司的民意调查结果声称，克里在几个关键州战胜布什获得多数票，这一结果并没有正式公布，而是首先在博客平台上被传播，其后又被电视和有线网络报道。在那几个小时里，甚至是保守主义权威也都认为克里有可能是最后的赢家。

大多数政治民意调查都是比较准确的。然而，新闻机构通常会用评论家们所说的"赛马式"报道追踪整个选举活动，以没完没了的民意调查贯穿其中。报道的基础通常就是候选人在民意调查中的位置，表现突出的候选人会获得大篇幅的新闻报道，落后的候选人则很少被关注。候选人在民意调查结果中所处的位置也在很大程度上影响他筹集资金的能力，筹集资金数目最多的人，通常就得到更多版面。因此，民意调查驱动着新闻报道。在民意调查中占得先机并没有太大意义，因为为大众所熟知的候选人总是会领先于那些后来者。因此，民意调查结果会高估前者成功的可能性，这会导致报道被扭曲。2004 年，佛蒙特州州长霍华德·迪安在大选前持续几个月在民意调查中都一马当先，却在所有重要预选中都惨遭失败，因此丧失了总统候选人提名。而在 1992 年的总统大选中，阿肯色州州长比尔·克林顿在最初几轮竞选中一直默默无闻，在民意调查中也不受欢迎，但是后来却获得公众认可，记者将其称为"牵引力"，关于他的大篇幅报道源源不断地出现在媒体上。作为总统，克林顿也充分利用民意调查，并常常能从中获益，特别是在他遭遇弹劾危机期间，尽管美国国会持续发出批评他的声音，但公众对他的总统职责满意度很高，这帮助他顺利渡过危机。在那期间，媒体一方面报道那些要求弹劾总统的声音，另一方面也报道对总统有利的民意调查结果。

毫无疑问，民意调查为媒体提供了与新闻报道直接相关的一个衡量标准，这一点在竞选活动中表现得特别明显。候选人在民意调查中表现越好，获得的报道版面就越多。特别是在总统选举的初期，表现优良的候选人一举一动都受到关注，而那些表现逊色的候选人则成为几乎不被注意的"小透明"。关于这一点的一个最好例证就是，曾经在民意调查中领先的候选人，一旦支持率下滑，其为新闻媒体准备的竞选飞机和公务车瞬间就冷清了。2004 年，炙手可热的候选人佛蒙特州州长迪安在大规模的互联网筹款活动中积累了很高的人气，因此在初选之前几个月的全国民意调查中遥遥领先。然而，在艾奥瓦州和新罕布什尔州初选之后，对他进行追踪报道的记者数量却急剧下降，关于他的竞选活动的报道篇幅也迅速减少。媒体通过这种方式，在选举报道中集中支持早期的赢家，甚至在艾奥瓦州和新罕布什尔州这样的小州也不例外，这为后来发生的变化奠定了基础。当纽约和加利福尼亚这样的大州初选结果出来之后，两党的候选人提名情况就基本明确了。媒体是否在民意调查的引导下在很大程度上影响了选举结果？你觉得呢！

民意调查得到的是给定问题的答案，但媒体很少持续提出主要社会议题或者其他与公共事务相关的问题。媒体决策者似乎更热衷于追踪报道政治，而不是深入探究那些能从调查研究中获益的大量本地问题。这使一些学者深感失望，北卡罗来纳大学教授菲利普·迈耶（Philip Meyer）长期以来都是精确新闻学研究的权威，他主张把社会科学方法应用在新闻实践中。然而，1990 年代公民新闻的兴起，促使人们将民意调查当作测量公共生活的标准，这与媒体的通常做法完全不同。相对于自己实施调查活动，媒体更愿意自由地利用那些由各种商业和工业协会主动提供的研究报告和民意调查结果。例如，果汁制造商愿意主动提供关于它们产品的公众态度的数据，医药制造商也会主动提供它们的相关研究数据。《华尔街日报》的记者辛西娅·克罗森（Cynthia Crossen）对这种行为表示坚决抵制，她说使用商家提供的数据和表格会使媒体失去批判能力，它们只会接受那些由服务自我利益的机构提供的最新调查结果，而不再自主开展调查。

民意调查结果变得越来越不准确，一个明显的趋势就是拒绝参与调查的公众比例（拒访率）越来越高，我们也因此不禁要对民意调查的整体价值提出质疑。媒体展示的民意调查看似精确完整，但媒体并不常提醒消费者这些调查结果在本质上具有偶然性。当前的趋势是，关于公众情绪和态度，越来越多的人相信数字而不是那些可能更准确的印象化的表述。有时候，一位富有洞察力的记者的观察可能比民意调查更有价值。近几年还出现了其他一些问题，比如相当大一部分年轻人只使用手机，他们通常不在被调查的行列中，因此，民意调查就没有充分代表他们的立场。美国"禁止电话骚扰"的法律规定拦截商业机构向个人拨打的垃圾电话，这又成为民意调查的一个"拦路虎"。民意调查员发现，想让人们回答他们提出的问题变得越来越难，尽管他们也采取对结果进行加权的方法，纠正可能存在的缺陷和不足。

媒体机构都有实施不可靠的调查的传统。假如请某个特定的媒体行业协会提供一份调查数据，说明哪类媒体的广告接触效果最佳，报业协会一定会告诉你是报纸，而杂志协会则会告诉你是杂志，电视、广播以及其他新闻机构行业协会的结果也都是一样的套路。调查结果完全取决于你如何设计问题，如何解释问题。

作为一种测量方式，民意调查是有效的，但它不应该在新闻报道中扮演分量过重的角色。无论是对于实施民意调查的机构还是报道调查结果的媒体机构而言，太过频繁的民意调查都是在自说自话。例如，一些对宗教和种族歧视的研究调查通常就是在脱离语境的情况下进行的。我记得媒体与公共行为中心（Center for Media and Public Action）曾进行过一项关于大众对媒体中天主教报道的态度的研究。结果显示，大众认为媒体是反天主教的。如果调查对象也被问及对于基督教、犹太教以及伊斯兰教等其他宗教的媒体报道的态度，这样的调查结果可能会更有意义。我们需要一定的语境，才能了解大众究竟认为媒体是反对所有的宗教还是仅仅歧视天主教。我认为，媒体在选择和报道民意调查结果时太过简单粗暴，无论是自己还是其他机构组织的调查，媒体总是人为地从根本就不关心某个话题的人那里生硬地抽取观点。华盛顿大学研究员亚历克斯·埃德尔斯坦（Alex Edelstein）就努力超越目前广为流行的这种调查方式，他不要求调查对象被动地从调查者事先确定好的四五个观点中选择一个，而是试图弄清楚人们在与邻居聊天时真正会讨论哪些话题，他们真正敬重的政治家是谁，他们关于某项公共政策真正的个体选择是什么。这种方式得到的结果跟大多数媒体的民意调查结果大相径庭，由此引发了人们对于过度依赖典型样本进行民意调查这种舆论测量方式的担忧。

论点总结：媒体通过民意调查构建、塑造舆论

媒体小心翼翼地组织自己的民意调查，主要强调政治和选举问题，而不是关注社会问题或公共生活的其他方面。媒体也大量采用其他机构做的民意调查，却不对那些由游说团体、企业以及其他机构实施的包含自身利益诉求的调查与规范客观的调查加以区分。媒体倾向于对竞选活动进行"赛马式"报道，给予那些在民意调查中排名靠前的候选人更多的注意，即使他们的优势过早出现、带有假象。有时候，这就会成为自我实现的预言，因为最具知名度的人会获得特殊的优势，从而更有机会赢得选举。民意调查结果和媒体报道是影响候选人筹资能力的重要因素，而筹资能力又是在公职竞选活动中形成优势的重要因素。公众看到的很多图示、表格以及其他测量公众意见的量化结果，都是一些有利益诉求的团体有意提供的，并被媒体不加甄别地刊登出来。调查方式的缺陷以及日益增长的拒访率，使民意调查陷入备受质疑的困境中。但对于这一严肃问题，媒体却只是轻描淡写。

回应

梅里尔：媒体做的民意调查大体上还是反映了公众意见的

丹尼斯教授和我在民意调查事件上的观点分歧犹如地球的两极。尽管我们不可能通过

任何一种技术完全准确地"测量"出公众意见，但民意调查仍是了解舆论趋势的最佳途径。正如丹尼斯所说的，民意调查结果通常是错误的，但是这并不意味着民意调查一无是处。医学诊断有时也会出错，但是你会完全放弃治疗吗？当乔治·盖洛普在 1935 年创办舆论研究所时，他确信民意调查将会成为展示人们真实想法的有效工具。尽管他的民意调查结果并不总是正确的，但是他从未动摇过自己最初的信念。和我一样，他将民意调查看作了解公众思想和意见的整体动向甚至是细微之处的一种手段。

民意调查的批评者们有时会引用民意调查史上重大的失败事件佐证自己的观点：1936 年《文学文摘》（*Literary Digest*）的民意调查预测艾尔弗·兰登（Alf Landon）会击败富兰克林·罗斯福成为连任总统；1948 年的民意调查数据引导一些报纸预测托马斯·杜威（Thomas Dewey）会击败哈里·杜鲁门（Harry Truman）成为总统；最近的是 1996 年的总统竞选，参议员鲍勃·多尔（Bob Dole）虽然最后的确落败了，但民意调查对他实力的估计还是偏低了。然而，这些失败的案例完全掩盖不了无数民意调查正确地反映了公众意见的现实。丹尼斯教授还提出媒体很少涉足那些富有争议的本地事务的问题，他的观点或许是对的，但是这似乎已经超出了民意调查是否会左右大众想法这一议题的范畴。

丹尼斯坚信民意调查越来越不值得信任，因为拒访率越来越高。或许我们应该说现实中的选举也越来越不准确（或者说没有意义）了，因为很多人根本不愿意投票。丹尼斯认为民意调查不应该推动新闻报道，但我认为民意调查结果本身就是新闻。就像天气预报是新闻一样，民意调查也是新闻。许多人都不太把民意调查或天气预报当真，但要将民意调查或天气预报从新闻中去除，却不太可能。

丹尼斯教授给我们展示了一项有关公众对媒体中的天主教报道的民意调查，结果显示公众认为美国新闻界对天主教的报道存在偏见。但是丹尼斯教授却认为该项研究没有将天主教和其他宗教对比，从而推论这项研究结果是错误的。我对此很好奇：如果民意调查的目的就是了解大众如何看待媒体中的天主教报道，那么这项调查不已经达到目的了吗？就算是媒体对其他宗教的报道还不如天主教，但这个问题与研究主题有必然联系吗？

丹尼斯教授认为，媒体发布的民意调查结果，在一定程度上塑造了公众意见，这种观点可能是对的。但如果我是民主派人士，即使有一份民意调查结果声称共和党候选人领先，我也会投票给民主党候选人。如果我能够如此轻易地被民意调查的结果影响，那只能表明我自己意志不坚，而不能说明民意调查存在缺陷。

丹尼斯认为媒体和政治家太依赖民意调查，并在很大程度上受其影响，这或许是对的。*107* 但是这并不意味着要求公众盲目相信这些报告。而且，我认为越来越多的证据表明，人们对于主流媒体的关注越来越少了。公众对于媒体及其正确报道问题的能力持不信任态度，2004

年前后，《纽约时报》、CBS 电视网以及《今日美国》等媒体先后曝出的丑闻只是冰山一角。民意调查预测某位特定候选人能轻松获得胜利，但如果媒体据此就认为他真的能轻松取得胜利，那就太想当然了。我想到数年以来，有很多次媒体根据民意调查结果预测竞选结果，但最终都被证明是错误的，这确实很尴尬。如果媒体在选举日当天使用民意调查结果预测选举形势，有时候确实会出现灾难性后果。正如在 2000 年美国总统大选中，几大电视网都宣布阿尔·戈尔在佛罗里达州获胜，并据此宣称他是最终的获胜者，但结果却是错的。这件事之后，汤姆·布罗考（Tom Brokaw）说：“我们不光脸上被扔鸡蛋，我们的肩膀上还有鸡蛋饼呢。”2004 年的大选也出现了类似情况，丹尼斯教授也注意到了这一点，当时有民意调查结果（这次并不是电视网实施的，它们在 2000 年已经做过一次这种傻事）显示，克里在几个关键州中轻松获得胜利。无论如何，媒体报道了这个结果，评论员拉什·林堡甚至还据此严厉指责公众，称在他看来公众不应该如此愚蠢。这就是民意调查和它们能产生的影响。

很多记者都正确地意识到他们对于民意调查结果太过重视了。确实要承认民意调查结果操纵媒体的潜在可能性，同时许多人并不关注民意调查，而是等待真正的选举结果。但是，要在选举中减少民意调查也是不可能做到的。公众应该像对天气预报那样，对民意调查结果一笑了之，在实际投票时还是要遵从自己的真实意愿。

论点总结：媒体做的民意调查大体上还是反映了公众意见的

媒体确实经常强调候选人的因素而没有强调与选举相关的公共议题，但是似乎也没有证据表明媒体是故意为之，目的是影响或控制选举活动。在美国，全国范围内的各种民意调查结果几乎都是一致的，并且没有任何证据显示媒体试图要把自己人捧上台。它们在自己的社论版上似乎都不能这么做，又何苦要用民意调查破坏规矩呢？丹尼斯教授认为媒体在一定程度上是在操控选举，因此他认为媒体是不专业的，甚至可能是不道德的。在选举期间，打压一下民意调查在报纸版面上的风头也是一件好事，因为民意调查可能是假新闻，是为了迎合

公众而被制造出来的。但是媒体把它们当作天气预报一样，不太可能把它们从版面上去除。问题不在于民意调查，而在于那些立场不坚定的人，只有他们才会基于民意调查结果而改投他人。

 在线搜索

以下列术语和词组为关键词在 InfoTrac College Edition 上搜索更多信息：民意调查

（poll），调查研究（survey research），民意调查员（pollster），舆论（public opinion），态度（attitudes），样本（samples）， "赛马式"报道（horse race coverage），追踪调查（tracking poll），假事件（pseudo event），丑闻（scandal），强制响应（forced responses），开放式问题（open-ended questions）。

 ## 讨论题目

1. 丹尼斯认为，新闻决策者似乎更热衷于追踪报道政治，而不太关注那些能从调查研究中获益的本地社会问题。请讨论这种观点。

2. 公布民意调查结果能在多大程度上实际影响选民对于候选人的态度？有任何证据表明民意调查结果会影响投票结果吗？

3. 人们常说媒体不加辨别地使用民意调查结果，而这种结果通常包含调查者自己的利益诉求。媒体对此应该怎么办？可以对调查机构的调查方式进行检验吗？请讨论。

4. 媒体认为民意调查是一种新闻，但有些民意调查可能不准确而且带有偏见。这与媒体不加证实地报道某位候选人的演讲相比，哪种情况更加背离媒体的新闻价值观？

5. 丹尼斯指出，民意调查出错的事时有发生，正如天气预报出错的事时有发生，你认为这个比喻是否有不当之处？为什么？

 ## 研究题目

1. 写一篇有关政治民意调查的消费者指南，给人们就如何解读和评估民意调查提供一些指导。哪种评判标准最重要？分别列举一些成功和失败的民意调查案例。

2. 研究在美国或世界范围内最大规模、最重要或最有影响力的民意调查。它们是关于什么内容的？操作者是谁？公众可以通过哪些渠道看到调查结果？它产生了哪些影响？

3. 选择一项由任意新闻媒体机构执行的民意调查（例如互联网/新闻报纸做的民意调查）及一项由独立商业调查机构执行的民意调查，进行对比分析，它们是否存在异同？存在哪些异同？

4. 写一篇有关民意调查幕后操作者的论文，描述主要的民意调查员或是电视上的民意调查分析师的形象。在民意调查史上，谁才是具有影响力的领袖人物？谁又是当前的重

109

要人物?

　　5. 考察互联网民意调查的功能。这些调查是如何实施的？实施者是谁？它们和其他
民意调查方式同样可靠吗？

 延伸阅读

Bardes, Barbara A., and Robert W. Oldendick. *Public Opinion: Measuring the American Mind.* Belmont, CA: Wadsworth, 2002.

Dautrich, Kenneth, and Thomas H. Hartley. *How the News Media Fail American Voters.* New York: Columbia University Press, 1999.

Dennis, Everette E., and Robert W. Snyder, eds. *Media and Democracy.* New Brunswick, NJ: Transaction Press, 1998.

Gallup, George, Jr. *The Gallup Poll: Public Opinion 2003.* Boston: Rowman & Littlefield, 2004.

Genovese, Michael A., and Matthew J. Streb. *Polls and Politics: The Dilemmas of Democracy.* Albany: State University of New York Press, 2004.

Glasser, Theodore, and James Ettema. *Custodians of Conscience: Investigative Journalism and Public Virtue.* New York: Columbia University Press, 1998.

Glynn, Caroll J., et al. *Public Opinion.* New York: HarperCollins, 1999.

Janeway, Michael. *Republic of Denial: Press, Politics and Public Life.* New Haven, CT: Yale University Press, 2000.

Lambeth, Edmund B., Philip E. Meyer, and Esther Thorson. *Assessing Public Journalism.* Columbia: University of Missouri Press, 1998.

Lippmann, Walter. *Public Opinion.* New York: Free Press, 1999 reissue.

Norris, Pippa, et al. *On the Message: Communicating the Campaign.* London: Sage, 1999.

O'Neill, Michael J. *The Roar of the Crowd: How Television and People Power Are Changing the World.* New York: Times Books, 1993.

Rosen, Jay. *What Are Journalists For?* New Haven, CT: Yale University Press, 2000.

Schudson, Michael. *The Good Citizen: A History of American Civic Life.* Cambridge, MA: Harvard University Press, 1999.

Toobin, Jeffrey. *A Vast Conspiracy.* New York: Random House, 1999.

When Should the Watchdogs Bark? Media Coverage of the Clinton Scandals. Washington, DC: Center for Media and Public Affairs, 1995.

第 10 章
新闻由谁决定

所谓的新闻制作过程，就是报纸和广播电视机构中众多人员日常商讨的过程。新闻编辑用特定的标准和方法来看待他们所要报道的世界，并竭力指导记者们报道最有意思、最具新闻价值的内容。有一些被普遍接受的新闻定义，可以为出现在报纸上和新闻节目中的那些内容做出解释。但还有其他因素争相对新闻栏目和新闻节目产生影响：其中有一些是为自己谋取私利的外部人士，他们希望自己的故事被讲得更好、更能打动人；有一些是希望自己的作品能被刊登的记者；还有一些微妙的因素也在起作用，包括价值观、习惯和个人偏好等方方面面。

人们有时会反对关于某个特定话题的报道，比如在战争时期披露对己方武装力量不利的信息，或者在政治竞选白热化阶段对某位候选人的报道数量和语气激怒了其支持者。每到这些时候，新闻的本质和定义就会成为公众关心的问题。新媒体技术的发展使各种信息传播形式空前繁盛，包括有线频道、网站、桌面出版系统等，新闻也呈现出新的特征，传统的新闻定义和理念都面临着挑战。一些批评家认为，刊载在有争议的媒体平台上的内容实际上并不能称其为新闻，他们认为这种存在争议的内容更像是观点或者评论，而非不偏不倚的新闻报道。媒体评论家们对于究竟什么是新闻这个问题往往有他们自己的主张，其中包括哪些内容需要特别强调，哪些内容应该完全忽略。其他评论者则对"新闻是否能在信息时代生存下去"这个问题存疑，其中就包括本书的作者，他们认为，那些由记者及其同行等专业新闻采集者和加工者们精心采集并制作呈现出来的新闻具有重要性，而互联网使海量信息和多元化的信息成为可能，这或许会削弱新闻的重要性。

人们普遍认为，新闻是由专业编辑决定的，这些编辑（或者其他把关人）的判断事实上决定着什么是新闻。这里不可能有机械化的标准，因为新闻事件是动态发展的，发展结果并不确定。因此，一位训练有素的编辑或者新闻编导所做的判断，往往反映出目前普遍流行的新闻实践标准以及高层管理者对于受众特殊需求的洞察。进一步说，这正是新闻业（或其他媒体行业）的核心能力，因为新闻毕竟是由这些编辑们做出来的。

挑战

丹尼斯：决定什么是新闻的，是市场力量而并非编辑的判断

关于什么是新闻以及新闻应该由谁来决定这个问题，媒体从业人员和媒体批评家们之间的争论由来已久。媒体编辑和记者们坚定地称，是他们而且也唯有他们决定哪些内容能哪些不能出现在新闻栏目或者新闻节目中。一些媒体批评家，比如一些商业人士，则认为那些被报道引用或者以其他方式出现在新闻中的消息来源应该在定义和形成新闻的过程中扮演一定的角色。事实上，关于什么是新闻的决定是由专业新闻从业者做出的，他们受其他力量的影响是微乎其微的，无论批评者们对此发出多大的抱怨。然而，这种情况正在发生变化，我们通过市场调查就可以明显地发现，编辑们的直觉判断正越来越多地受到市场因素的挑战。我认为这样的变化是有益的，我希望过不了多久，今天骄傲自大、自以为无所不知的编辑们能改变这种仅凭直觉就做出决策的方式，代之以更加理智的、注重调研的、系统化的新闻决策方式。然而这些人可能会认为我的这种观点是离经叛道的。

在人们的印象中，编辑们（在各种下属的帮助下）决定哪些内容会让报纸版面更加吸引人，哪些内容应该出现在新闻节目中。他们沉浸在艰难的选择过程中，决定提升哪些事情的重要性并将其曝光在公众面前，同时把另一些内容丢入废纸篓。编辑们受雇来做这些判断，而且在多数情况下，他们是出于好意。但他们是如何做出这些判断的？他们的判断就一定正确吗？他们选择新闻事件和报道所依据的一套标准是什么？他们认为其他内容不值得报道的依据又是什么？

大多数编辑会告诉你，他们是从自己被分配的报道或者常规渠道（比如通讯社）提供的内容中进行选择的，而且也会充分考虑自己的受众。他们也会告诉你他们高度依靠通讯社提供的优先名单上的那些被视为重要、显著的新闻事件报道，他们也从《华尔街日报》《今日美国》等全国主流媒体，微软全国广播公司（MSNBC）、CNN、ABC等主流的无线或有线电视网，以及访问量很高的网站中寻找线索。当然，受众的兴趣是重中之重。毕竟，如果不能吸引受众，就意味着报纸发行量的下降和电视节目收视率的下滑。这将直接

导致收入下滑，编辑可能会因此被解雇或者眼睁睁看着报纸倒闭。

1947 年，一个私人出资赞助的机构哈钦斯委员会对媒体的表现做了评估。它认为，媒体并没有为公众提供关于新闻事件的可靠报道，更别说结构性地呈现社会生活的复杂图景了。这一结论与许多媒体批评家的意见不谋而合，却让许多新闻编辑感到吃惊，他们全盘否认这样的结论。但委员会提出的这些议题却持续出现在媒体专业会议上和学术性的媒体评论上。新闻的定义成为一个备受争议的问题，出现这种情况是有充分理由的，我认为当下需要一种全新的新闻决策方式。

第一，新闻是一个高度复杂的构成，它需要从业人员有良好的才智和深思熟虑的谋划，方能恰当地呈现出来。

第二，编辑和记者都是精英，不能代表他们的读者和观众，也不能有效地替他们发声。

第三，以市场方式选择和呈现新闻是最简单有效的方式，既有趣又接近受众。在这样的系统中，市场调查结论呈现出读者和观众的喜好，并决定什么是新闻的要素。

如果你问新闻系的学生是否知道什么是新闻，他们会回答："是的，当然了。"可如果让他们定义新闻，他们就会感到困惑了。新闻很难被定义，这解释了它为什么会成为一些人持续争论的话题。记者、社会学家、政治学家、新闻源和其他各种人都试图参与其中。这不仅是一个理论探讨，因为认识和了解什么是新闻会让人获得现实的回报。想象一下，如果一个政治候选人对新闻的想法和当地媒体编辑完全不同，如果他坚持自己的主张，就很可能在竞选中落败。这一点对其他想通过新闻手段达成自己目的的人也同样适用。

亨利·戴维·梭罗（Henry David Thoreau）曾经对新闻表达出相当讽刺的态度，他写道：

> 我确信我从来没有从报纸上读到过任何令人难忘的新闻。如果我们读到一个人被抢劫、被谋杀或意外死亡，或者一间房屋起火、一艘船失事、轮船爆炸，或者一头奶牛在西部铁路上被撞死了、一只疯狗被打死了，或者在冬天出现了许多蝗虫——我们就再也不需要读其他任何东西了吗？如果你了解其中的规律，还会在意这诸多事实和案例吗？对一个哲学家来说，所谓的新闻不过就是些八卦，编辑和读者则无异于一群边喝茶边聊八卦的老太太。（1854，148-149）

梭罗清晰地指出了新闻的一些负面特征。一些评论家试图解释事实、真相和新闻之间的不同，却没有取得成功。沃尔特·李普曼曾经写道："新闻不是反映社会现实的一面镜子，而是对某些格外突出的方面的选择性报道。"1880 年，《纽约太阳报》的约翰·博加 *113*

特（John Bogart）曾给新闻下过一个著名的定义："狗咬人不算新闻，人咬狗才算新闻！"前电视主播戴维·布林克利（David Brinkley）似乎很认同这一说法，他说："新闻是不同寻常的、无法预知的，平淡无奇的不是新闻。一架飞机准时起飞并不是新闻，但如果它坠机了，很遗憾这就是新闻。"

关于哪些要素能构成新闻，有一些被普遍接受的标准，具体如下：

- 冲突（紧张、惊奇）。
- 发展（胜利、成就）。
- 灾难（落败、破坏）。
- 结果（对社区产生影响）。
- 显赫（突出）。
- 新奇（不寻常，甚至极其不寻常）。
- 人情味（情感、背景）。
- 时效（新鲜、及时）。
- 接近（地理、利益）。

社会学家、杰出的媒体分析家伯纳德·罗什科（Bernard Roshco）认为，所有的新闻都有双重来源：一方面，它是一种社会化的产品，反映着人们为理解这个世界发生的事情所做的努力；另一方面，它又是一种组织化的产品，反映着媒体机构的新闻决策过程。

在阅读了大量关于新闻的文献和相关论述之后，梅尔文·德弗勒（Melvin DeFleur）和我提出了这个定义，它反映了新闻的一些构成要素：

> 新闻是反映当前现实观点的一种报道，涉及某个特定问题、事件或进程。它常常关注那些对个体和社会来说极为重要的变化，并且把这些变化置于日常和特殊的语境中进行阐释。新闻是在对公众兴趣的判断达成共识的基础上形成的，并受到来自媒体机构内外各种因素的制约。它是新闻机构内部日常反复商讨的结果，他们挑选出在特定时间段内发生特别的人类事件，并据此创造出易碎的产品。新闻是在压力状态下匆忙决定产生的并不完美的结果。（DeFleur and Dennis，1998，446）

我们之后又将这个定义修改如下：

> 新闻是关于某事或某物的当前或新鲜的信息，经由媒体机构采集、加工，并通过某种媒介传播给相当数量的相关人群。（DeFleur and Dennis，2002，73－74）

这并不是说新闻的定义总在变化，编辑对于新闻价值的看法在相当长的时间内会保持一定的稳定性。报纸和广播就存在相似性（有人甚至认为二者有同一性），这表明在多数情况下，大家对什么是新闻的看法是一致的。

新闻报道的构成要素一方面存在于那些等待被报道的外部事件，另一方面还要在很大程度上考虑传播的目标受众群体。有人认为编辑和记者们在选择新闻时应该代表"每个人"。据他们称，只要编辑和记者们稍微擅长自己的工作，就会对读者和观众有内在的理解，毕竟读者和观众就是记者的邻居、朋友、运动场上的伙伴。这种关于编辑和记者的想象在小范围内可能确实存在，但大部分情况却并非如此。编辑和记者属于精英阶层，他们受过更好的教育，在政治上更提倡自由主义，单身的可能性更高，住在公寓里（并非独立的家庭住房），社会和文化价值观与周围人迥然不同。一些全国性研究已经多年持续记录这个情况，研究认为记者已经从所在的社区中脱离出来，很少与周围人联系。1982 年的一项研究引用了一位记者的话：

> 这是一个固有的问题，"近亲繁殖"的报纸不信任它们所写的公众……特别是更
> 为年轻的记者正在和社会脱节，他们有着与普通大众不同的社会背景，用一种势利的
> 眼光看世界。（Burgoon，Burgoon，and Atkin，1982，5）

这项研究以美国报纸编辑协会开展的全国性调查为依据，认为记者低估了读者的智商，对公众的信息知晓需求缺乏深入理解，也不懂得电视媒体在向那些同时也阅读报纸的受众传播信息方面所承担的角色。这份报告对于媒体的尖刻控诉与本书之前提到的科特·路克的一个令人印象深刻的演讲如出一辙。路克指责他在新闻界的同事存在两大问题：傲慢自大、无足轻重。"傲慢自大"使他们不讨人喜欢地脱离了读者，"无足轻重"则意味着自取灭亡，因为在当前时代，有更多消息来源（有线系统和电话公司提供的数据库）可以提供人们现在从报纸和电视新闻上获得的事实性信息（体育赛事比分、天气预报等）。编辑和记者可以采用很多方法与其社区保持联系，但是什么都改变不了一个必然的事实：新闻工作者是精英，他们与自己的读者和观众并不相同。

市场导向方法使新闻决策过程可以少一些猜想，多一些对受众兴趣和需求的慎重、系统考量。用市场的方法进行新闻决策并不是新鲜事，早在 1970 年代，美国的报纸销量曾一度下滑，一项全国的报纸阅读计划（Newspaper Readership Project）收集了读者兴趣、偏好、习惯等方面的信息。这项计划曾在多个新闻报道和研究著作中出现过，包括里奥·博加特（Leo Bogart）所著的《媒体与公众》（1989）和《保护新闻业》（1991）。这项研究使许多美国报纸开始进行全面改版，它们增加了一些关于生活方式、社区和娱乐等方面内容的板块，新闻的包装也有所改变，版面设计更加灵活，写作风格更加生动。例如，一则关于分区法令的新闻报道会在开篇就强调这则新的信息对当地潜在业主可能产生的影

响，而不是按照程序简单地概括分区委员会的决策。新闻报道更多配发有震撼力的新闻图片或者线条画，并配以可读性强、富有吸引力的大标题。

新闻的市场化决策，主要依赖持续的、精确的用户信息数据统计——为受众提供哪些内容、以何种方式提供等。当就这些问题进行决策时，调查数据就是核心参考要素。新闻要满足用户的兴趣或潜在兴趣。一些评论家称这种方法为"午后温柔乡"（soft and sexy in the afternoon），意思是说市场方法必须常常强调软新闻而不是关于公共事务的硬新闻。然而，优秀的报纸会将市场方法与编辑决策有效融合，具体途径就是专业记者在受众策略指导下选择新闻、准备新闻素材。这些策略的制定主要依靠市场调查所获得的数据。这个过程并不是无所顾忌的，记者并不会一味屈从冰冷的数据而忽略职业道德以及期望完整报道某个社区问题或议题的职业追求。在睿智的人眼中，信息是一种可以提升产品质量的校准工具。市场信息为新闻机构提供持续的读者或观众反馈情况，这正是今天很多新闻缺乏的东西。

媒体究竟应该为受众提供他们想要的内容还是提供他们需要的内容？这个争论由来已久，任何关于采用市场方法进行新闻决策的争论自然也涉及这个问题。我认为这两个方面并不冲突，如果编辑们在做出新闻决策时更多倚重市场信息，最终就能更好地为公众服务。如果说今天的报纸和电视台运作主要靠直觉指引，并因此逐渐脱离受众，那么我们应该尽最大努力修补这个间隙。聪明地使用市场信息会达成这一目标。

除了新闻的市场方法之外，詹姆斯·汉密尔顿提出了新闻经济理论：新闻是一种商品，而不是反映社会现实的镜子。他认为信息能否成为新闻，取决于一系列问题（新的5W 模式），对这些问题的回答实际上就是市场经济的一种体现：

- 谁会关注某一条特定信息？
- 他们愿意为获得信息付出什么？其他人又愿意付出什么？
- 媒介平台和广告主在什么地方能接触到这些人？
- 什么时间提供信息最适宜？
- 它为什么是有价值的？（Hamilton，2004，7）

将新闻与经济直接关联起来的另一项关键要素是科技。自互联网诞生以来，这个问题已经引发了很多争议。在 1990 年代中期以前，很少有人就新闻是否是一种用于售卖的商品这一点有所争论。人们默认获取新闻是需要支付费用的，无论是售卖报纸和杂志的报摊还是其他形式的新闻用户付费都不存在争议。免费报纸通常是没有实质内容的小报，很难撼动大报在经济上的优势地位。广播新闻是免费播放给听众的，但却可以从广告主那里获得经济补偿。然而互联网产生了新的问题，网上的新闻是否应该收费？许多新媒体狂热分子认为，在互联网和万维网上传播的所有内容都应该免费供用户使用，这种观点本质上就是"信息高速公路"理论。但是如道琼斯这样的媒体机构并不以为然。因此，当许多报纸在印刷版本之外创立免费网站的时候，道琼斯旗下的《华尔街日报》却创建了付费网站 WSJ.com。它迅速证明了网站不仅可以盈利，而且吸引了将近 90 万网络版付费订阅者。一夜之间，以盈利为目标的数字化战略开始在新闻机构中盛行，并一直持续到今天。科技在驱动新闻决策方面所承担的功能与构建社会现实和经济动机联系在一起，经济动机促进了改革与发展。

新闻机构是最早、最重要的商业部门，然而人们希望这种商业部门能最终为社会公共利益服务。它们将用户出售给广告主，以一种能获得经济成功的方式服务受众，或者索性直接以商业模式服务受众。在宏观层面上这当然是正确的，尽管媒体在内容编辑和商业操作之间存在相互分离的声明，媒体高层和普通员工都有基本的意识，并通过提供满足特定受众兴趣和需求的高质量新闻实现商业目标。当然，最理想的情况就是可以保持专业主义标准，而在其他情况下显然要以取悦（或者有人会说"迎合"）受众需求为工作重点和导向。福克斯新闻网的例子就能说明这个问题，这家媒体就通过从保守主义的视角报道新闻而获得成功。

论点总结：决定什么是新闻的，是市场力量而并非编辑的判断

编辑在选择将哪些新闻传播给受众方面掌握着太多控制权。这样的选择强化了编辑的个人偏见，并不能对一天的新闻进行真正有代表性的呈现。因为新闻是很难被定义的，在究竟什么是新闻这个问题上存在很多种观点。依据市场要素进行新闻选择的方法更为可取，它能提供更广阔的视野，而不是仅仅局限于编辑个人的偏好。研究表明，编辑逐渐成为孤立的精英阶层的一部分，与公众缺乏必要的互动和相互理解，这导致他们在关于什么是新闻这个问题上很难做出明智的决策。市场方法更倚重常规、精确的受众调查数据，这种系统化的操作方法更可取，因为它通过了解受众的需求和兴趣来定义新闻。而且，关于新闻的新经济理论和关于新闻、科技领域的研究表明，新闻是一种商品，一种需要获得收益以维持生存的经济产品。

 回应

梅里尔：决定什么是新闻的，是编辑的判断而并非市场力量

或许有些不幸，我的合著者挑战了一个和他的主张并不矛盾的命题。丹尼斯教授认为

新闻应该通过常规、准确的受众需求研究来决定。以此来看，决定什么是新闻的，是受众而不是编辑。在丹尼斯的新闻观中，编辑就像是为点餐的顾客准备食物的快餐厨师一样，只是机械化地工作。在我看来，这是极端的实用主义，是脱离现实的愚钝的资本主义主张。

这种新闻决策的市场方法将媒体视为服务于公众欲望的无力的分配者。编辑扮演着奇怪的角色，他们不能做出决定，只能满足他人需求。他们不能决定受众的需求或诉求，他们只能提供受众声称他们需要的信息。在这种决策方法中，受众成了真正的编辑。在丹尼斯关于编辑领导能力的观点中，记者成为一种被动又乏味的职业。

现在，丹尼斯意识到了这种观点的危险性。他试图自圆其说，"优秀的报纸会将市场方法与编辑决策有效融合，具体途径就是专业记者在受众策略指导下选择新闻、准备新闻素材。这些策略的制定主要依靠市场调查所获得的数据"。也就是说，丹尼斯想让编辑的领导力和观众的需求两种要素同时起作用。

如果是这样的话，我对此则没有任何争议，因为我本人也同意在编辑进行新闻决策时要考虑市场要素。任何做过新闻决策、知道如何报道新闻的美国记者都应该意识到，编辑的决定与受众的需求之间存在天然的共生关系，只有最幼稚的人会认为编辑的判断和受众的喜好是相互排斥的。

118　　新闻应该由编辑（或者一些新闻决策者）决定，他在进行决策时可能会考虑受众的需求，也可能会明知受众的意愿却视而不见。换言之，市场因素可以进入新闻决策过程，也可以不进入。我认为新闻工作是编辑的事，而不是公众的事。决定什么是新闻以及如何呈现这些新闻，是编辑们的主要职责。

没有编辑会忽略受众，至少从这层意义上说，编辑在新闻决策过程中会经常考虑市场因素。但编辑通常以自己的辨识和确定新闻的能力为傲，他们自视为独立的新闻决策者而不单纯是观众需求的回应者。我认为他们已经证明了自己这种形象的合理性。任何在新闻媒体工作的人都知道，大部分新闻决策是由记者做出的，他们并不考虑受众想要什么。新闻决策的过程很快，记者几乎是凭直觉从可获得的故事中挑选，而不会太多考虑其他因素。他们确实没有多余的时间将各种故事搁置一旁，直到他们调查出哪些是受众想要的故事。新闻实用主义的一面与新闻决策的市场方法是相抵触的。

不可否认的是，理智的新闻执行者们一定会在对受众长期了解的基础上形成一套关于新闻的一般原则。我的合著者已经提出了一些被普遍认可的新闻决策标准。当然，这些标准不是编辑们拍脑袋拍出来的，而是他们从多年的工作经历中总结出来的。这种方法总体来说能满足新闻消费者的需求。所以编辑确实有一套整体的、长期的编辑方针，但在日常的具体工作中，在媒体中刊登什么新闻，还是由他们自行决定。

正如丹尼斯教授在他的"挑战"中所说，正是这些因素引发了这一由来已久的争论，即媒体究竟应该给读者提供他们想要的还是他们需要的内容。我认为媒体应该给受众提供编辑认为受众想要和需要的东西，这就是媒体的职责。人们想要的也可以成为他们需要的，然而，他们需要的可能并不是他们想要的。除非以某种手段使他们认识到，这些内容是他们需要的，只是他们自己还没有察觉而已。

一位优秀的编辑会意识到，记者的职责就是为读者提供重要、有用的新闻，而不必考虑这些内容是否迎合他们的即时兴趣。为了使读者们能接触这些新闻，他们也必须提供一些肤浅甚至煽情的新闻。好编辑应该是一个实用主义者，而不是单纯追求娱乐或教化效果的人，好编辑应该追求兼顾娱乐与教育两种效果。但好编辑也不能仅仅是实用主义者，他也应该是理想主义者。他应该认识到，有些特定的信息必须传播给读者，即使是他们有机会选择却没有选择的信息。在这个意义上，编辑更像一个教育家。

编辑有渠道获得大量的市场数据，他们在一些决策过程中可以充分地参考这些数据；他们当然也可以不参考这些数据，实际上他们通常都不参考。他们凭借常识和经验积累了对新闻价值的直觉、本能和洞察力，在新闻中向读者投射自己的好恶。这可能是不科学的，可是它高效实用，并且运作良好。一位编辑就像是一个个体样本，报纸渗透着他个人的新闻价值观。因此，编辑至少可以保留独立进行新闻决策的感觉，同时也对自己假定的受众的意愿和兴趣加以考量。

毫无疑问，新闻媒体的生存有赖于经济方面的成功，但它们也必须通过好产品获得真正意义上的成功。那些歪曲事实、饱含偏见、完全不靠谱的新闻，除了娱乐大众之外没有任何价值，乔恩·斯图尔特（Jon Stewart）的《每日秀》就证实了这一点。一些恶劣的出版商希望通过有倾向地报道、在写作过程中添油加醋等方式歪曲新闻，而坚持严格的新闻采集标准、拒绝向其屈服的编辑则会因此被解雇，这常常成为新闻的争论核心。在多数情况下，当此类事件发生并引发争议时，会有外部监督力量约束出版商，避免其过度迎合市场。我们从这些案例中会发现，这种争议都是关于个性和自我的。问题在于，新闻媒体能向公众出售的最好内容应该是新闻，而不被歪曲的新闻才真正具有价值。大多数新闻人是辛苦工作的，尽可能地为受众奉献最好的新闻。虽然不同媒体表达的风格和标准并不完全相同，但最好的专业判断应该是被同行和竞争者们认可的，而不是纯粹考虑市场因素。无论对于网络、电视网还是报纸来说，一流的新闻报道都是可以与经济成功共存的。

以受众为主进行新闻决策的哲学合理性，或许会在多个方面导致强调媒体中心向强调公众中心转变。例如，更多讨论"公众对媒体的接近权"和"公众知情权"。现在也有些人在讨论"公众有权决定什么是新闻"。诚然，公众（不是记者）可以把他们期望的任何事情都看成新闻。作为公众的一员，我有权利自己决定什么是新闻以及我想把这些信息传递给谁。但是在新闻学这个层面上，这样的决定取决于记者，而不是公众中的任意一员。

作为一位独立的公民，我可以决定自己在家看什么电影，和谁一起看，但是我没有权利决定电影院所有者和电视编导在他们的设备上放映我所选定的电影。我确实可以决定我自己观看的电影，但这不意味着我可以决定什么能成为大众媒体传播的电影，这是媒体决策者的特权。当然，如果决策完全不考虑市场因素，媒体就会成为脱离大众的孤岛。但无论如何，新闻决策同电影决策一样，媒体才是真正的主体。科技的发展也并没有改变这种状况。人们知道 MSNBC 这样的严肃新闻网站与靠提供观点与耸动事件博人眼球的博客之间的区别。我认为，马特·德拉吉利用他令人反感、备受争议的报道大获成功，但他偶尔也会犯错误，使他的投机取巧不再奏效。尽管我也可能喜欢博客上哗众取宠的文章，但无论任何时候，我都需要可靠的、经得起考验的新闻报道。

只有愚蠢、不切实际的编辑才会坚持给读者提供他们不需要或者不想读的新闻。事实上，如果他们真有这样的行为，那报纸将不会存在太久。可靠的报纸编辑会认真考虑事件对读者的新闻价值。然而他们不会听命于读者，他们甚至会经常违背读者的意愿。必须承认的是，确实有相当一部分记者会迎合部分读者的意愿，这种迎合会造成大量耸人听闻、影响消极的报道。有些编辑也会迎合那些最低级的趣味。

问题是这种现象是否就是合理的？新闻是否应该由市场力量来决定？我的回答是：不！新闻应该由负责任的编辑或记者来决定，这才是新闻的本质。只要采集、制作、传播新闻的仍然是记者而不是非记者人群，那"决定什么是新闻"就始终是记者的责任。

论点总结：决定什么是新闻的，是编辑的判断而并非市场力量

在美国这样新闻自由的国家中，市场力量、广告主、政府和其他组织当然都会对新闻产生影响。然而决定什么内容应该被出版与传播的，还是媒体管理者，这是美国新闻自由的本质。显然，编辑会考虑到受众的意愿（如果他们知道这些意愿是什么的话），但这些意愿并不能决定新闻，即使微小的决定也不能。日常新闻工作的实用主义的本质是与新闻的市场方法相抵触的。新闻是转瞬即逝的易碎品，唯有记者能决定如何去把控它。

在线搜索

以下列术语和词组为关键词在 InfoTrac College Edition 上搜索更多信息：新闻制作 *121* (news making)，新闻（news），把关人（gatekeeper），新闻价值（news values），新闻判断（news judgment），新闻编辑（news editor），读者（readership），受众（audience），软新闻（soft news），硬新闻（hard news），市场价值（market values），信息（information），公共事件（public affairs）。

讨论题目

1. 如何将市场调查应用于日常的新闻决策？

2. 市场方法依靠持续的受众数据流，因此，编辑人员必须不间断地获得这些数据。他们可能完成这个任务吗？如果他们做到了，出版物的基本编辑方针可能会受到怎样的影响？

3. 如果编辑把新闻决策权让渡给了接受调查的受众样本，编辑会不会沦为完全没有决定权的纯粹的执行人员？编辑的工作又将怎样改变？

4. 思考关于新闻的各种经济理论，它们与新闻专业主义一致还是相悖？

5. 在新闻决策过程中怎样才能达成合适的妥协？应该如何运作？这与现状有何区别？

研究题目

1. 有观点认为，编辑应该非常关注受众，并以他们为目标开展工作。思考这种观点，在新闻的形成过程中，受众应该扮演何种角色？

2. 写一篇关于报纸读者调查或者广播电视收视（听）率的简短论文，这种调查有何作用？它如何测量某家特定媒体的相对健康程度？

3. 收视率对电视媒体有什么影响？阅读近几年关于收视记录仪的文章，回答这个问题。收视记录仪生成的受众数据能告诉我们关于受众的人口统计学特征吗？它可能会对电视新闻产生影响吗？

4. 讨论新闻决策过程，阅读关于这个话题的重要书籍和研究报告。编辑能在遵循专业主义准则的同时取悦受众吗？

112　　5. 假定你是一名新闻消费者，如果你可以按照自己的喜好和兴趣来设计自己的报纸，它将包括什么内容？以什么面貌呈现呢？假设你可以从现有的新闻源中拼凑出一家新闻类网站，形成自己的个性化产品，讨论你的网站是否能吸引别人，它能吸引谁？你认为这款产品能否在新闻市场中闯出自己的一片天地？

 ## 延伸阅读

Argyris, Chris. *Behind the Front Page: Organizational Self-Renewal in a Metropolitan Newspaper.* San Francisco: Jossey-Bass, 1974.

Boczkowski, Pablo J. *Digitizing the News: Innovation in Online Newspapers.* Cambridge, MA: MIT Press, 2004.

Bogart, Leo. *Preserving the Press.* New York: Columbia University Press, 1991.

Bogart, Leo. *The Press and the Public: Who Reads What, When, Where and Why in American Newspapers.* Hillsdale, NJ: Erlbaum, 1989.

Burgoon, Judee, Michael Burgoon, and Charles Atkin. *What Is News? Who Decides? And How?* A report of the American Society of Newspaper Editors. East Lansing: Michigan State University, 1982.

Carey, James W. *Communication in Culture: Essays on Media and Society.* Winchester, MA: Unwin Hyman, 1988.

DeFleur, Melvin L., and Everette E. Dennis. *Understanding Mass Communication.* Boston: Houghton Mifflin, 1998.

DeFleur, Melvin L., and Everette E. Dennis. *Understanding Mass Communication,* 7th ed. Boston: Houghton Mifflin, 2002.

Dennis, Everette E. *Of Media and People.* Newbury Park, CA: Sage, 1992.

Dennis, Everette E. *Media and Public Life.* New Brunswick, NJ: Transaction Press, 1997.

Gans, Herbert. *Deciding What's News.* New York: Pantheon, 1979.

Gans, Herbert. *Democracy and the News.* New York: Oxford University Press, 2003.

Gitlin, Todd. *The Whole World Is Watching: Mass Media in the Making and Unmaking of the New Left.* Berkeley: University of California Press, 1980.

Hamilton, James T. *All the News That's Fit to Sell: How the Market Transforms Information into News.* Princeton, NJ: Princeton University Press, 2004.

Sabato, Larry J. *Feeding Frenzy: Attack Journalism and American Politics.* New York: Lanahan, 2000.

Sigal, Leon V. *Officials and Reporters: The Organization and Politics of Newsmaking.* Lexington, MA: D. C. Heath, 1973.

Thoreau, Henry David. *Walden, or Life in the Woods.* Boston: Houghton Mifflin, 1854.

第 11 章
媒体伦理

伦理学是哲学的一个分支，涉及人们在与他人的关系中形成的一般道德准则和特殊道德选择。媒体伦理通常是指对媒体行为和道德选择的研究和应用，其中包括新闻伦理。新闻伦理或者说内容伦理通常将一系列价值标准和原则与媒体日常工作中需要做出的选择联系在一起。这些价值选择大都是关于对与错的判定或者对错程度的衡量，因为新闻工作中的很多选择都是很难的。价值就是指一种理想的、令人非常满意的状态，比如公平是多数新闻人和其他媒体人都赞赏的一种价值，但公平所针对的对象是谁？被采访的人？公众？某个个体？公平是一个看起来如此浅显简单的问题，但在某种特定情况下却会变成难题。新闻伦理通常关系到新闻选择，一般情况下，它是指新闻工作者特别是新闻机构编辑人员要遵循的一套行为准则。

近年来，这套准则也同样开始适用于媒体所有者、广告主、商业人士以及一些执行特殊任务的人员。然而，随着教育家、批评家和公众对于一般商业伦理的推动，这种情况正在发生变化。新闻伦理总是需要被置于媒体的功能和目标的背景中去衡量，包括传递信息、发表言论、提供娱乐、刊载广告等。为了履行传递信息和新闻的功能，媒体自然面临着权利和责任的冲突。例如，媒体迫切想要发表的对公众极为重要的报道会与某些人的隐私权产生冲突，这就形成了一个伦理两难困境。要解决这个困境，就需要确定在这个案例中怎样才是负责任的做法。有时候，这也意味着在自由和责任之间寻求平衡，最自由的做法通常都是最不负责任的做法。新闻伦理也包括在特殊情况下如何选择的问题，通常会涉及一般规律和原则。对于记者和其他传播者来说，这意味着要做出与职业传统和规则以及成文的伦理条例相一致的选择。在实践层面，伦理选择意味着在涉及是非标准判断的问题上，媒体有决策自由。并没有适合于任何场合的唯一正确的伦理选择。有些伦理原则和标准已经被写入法律，这种情况下就要求记者在决策时必须遵循某种特定的条款和规定。但新闻伦理更多倾向于媒体人的自律，美国的新闻自由体制为媒体行业提供了更大的自由空间，不像其他行业的伦理规则那样要受到严格的法律约束。

在标准太多而规范太少的领域，记者在区分哪些行为符合伦理、哪些不符合伦理方面常常需要进行独立决策。在任何情况下，关于记者究竟该怎样做才符合伦理道德这个问题几乎从未达成过共识，这一点不足为奇。尽管大多数文明人认为，寻求真相是符合伦理的，但在某些情况下，一些道德高度自律的记者则会为更高层次的公共利益而说谎。媒体伦理支持者们通常需要对一般伦理规范和日常伦理行为进行区分，后者通常是在时间紧迫、缺乏充分分析和反省的情况下所做的伦理选择。

挑战

梅里尔：记者和其他媒体人基本上是不遵循伦理道德的

关于新闻伦理的思考是从 1960 年代早期才开始出现的。美国新闻史上有过不少著名的媒体骗局，媒体发行人操控媒体，欺骗公众。像威廉·鲁道夫·赫斯特和约瑟夫·普利策这些人掀起了黄色新闻浪潮，报纸上充斥着煽情、丑闻、揭丑扒粪等内容，出版动机令人怀疑。但从总体来说，新闻记者被认为是诚实可靠、值得信任、公正无私的，他们能报道新闻，揭露真相。

但这种情形为什么改变了呢？我们之前曾提到 2003 年《纽约时报》的杰森·布莱尔事件，一位声名狼藉的记者掩盖事实、编造故事，却多次被纵容，直到最后东窗事发。还有其他类似的著名案例。虽然我们本书论辩的问题主要是关于新闻媒体和新闻工作的，但媒体所有者和管理层有违伦理的事也时常出现。加拿大媒体大亨康瑞得·布莱克（Conrad Black）掌控的媒体公司旗下有美国、加拿大、英国等国家的报纸，他却因为暗中转移自家公司资金而陷入丑闻。哦，对了，还有人记得玛莎·斯图尔特为什么会进监狱吗？当然！在娱乐业这样的例子数不胜数，我们还是回到新闻业这个正题上来吧。

现在，我们被出版物、电视圆桌讨论节目、苏格拉底式的对话、演讲、回忆和工作坊等方式各异的关于媒体伦理和新闻论题的讨论淹没。每个人都发现新闻记者存在很大的伦理问题，那些热衷于带着道德滤镜抨击每件事、每个人的记者，现在却自食其果，成为被大众抨击的对象。

现在是时候讨论这个问题了。长久以来，媒体从业者将自己的伦理问题置之不理，醉心于追求自由、权利和个人利益。随意挑出一份报纸杂志，特别是关于媒体领域的报纸杂志，你就能看到细述一些记者伦理缺失问题的文章。这种情况在媒体行业很普遍，以至于许多批评家——从暴躁易怒的政客到学识渊博的哲学家——都认为有道德的新闻是一种反讽的说法。

不可否认，一些评论家对于媒体的谴责过于偏激。然而，且不说运作方式粗放的博客了，就连一些所谓合法的新闻网站对事实的把关也并不严格。我很喜欢作家珍妮特·马尔科姆（Janet Malcolm）斥责记者的一段话：

> 每位记者都不至于愚蠢自大到察觉不出他们的行为在道德上是站不住脚的。记者们是一群骗子，利用人们的空虚、无知和孤独，博取他们的信任，之后再毫无愧疚地背叛他们。（Malcolm，1989）

她还说："不同性情的记者会用不同的方式为自己的背叛行为找到正当理由。""自大一些"的记者会搬出新闻自由和公众知情权等一套说辞，"最没才华"的记者会讨论艺术，而"最丑恶"的记者则会提到自己的饭碗（Malcolm，1989，38）。

许多记者自然会驳斥马尔科姆的这番言论，但也有例外。乔纳森·亚德利（Jonathan Yardley）曾在《华盛顿邮报》（March 27，1989，C2）的专栏文章中遗憾地指出，马尔科姆未区分出非虚构文学和新闻之间操作方式的差异，但他同时也主张记者们应该重视这种批判。他总结道："非虚构文学的作者，不论其呈现方式是书还是新闻，都不是只对自己一个人负责。这是非常有益的忠告，我们所有人都应该学习。"

约翰·L. 赫斯（John L. Hess）在《鹅毛笔》（*Quill*，May 1989，29）中反驳马尔科姆的指控，"记者的罪恶更多是人们想象的，而非现实存在的"。他痛斥马尔科姆是自以为是的叛逆的弗洛伊德主义者，因为她指责记者不尊重事实的观点只是依靠孤立的历史事件得出的结论。

赫斯的反驳是记者们在面临批评家的伦理指控时典型的自卫反应。尽管他们努力为自己辩解，却仍被视为自以为是、贪恋权力的自大狂，从不愿意为自己的错误承担责任，却总是渴望（并且能够）获得最后的决定权。

一些新闻伦理准则（比如职业记者协会制定的伦理准则）要求记者不能有价值倾向，不能卷入政治，为真相服务，在采集和报道新闻的过程中尊重他人的名誉、隐私、权利和幸福。把这些准则与记者日常实践的现实进行比照，你很快就会意识到伦理实践还有很长的路要走。

126

更有意思的是，记者似乎很难接受一项重要的伦理准则警告：记者只为公众对真相的知情权负责，除此之外不能屈从其他任何利益。真相！真相！真相！媒体人铭记着这个词，但在日常工作中他们似乎并没有贯彻这一点。半真半假、歪曲事实、不加掩饰的新闻审查，这些都是记者常用的手段；他们甚至会在自己认为有必要的时候故意遗漏或歪曲事实。

许多记者会告诉你，尽管有伦理准则规范，但总有些事情比报道真相更重要。因此，他们在工作中会反映片段的事实，而隐藏某些事实。原因很奇怪，因为他们认为把有些事说得太清晰是不符合伦理的。这些记者好歹还是有伦理动机的，其他一些记者会由于个人偏见而隐瞒信息和名称，对消息来源的话断章取义，歪曲报道，篡改事实。

总体上，媒体人认为新闻伦理就是为了达成某种特定目标而谨慎行事，比如从消息来源那里获得信息，或者将特定信息传播给公众。记者们通常会在达成目的后就为自己的行为寻找合理化理由。如果说今天大多数记者还有伦理理念的话，那也是马基雅维利式的伦理，即权力与计谋的伦理。

记者会为了曝光精神病院而假扮精神病人，会为了支持某位候选人而有倾向性地报道新闻，还会绘声绘色地编造假新闻博取关注（比如著名的珍妮特·库克案，《华盛顿邮报》记者珍妮特·库克编造了一则新闻故事，并因此获得了普利策新闻奖，后来东窗事发，奖项被撤销），他们在对话和采访过程中采用不正当的方式录音录像。在一场关于"马基雅维利式新闻伦理"的讨论中，拉尔夫·劳温斯坦（Ralph Lowenstein）和我提出了美国新闻界功利主义伦理的问题，并列举了马基雅维利主义的种种表现（1990，Chap. 17）。

马基雅维利主义对奉行实用主义的美国记者很有吸引力，它迎合了这些人对权力和成功的欲望，并与个人主义、奉献和荣耀等理念不谋而合。马基雅维利的学说在一部分美国记者身上表现得淋漓尽致，他们固执己见，不惜一切代价满足自己获得新闻的欲望。我们或许可以称马基雅维利为美国新闻之父了，因为他为竞争、逐利、赢家通吃、以成功为导向的媒体实践奠定了基础。在功利的媒体行业中，这个游戏应该被命名为"利用别人达到自己的目的"，我在英国刊物《遭遇》（Encounter，April 1987，80）中曾经详细阐释过这一点。

127　　当然，我并不是说所有记者都是不道德的，而是说媒体行业及从业者普遍沉迷于不道德的新闻事件中。记者本身也一定能意识到，他们所从事的职业在美国社会中被普遍认为是一种不道德的职业（至少在形象层面是这样的），因为他们对这个话题表现出极端的紧张和自卫心态。如果像大多数记者声称的那样，他们不存在伦理问题，那么他们为何不如常做自己的工作，反而要大费周章地举行那些关于伦理的对话、讨论、座谈和演讲呢？

论点总结：记者和其他媒体人基本上是不遵循伦理道德的

　　记者和其他媒体专业人士基本上对于正当行为、传递信息、启发公众、告知真相、规范行事等方面没有太多兴趣，基本上是个人利益和马基雅维利主义哲学在指导他们的行为。他们的主要动机是实用主义、权力、成功。道德新闻学是一种内在自我矛盾的说法。伦理准则是媒体用来维系与公众关系的托词，除此之外别无他用。记者崇尚真相，却用各种理由偏离真相；他们口口声声说维护受众的知情权，却又总是侵犯它；他们侵犯隐私、断章取义、片面报道新闻和信息以表达自己的倾向和偏见；他们基本上是傲慢自大、自我祖护又自以为是的。

回应

丹尼斯：记者和其他媒体人基本上是遵循伦理道德的

　　因为新闻记者和其他职业媒体人本身从事信息和新闻传播的工作，或者兼顾从事娱乐行业，他们的工作被公众严密注视，并常常引发争议，当然是因为他们是（或者说"应该是"）为受众写作的。虽然优秀的记者能恰当地呈现消息来源提供的信息，精准地叙述事件、情况，准确地使用引语，但还是常常存在冲突。因为消息来源总希望自己以最好的形象出现在公众面前，哪怕他们是应该被公众指责的那一方。这就使记者陷于尴尬的境地。他们可以为了服务消息来源的利益、避免冲突而误导受众，也可以追求事实、报道真相，并坦然面对由此带来的各种结果。

　　这就是珍妮特·马尔科姆所描述的两难困境的本质。她的说法虽然有些刻薄，但她并不是第一个认为作者常常会出卖自己消息来源的人。琼·迪迪恩（Joan Didion）在《向伯利恒跋涉》（*Slouching towards Bethlehem*）中更有力地表达了这种观点，在处理和表现消息来源的观点时，总有些复杂的因素会影响记者的是非判断。J. 爱德华·杰拉德（J. Edward Gerald）在《媒体的社会责任》（*The Social Responsibility of the Press*）中提出记者应该遵循的一些基本伦理规范问题：第一，记者应该尊重哪些传统？第二，他们的行业规则是什么？在此基础上他又提出，记者在传播中使用什么技巧会赢得同事的赞赏？

哪些错误让他们很没面子？很多书都探讨过杰拉德教授在这四个问题上提出的要点，其中一些书还讨论了全新的话题，还有一些仍在原来的问题上打转。毫无例外，杰拉德教授也认为出版业管理者应该遵守专业标准和道德准则，他甚至认为所有与媒体相关的工作者随着职位的提升，其伦理水准也会提升。《芝加哥论坛报》（Chicago Tribune）认为这种说法太过荒唐，以至于引起了人们的尖锐指责。

虽然意识到了记者和公关人员等各种类型的传播者都存在瑕疵，但我相信会有大量证据能证明记者基本上是遵循伦理道德的，包括讲述蒂波特山丑闻（Teapot Dome Scandal）、水门事件、莫妮卡·莱温斯基事件等报道之幕后故事的书籍。

媒体享有高度的自由，这有利也有弊。新闻自由赋予了新闻界巨大的传播空间，却没有任何一条法律要求记者做到负责任、公平或公正。每位个体记者，可以选择做一位道德高尚、公正无私的人，也可以成为到处招摇撞骗的无耻小人，被众人唾弃。这是受新闻自由原则保障的。纵观历史，确实有一些记者非常差劲，但我们在这里讨论的不应该是反常的特例，而应该是通常情况，也就是那些追求社会责任和公平公正的记者，换言之就是那些遵循伦理道德的典型记者。为什么这么说呢？

当前，大部分媒体专业人员是传播、新闻或是媒介研究等学科背景出身的，或者至少参加过一定的专业训练课程。这些专业训练所传授的价值观包括新闻自由，负责任地采集新闻，客观公正地写作，特别是强调准确、准确、再准确这一响亮的口号。没有在新闻院校接受过专业训练的新闻人也必须在媒体机构内部学习写作技巧和锻炼新闻工作能力。新闻机构对自己员工的行为有成文或不成文的规定，员工们必须很快掌握这些规定，并且受其约束，否则他们就可能会被解雇。编辑、记者等新闻行业内的各种职业都有专门的职业组织机构，它们都有自己的职业道德准则，并在成员中广泛流传。尽管关于新闻伦理的书不会进入畅销书排行榜，但在市面上也能找到几十种关于这个话题的新书。总而言之，关于新闻伦理准则的信息非常容易获得。新闻学和新闻实践并不是秘而不宣的话题，越来越多的媒体批评出现在报纸、杂志及广播电视新闻节目中。提到最近的任何一个话题及媒体的相关报道，都能在某些地方引发讨论。这些报道和批评主要提出了哪些典型问题呢？你肯定能猜到：新闻伦理问题。事实上，普通公众对于新闻伦理的了解要比对医药和法律伦理的了解更多，为什么？因为关于新闻伦理的讨论长期以来都占据媒体的核心位置。

本书之前曾提到过戴维·韦弗和 G. 克利夫兰·威尔霍伊特的相关研究，他们发现美国新闻业界和教育界对于新闻伦理的话题都非常关注。同样，近些年（追溯到半个世纪以前）关于媒体公信力的研究也表明，公众十分关注新闻记者的伦理问题。虽然很多人支持媒体，给记者和其他媒体从业者比较高的评价，但还是有少数人直言不讳地表达了批评意见。媒体从业者很关注这些研究，也时常依据其中的意见采取行动，特别是当他们认为批评是合理的时候。

自 1920 年代以来，差不多每隔 20 年，关于媒体伦理研究的文献数量就会突飞猛进地增长一次。关于这个话题的讨论会持续一段时间，然后热度渐消，接着又重新出现，1970 年代以前的情况一直都是如此。现在，关于媒体伦理困境的话题非常突出，以至于相关话题的讨论一直热度不减，一些新闻教育家对新闻伦理的研究取得了丰硕的成果，如戴维·戈登（David Gordon）的《媒介伦理论争》（*Controversies in Media Ethics*，1998）、罗恩·史密斯（Ron Smith）和尤金·古德温（Eugene Goodwin）合著的《媒介伦理的探索》（*Groping for Media Ethics*，1999）、菲利普·迈耶的《新闻伦理学》（Ethical Journalism，1987）等。有些研究甚至认为应该把新闻伦理延伸到媒体经营管理的层面。埃德蒙·兰贝思（Edmund Lambeth）所著的《负责任的新闻界》（*Committed Journalism*，1992）以新闻伦理的目标追求与现实实践为基础，进行了一套严密完整的论证。这些书与约翰·梅里尔的多本知名著作都摆在我的书架上，梅里尔从事媒体伦理研究至少有三十年之久。

我提到的这些研究只不过是冰山一角，"冰山"的其他部分是新闻院校对媒体伦理教育的强化，伊利诺伊大学的克里福德·G. 克里斯琴斯（Clifford G. Christians）开创了这一传统。现在，波因特学院、明尼苏达大学和爱默生学院（Emerson College）都有媒体伦理研究中心；密苏里大学有对大学新闻教师的伦理培训项目，近 10 年以来举办了出席人数众多的几十场学术研讨会。近些年来，一些商学院开始培训媒体管理人员和领导者，它们也非常重视媒体伦理实践的问题。媒体伦理的话题常常是在服务公共利益、遵守法律等框架下讨论的。金融服务和会计行业的一系列丑闻使相关领域深受刺激，几乎所有商学院现在都开设了伦理课程，讨论商业活动中非常重要的法律和伦理问题。在现实层面上，商业伦理和新闻伦理的边界已经深度融合，媒体更是进一步促进了这种融合。

不只是新闻，包括娱乐和舆论等所有的媒体行业都将受此影响。例如广告也有伦理准则，广告行业和媒体机构的广告部门都有许多相关的讨论。当电影、音乐、电视娱乐节目和其他媒体行业发展风头正劲时，关于娱乐业的伦理问题最先成为人们关注的核心话题。直到最近，数字媒体的伦理问题又备受瞩目，已然成为网络热点话题。由于这个行业野蛮生长的发展状态，很多早期的互联网公司对于伦理问题的关注少之又少。但随着数字媒体日趋专业化，它已经能轻松达到和其他媒体平台一样的水平，关于媒体伦理的考量就必须被纳入议程了。

我认为，媒体伦理道德在美国仍然好好地存在着，记者们遵循这些道德吗？是的，大多数记者确实是遵循的。丰富的研究文献、个人经验以及促进伦理道德的各种激励因素，都说明了这一点。这些激励因素包括：美国新闻业的奖惩机制，被谴责和不道德的新闻作品是不会获得奖赏的；日渐增大的公众压力，公众的素质不断提高，他们对新闻的要求也在提高；法律制度，如果一位记者被同行认为是不负责任、鲁莽和不道德的，那么法庭也会对他持极其不友善的看法。当然，大部分记者是遵循伦理道德的，就像大部分人是好人一样，因为他们愿意做对的事情。别忘了，在知名的杰森·布莱尔事件中，相关责任人受到了严厉的惩罚，布莱尔本人和他的上司都被开除，报纸名声也遭受巨大打击。

论点总结：记者和其他媒体人基本上是遵循伦理道德的

美国新闻业跟其他任何行业一样，存在不遵守伦理道德的情况，但行业的主流却是遵循伦理道德的。院校教育和职业训练都向记者灌输负责任地采集新闻、维护新闻自由以及准确报道等新闻行业的核心理念和价值观。这些虽然是不成文的职业规定，但如果不遵守这些规定，记者就很难长久拥有这份工作。研究表明，记者对于公众对媒体伦理的指责做出回应，参与对伦理问题有益的讨论，对增强其职业道德意识、促进道德行为是非常有必要的。

 在线搜索

以下列术语和词组为关键词在 InfoTrac College Edition 上搜索更多信息：伦理（ethics），道德（morals），道德选择（moral choices），价值（values），价值判断（value judgements），行为准则（codes of conduct），社会责任（social responsibility），伦理准则（ethical codes），道德情境（situational ethics），准确性（accuracy），新闻语境（journalistic context），一致性（context），行为规范（rules of conduct），新闻和媒体专业主义（professionalism in journalism and media）。

讨论题目

1. 你认为遵循伦理道德对多数媒体人来说意味着什么？你会区分涉及新闻采集过程和媒体商业运作领域的伦理问题的差异吗？新闻媒体和娱乐媒体的伦理标准是否应该不同？

2. 在新闻活动中，伦理道德应该忠诚于谁？公众？雇主？还是受众？你对这些忠诚对象的重要性如何排序？

3. 你认为媒体专业人员道德标准的认知来源是哪里？如果他们从不同的来源获得这些认识，他们怎么才能知道哪些标准更为有效、可靠？

4. 你认为在提倡新闻自由的社会中，伦理准则有价值吗？为什么？你认为对美国传媒业来说，推行整齐划一的新闻伦理标准是好事还是坏事？

5. 列举一些能证实"尽管存在一些不道德的情况，但媒体伦理在美国整体来说仍好好地存在着"这句话的证据。如果美国的媒体伦理水平下滑，我们该如何得知？

 研究题目

1. 研究媒体组织和专业社会团体制定的伦理准则，并对其进行比较分析。它们有哪些共通之处？有哪些独特之处？它们在多大程度上有价值？

2. 采访任意一位或多位在媒体工作的新闻人，让他们明确表达自己对于媒体伦理的认知，包括他们怎么定义工作中的伦理、怎样进行伦理决策，并且让他们举出近期做出的特别难（或者特别容易）的伦理决策例子，他们关于媒体伦理的认识主要来自哪里？他们如何紧跟时代？

3. 研究新闻或娱乐媒体在媒体伦理方面所存在的某个主要争议，分析一个专业媒体人员的表现或行为受到指责的争议性案例，其中的主要问题是什么？问题是如何解决的？ *132* 公众满意吗？

4. 写一则书评，评论至少两本近期出版的有关媒体伦理的书。在这一基础上，你会形成怎样的伦理准则？你会对媒体组织提出关于伦理准则的哪些建议？

5. 阅读并分析近期出版的某位媒体人的自传，从伦理道德的角度分析其媒体职业生涯和工作决策。他为其他人树立了优秀的、普通的还是恶劣的榜样？他的媒体伦理观是什么？

 延伸阅读

Bromley, Michael, and Hugh Stephenson, eds. *Sex, Lies and Democracy: The Press and the Public.* Boston: Addison-Wesley, 1998.

Christians, Clifford G., Kim B. Rotzoll, Mark Fackler, and Kathy B. McGee. *Media Ethics: Cases and Moral Reasoning,* 6th ed. Boston: Allyn & Bacon, 2000.

Dennis, Everette E., Donald M. Gillmor, and Theodore Glasser, eds. *Media Freedom and Accountability.* Westport, CT: Greenwood Press, 1989.

Didion, Joan. *Slouching Towards Bethlehem.* New York: Modern Library, 2000.

Fritz, Ben, et al. *All the President's Spin: George W. Bush, the Media and the Truth.* New York: Simon & Schuster, 2004.

Gordon, David, et al. *Controversies in Media Ethics.* Boston: Addison-Wesley, 1998.

Kerbel, Matthew R. *If It Leads It Bleeds.* Colorado: Westview Press, 2001.

Lambeth, Edmund B. *Committed Journalism: An Ethic for the Profession,* 2nd ed. Bloomington: Indiana University Press, 1992.

Lowenstein, R. L., and J. C. Merrill. *Macromedia: Mission, Message and Morality.* White Plains, NY: Longman, 1990.

Malcolm, Janet. "The Journalist and the Murder." *New Yorker* (13 March 1989).

Merrill, John C. *Journalism Ethics: Philosophical Foundations for the News Media.* New York: St. Martin's Press, 1997.

Merrill, John C. *Princely Press: Machiavelli on American Journalism.* Lanham, MD: University Press of America, 1998.

Meyer, Philip. *Ethical Journalism.* White Plains, NY: Longman, 1987.

Narone, John C., ed. *Last Rights: Revisiting Four Theories of the Press.* Urbana: University of Illinois Press, 1995.

Patterson, Philip, and Lee C. Wilkins. *Media Ethics: Issues and Cases.* New York: 2004.

Smith, Ron H., and W. Eugene Goodwin. *Groping for Media Ethics.* Ames: Iowa State University Press, 1999.

第 12 章
新闻客观性

要说美国新闻业最重要的信条，非新闻客观性莫属了。支持这项原则的人认为，客 观性不是医疗界和科学界那般对精确性的追求，而是记者在报道新闻时要尽力将新闻事实与个人情感及观点区分开来。新闻客观性经常与倒金字塔结构（即按照信息重要性依次递减的顺序制作新闻）、5W 和 1H 新闻的要素（who，what，where，why，when，how）或者其他能筛选出反映事实本质的必要信息并将其有序组合起来的实践方式密切相关。

对许多人来说，客观性意味着真实的事件和客观的表达方式。但近年来，新闻客观性作为新闻学的重要原理之一，也同样适用于分析性报道，这些报道不单单是对新闻事实进行简单描述。至少在新闻客观性的支持者看来，与其他国家和文化背景中的新闻业相比，客观性是美国新闻业的一个显著特征，且业已成为一项通行的原则。世界上其他一些国家的报纸热衷于发表评论式和观点式的文章，而美国媒体的记者总是保持个人观点与新闻事实分离。

尽管对客观性内涵的理解存在细微的差别，但大多数评论家认同客观性原则，或者认可所谓的客观性报道是美国新闻媒体中最盛行的一种报道方式。或许有些人不喜欢它，对它的相关假设表示质疑，但它的确存在，并因此常常成为争议话题。批评者们一度大多是新闻界以外的人，但现在他们中也有许多媒体的记者和高层人员，还有要求重新思考客观性和背离客观性的教育家。新闻客观性有时还被重新贴上"公正"的标签，它是新闻专业主义所信奉的一种理念。新闻学教授迈克尔·巴格哈（Michael Bugeja）曾这样说："客观性是呈现世界原本的样子，而不是我们希望的样子。"

挑战

梅里尔：新闻客观性是不可能实现的

134　　我认为新闻客观性是不可能实现的。许多读者可能会觉得我这种观点就像做了一个稻草人之后又一步步把它拆除了，他们会说没有人会认为新闻客观性是可能的。这样一来，我们的辩论就会成为一场没有意义的文字游戏了。

　　首先，我认可刚才我所推测的这些读者的观点，但我也认为我们不能忽略新闻学中这个如此重要的概念。否则，我们对包括自己在内的现代新闻事业从业者们的判断是有失公允的。其次，许多记者和其他相关人士在言论和写作中都表现出他们认可新闻客观性原则。如果他们不认可，我想他们会停止使用这个词。

　　对于那些思维缜密，认真思考过新闻业现状，并对其持现实主义态度的人来说，新闻客观性这一概念大概就是一个稻草人。但我认为持这种观点的人并不多，大体上，业外人士和普通记者都认为新闻报道可以做到客观，进行客观报道的记者与其他记者是有区别的。我们经常听到有人这么说，"我希望他能客观地进行报道"或是"鲍勃·伍德沃德（Bob Woodward）是一位客观的记者"。曾报道水门事件的伍德沃德现在正致力于完成揭秘白宫的一系列作品。实际上，他因为拒绝表明立场和不进行政治评论而受到批评，许多读者认为他仅仅记录事实、睁大眼睛做白宫观察者的做法令人失望。

　　让我们审视"客观报道"这个概念，它是指那些超脱个人感情、没有偏见、不表达个人观点、不涉及个人利益、公正无私、有闻必录、绝对可靠的报道。我们去哪里找这样的报道呢？客观报道其实是与事实相关联的，报道的是事实，全部事实，并且只有事实。我们又去哪里找这样的报道呢？没有报道者会知道所有的真相，也没有报道者会写出完全符合事实的报道。正如知名语言学家早川一荣（S. I. Hayakawa）所指出的，"地图并不等于领土"。换句话说，语言符号并不是客观世界本身，客观世界总是比语言符号所表达的内容复杂得多。除了受语言本身表意能力的限制，所有记者也会受到个人经历、自身条件、受教育水平以及其他因素的影响。当他们写新闻时，他们并不是在一张白纸上涂抹，这张纸事先已经有了底色，他们希望进行无偏、平衡、深入和完全诚实的报道，但他们做不到。

　　许多人认为记者将个人观点与所报道的事件隔离开就能实现客观，但问题是我们应该怎样理解隔离？隔离意味着记者置身于要报道的事实之外？意味着不表达任何立场？意味着没有私心？意味着记者要与报道对象保持一定距离？意味着报道者的观点没有渗透到新闻报道中？　　*135*

　　这些问题的答案是显而易见的，记者根本不可能超然事外，报道者的主观性——价值观、偏见、见解、判断等——经常会影响新闻生产过程。

　　让我简短地举三个例子，这是三位传奇记者的观点，他们都公开揭露了客观性的虚伪：

　　　　戴维·布林克利（David Brinkley）：如果你、我或者其他任何人能做到客观，我们将被送到某家研究所去，因为我们肯定已经变成了某种植物。客观在人类中是不可能的。

　　　　弗兰克·雷诺兹（Frank Reynolds）：我认为你的报道会不可避免地反映你的感受，我承认我自己就是这样。

　　　　H. L. 门肯（H. L. Mencken）：我们所讨论的客观报道这种东西根本就不存在。我自己已经从业多年，我可以明确地告诉你，没有哪位记者写过一篇纯客观的报道，报道中一定会掺杂观点。

　　这些简短的意见代表了一些记者的观点，但我不相信大多数记者真的会这么说话，至少不会公开说。如果记者不相信客观报道，他们在评论和写作中就没必要表现得好像他们相信一样，他们应该多讨论如何尽力做到准确和全面，讨论如何在新闻报道中避免明显的意见和判断。换句话说，他们应该表现出他们确实注意到新闻客观性是不存在的。

　　社会学家迈克尔·舒德森（Michael Schudson）在《发现新闻》（*Discovering the News*，1978）中写道，新闻客观性是忠于事实，不相信价值，并努力将两者区隔开来的。还有一些学者认为，最称职的记者通过坚持事实核实和归因分析来实现客观性，但他们有的时候也承认这有些不切实际。而一些新闻机构，比如我一下子能想到的《今日美国》，严格禁止使用匿名消息源，它认为公众有权利知道某种断言出自谁之口；但也有一些机构允许使用匿名消息源，这在新闻业界已经逐渐成为一种潮流。《纽约时报》的读者代表丹·奥克伦特（Dan Okrent）给各大主要报纸的编辑写信试图提醒他们注意这个问题，但他最后只收到一份回复，这份回复来自《今日美国》。

　　在 2004 年美国总统竞选期间，CBS 试图公布乔治·W. 布什总统在越南战争期间于美国国民警卫队服役的信息，后来被发现其所依赖的文件是伪造的。CBS 及其新闻主播　　*136*

丹·拉瑟起初接连几天辩称他们的报道有权威的文件作为依据，甚至举出他们为获得文件所付出的努力。当这份文件被证明是伪造时，这家新闻机构颜面尽失，丹·拉瑟随后也提出辞职。几个月之后的 2005 年 1 月，CBS 发布了一份由外部顾问团队完成的独立调查报告，报告尖锐地批判了 CBS 及其新闻报道，导致一位高级制片人和三位新闻编导被解雇。这个案例不是新闻客观性本身的问题，而是 CBS 是否尽全力来为脆弱的报道收集事实的问题，显然它并没有做到。

因此，即使我们为新闻客观性下一个可以衡量的、现实的定义，我们仍会发现它确实不存在；如果我们把这个概念提升到更具挑战性的认识论层面，它则会完全消失。

迈克尔·舒德森认为，媒体非常珍视客观性这种特质，但却时常会由于一些因素而妥协。例如，记者可能会基于道德考量而隐藏消息源的姓名，我理解这样的做法，甚至认为在某些情况下这是正确的举动，但这并不能改变新闻客观性由此会受到伤害的事实。

有些人认为新闻界是可以做到客观的，我对他们怎么会产生这种念头感到极为困惑。他们似乎认为如果一位记者核查了事实，核实了所有叙述，排除了所有的第一人称，努力展现事件涉及的双方（仿佛与事件相关的只有双方），报道就客观了。

而实际情况是每位记者，不论是报道者还是评论员，都不仅仅要叙述事实，而且要解释事实，即使新闻记者想做到客观也无法实现。每一篇报道、每一个句子、每一期节目、每一台摄像机的移动都是主观的，即便是所谓的硬新闻，其报道者也会把报道主观化，报道中总是充斥着价值判断、断章取义。这就是新闻的本质，实际上，这也是各种类型的传播的本质。

即使是那些尽可能做到客观和中立的新闻报道者也会不可避免地陷入主观的陷阱，他们表面上置身事外，但却让文章包含他们的观点和价值，无论如何都不能完全超脱。比如，他们决定选用或者舍弃哪些事实，重点突出哪些特定内容，引用哪些消息来源，引用消息来源的哪些言论或决定是否要引用。当他们间接转述消息来源的话而不是采用直接引语时，他们本质上已经成为翻译者，他们的理念开始渗透其中。虽然这样的报道并不是客观的，但也不存在什么本质性错误。

137　　迈克尔·诺瓦克（Michael Novak）曾就记者和客观性的问题发表了中肯的评论：

> 关于客观性的神话导致了……关于美国新闻界的误解，任何事实都不能超然于人类的观察之外，而当人类试图做到不偏不倚时，他们的观察力不是更敏锐了，而是更不敏锐了。

记者和新闻主持人知道，如果他们以客观性为目标，不采用任何编辑语言去呈现

"事实"，他们就只能胡言乱语或者废话连篇。他们知道，新闻事件中真正重要的内容不是中立的观察机器发现的，不是摄像机发现的。事件如果没有被人解释，它就没有任何意义……列举数据，摆出外在可察的事实，引用目击者的话，这些都只能呈现出世界很狭隘的一面，是一种非常容易让人产生误解的解释和评论方式。真实的"事实"与"解释"部分不是天然能分开的。(1971，40)

其他思想者也对客观性这种所谓的神话提出了批判。华盛顿州立大学的理查德·F.泰特菲林格（Richard F. Tatflinger）认为："客观性是人类传播中一个不可能实现的目标，新闻传播也不能例外。"只要新闻仍然是由人收集并传播的，主观性就绝对无法避免（Tatflinger，1996，6）。

这种对客观性的批判与其他思想家和批评家的观念一脉相承，包括保罗·田立克（Paul Tillich）、马丁·布伯（Martin Buber），还有极度推崇主观性的存在主义代表人物让-保罗·萨特（Jean-Paul Sartre）等。他们抨击美国人所推崇的经验主义和实用主义客观性，认为这些理念是空洞的、虚无缥缈的。他们认为对于客观性的信仰不仅与语言哲学相悖（也可以说与一般语义学的原则相悖），也贬低了个人和主观能动性这个概念的价值。

新闻工作方方面面都是主观的，报道也毫无例外。一些新闻可能会让人产生客观的印象，但那只是一种客观的语言风格，在这种语言风格背后依然隐含着报道者的主观意识。报道者不是没有思想、没有灵魂的机器人，能不带任何价值观和个人偏好地简单抓取事实然后一口气将其全部讲出；他们是人，有自己的偏见、认识和价值观，对不同话题有自己的偏好，有自己心目中的英雄和坏蛋。我们也许希望有一些机器人化的、毫无偏见的、纯粹客观的报道者，但他们是不存在的。

正如唐纳德·麦克唐纳（Donald McDonald）在一篇颇有影响力的文章中提到的，报道必然渗透着报道者的价值观念。

在调查和解释事实的每一个重要环节，记者都必须做出价值判断，这必然反映他的既有价值观念。而且这些价值观念来自个人阅历，它们是一个人受教育水平、宗教信仰、童年经历、家庭环境、社会经济状况、友谊和伙伴关系、国家和文化、情感和生活体验以及个体理性等诸多因素的综合产物。(1975，71)

记者在新闻报道中无法穷尽事件发生的所有环境因素，这就导致他们对新闻事件的分析和解读根本无法做到客观。在有关一场政治演讲的报道中，演讲者演讲的所有内容、演讲方式，都是新闻的一部分，甚至演讲者当时的心理活动也应该是新闻的一部分，但对于后者报道者无从得知。在这种情况下，如果贸然猜测，新闻就会变得主观，但如果遗漏不

138

报，则有失客观。

观众的反应，演讲者的动作、姿势和面部表情，都是客观事实的一部分，完整地报道这些事实才是真正的客观报道。但记者不能给出所有的事实，他们通过情感、心理和精神的过滤器对新闻的客观部分加以筛选，因此呈现给观众的必定是带有主观性的陈述。

记者是有选择性的，他们职业的自然属性就是选择，选择事实报道，选择引用特定的消息来源，选择采访特定的人，选择表达特定的观点，选择呈现事实的特定角度。那么其他的事实、消息来源、观点和角度呢？它们不也是客观现实的一部分吗？回答是，新闻的许多部分都被忽略了，它们以某种方式被忽视、弱化或者歪曲，因而完全的新闻客观性是根本无法实现的。

有一种新闻可以称为可验证新闻（verifiable journalism），比如一位报道者写道："约翰·多伊从温彻斯特的阿尔丁那里偷了六头牛。"如果这确实发生了，这个句子就是真实并且可以被验证的，新闻的这一方面是真实的，这从某种意义上说并没有明显的错误。但如果把它跟其他句子一起放在特定语境下，新闻主观性的本质就会暴露出来。而此时我们必须看全文，而不仅仅是那一句话。

新闻与现实的差距是什么？事件的整体在现实状态下是怎样的？它在新闻报道的语境中发生了怎样的变化？实际上，事实的哪些部分在报道中被省略了？现实的事件和字面描述的事件之间存在什么关联？

偏见同样也会损害新闻报道的客观性，包括罗斯曼和里奇特这样的学者以及安·库尔特和伯纳德·戈德堡（Bernard Goldberg）这样的评论家都批判过媒体在新闻报道中呈现出的左派意识形态。而《国家》杂志的埃里克·奥尔特曼则批评媒体偏离了人们的传统观念和原则，它在本质上比大多数美国人要偏右。

许多人会说新闻客观性并不是要求完全客观，局部客观才是维护新闻客观性的人的本意。然而，当我们将其视为局部概念时，我们又会陷入另一个困境：客观性的度是什么？从客观到不客观的临界点是什么？

法国马克思主义社会学家阿芒·马特拉（Armand Mattelart）把客观性称为"新闻实践的黄金准则、职业义务论的基石，相当于希波克拉底誓言"（1980，39）。但是他并不认可这个概念，他提出了这些质疑：（1）这个概念假定记者拥有某种可以看透现实的能力，并能决定事实重要与否；（2）这个概念假定对事实（应该是客观存在的事实本身，而非记者所见的事实）的表述不会超出事实本身；（3）事实被以客观性为导向的新闻孤立了，"事实被从根部切断，被从它赖以存在的环境条件中剥离出来，游离于赋予其意义并使其合理存在的社会系统之外"。像马特拉一样认为新闻客观性不切实际的人遭到了许多批评家的严厉抨击，但 H. L. 门肯却与他持相同的观点，门肯可绝非共产主义者。

在《哥伦比亚新闻评论》2003 年的一篇文章中，布伦特·坎宁安（Brunt Cunning-gham）督促我们重新考虑客观性的问题，并给出了两个温和的建议：

> 第一，记者（和新闻业）必须谦逊地公开承认，与客观性原则的内涵以及公众的期望相比，新闻工作的现实情况要主观得多，远没那么超然……第二，我们需要鼓励报道者提升专业技能，并且利用它去区分相互矛盾的观点，识别并且解释这些观点中暗含的假设，判断读者和观众需要知道什么才能理解当前的状况。

基于我所列举的证据，我再次强调我的观点，客观性是公众和专业讨论的一个对象，但并不意味着它真的能实现，它只是一个虚无缥缈的目标。在一个完美世界中，以客观性为标榜的新闻事实是令人向往的。当然，我现在和未来都不反对讨论这个完美的概念，但我也意识到，这样的讨论只是一些陈词滥调，不会产生其他影响。我的合著者丹尼斯教授在与意大利符号学家安伯托·艾柯（Umberto Eco）的一次谈话中提出了一个精妙的观点，"你必须意识到，在美国，客观性是一种意识形态"，事实确实如此。

论点总结：新闻客观性是不可能实现的

客观性也许是个值得追求的目标，但在新闻领域显然无法实现。一个记者无法做到完全超然于事外、没有偏见、没有观点并无所不知。记者必须选择、组织和操控事实，这就是新闻的本质。没有报道者会知道事实的所有方面，即使知道，他当然也不可能全部报道出来，一篇报道无非是事情真相的部分反映。记者是主观的、有局限性的，他们提供给受众的也不过是现实世界的表面图景罢了。

140

回应

丹尼斯：新闻客观性是可能实现的

这个辩论充满了强烈的讽刺意味，约翰·梅里尔教授对于当前关于客观性的流行性观点做了有说服力的总结，记者甚至跟批评家一样支持这些观点，而在短短数年前，这些观点还被看作异端邪说。那时（几十年前），客观性是新闻学的主导性原则，是许多全国性新闻机构的行为指南。那些认为客观报道是超出人类能力范围的神话的评论家，会被将客观公正的报道奉为圭臬的新闻编辑取笑，这些编辑认为客观公正的报道可以做到，而真正的客观性是一个崇高的目标。

《华盛顿邮报》的艾伦·巴斯（Alan Barth）曾十分自豪地写道："客观性传统是美国新闻界的一大荣耀。"19 年之后，《哈特福德新闻报》（*Hartford Courant*）的赫伯特·布鲁克（Herbert Brucker）对此表示赞同，他说："只要我们高举客观的旗帜……就可以做好新闻工作，客观性将为我们认识这个不完美的世界提供更忠诚、准确的视角，而不是一味听信当代托洛茨基或是其他任何教派的观点。"这篇文章探讨了客观性遭到评论家嘲讽的原因：评论家宣称"每个人都是主观的，记者也没有神力，不能例外"。几乎所有学过心理学的人都同意此观点。

有些时候我们忘记了客观性仅仅是呈现信息的一种方式。1920 年代，客观性的捍卫者引导媒体脱离了盲目追求煽情主义的尴尬时期，并提出了客观性的三个主要特征：

- 事实与意见分离。
- 以超脱情感和观点的方式表述新闻。
- 努力做到公平和平衡，给事件双方回应的机会，为受众提供全面的信息。

这些直白的目标错在太过简单，认为复杂的情况可以通过提供两方面观点就能全面平衡地呈现，几乎没有给模棱两可留下空间。

不仅理论基础过于简单粗暴，客观报道的实践基础——倒金字塔结构，在操作中也存在困难。倒金字塔结构报道的原始形态，包含 5W 和 1H 的新闻基本要素，并按照重要性依次递减的顺序来组织信息，为公众客观地呈现事实。这种写作风格经常被批评为冷淡而没有人情味，也有人认为它使事实模糊不清。社会学家盖伊·塔奇曼（Gaye Tuchman，1972）称其为战略程序，记者采取四个步骤来表现自己的客观性：

- 展现冲突的可能性。
- 展现支持性证据。
- 明智地使用直接引语。
- 以恰当的顺序组织信息。

1960、1970 年代，客观性遭遇了最猛烈的攻击，那时新的新闻风格和标准层出不穷。虽然其中一些并没有太大新意，但却持续演变成一场表达对现状不满、寻求改变的新闻运动，运动的中心便是猛烈抨击客观性这一概念，当时涌现出来的新新闻报道样式如下：

- 新新闻学（The New Journalism）：作者大量借用文学手法进行新闻写作，如描写、对话、独白及其他各种手法，这些都是之前坚持用 5W 要素写作的编辑所不能接受的。

● 鼓吹式新闻学（Advocacy Journalism）：毫无廉耻地支持记者为了一些特殊的事件和原因而违背公正、客观的传统。

● 调查性报道（Investigative Reporting）：揭露腐败等社会问题的报道，采取对抗的立场，有时也提出解决方案，而不仅仅是无趣地进行速记式新闻报道。

● 服务式新闻（Service Journalism）或营销式新闻：采用了不同以往的新闻定义，强调新闻具有普遍性或符合大多数人的兴趣，而不是强调独特性和新鲜性。在这种新闻样式中，新闻报道的材料和风格选择都尽量以获得受众认可为目标。这类报道针对所有人，而不是某些不寻常的个体。这种新闻样式（在第 10 章讨论过）非常依赖市场调查。

● 精确新闻学（Precision Journalism）：将调查研究等社会科学方法作为报道工具，确定社区中发生了哪些重大新闻。

● 公民新闻（Civic Journalism）：兴起于 1990 年代的新闻运动（见第 13 章），认为新闻应该鼓励公众参与报道，使其在帮助社区设置议程和寻求政治对策等方面扮演更为活跃的角色，而不仅仅是进行客观报道。

　　所有这些新式新闻都宣称比传统的新闻客观性更客观，新新闻学记者认为与冰冷呆板的客观报道相比，他们能提供更具韵味、更富感情的报道作品。汤姆·沃尔夫（Tom Wolfe）说："我们所展示的是主观事实，它的确比传统的报道更为客观。"鼓吹式新闻记者也认为，他们比那些因循守旧的同事更接近客观事实，他们说："既然我们都有观点，为什么不大大方方地承认呢？"雷蒙德·蒙戈（Raymond Mungo）在 1960 年代曾发文批判记者总是呈现事实而忽略了真相。营销式新闻记者指出："我们为受众提供他们想要的内容，我们的新闻更流行、更有贴近性。"精确新闻学的支持者补充道："我们突破了直觉的局限，使用电脑和数据描绘出社区最具代表性的图景，这是在新闻机构能力范围内完成的。"

　　面对这样的批评，支持客观性的基础几乎崩塌了。尽管对客观性的批评很多都是有依据的，像 1950、1960 年代的新式新闻运动就表现出了这一点，但我认为这些言论还是有些言过其实。当一种流行的思维模式被摒弃时总是会出现这种情况，那些推动新观念的人觉得有必要直接戳中旧观念的核心。但在客观性的争论中，这种方式并不好使。新式新闻运动无疑壮大了美国新闻业，但在客观性完全被摒弃之前，我们有必要重新审视它。客观性之所以失去支持，是因为它被视为一个遥不可及的目标。但这种判断其实太过草率了，我们应该重新认识客观性。

　　那么，客观性到底是什么呢？在《韦氏第三版新国际英语大词典》（*Webster's Third New International Dictionary*）中"客观性"就是：

　　　　公开的或不同主体之间可以观察并证实的，尤其是通过科学方法进行证实的……

它独立于个人的理解和感知之外……它的本质是用理性的头脑确保事实、真实性和有效性……在表达和概括事实时避免由个人感觉和偏见造成的曲解。

客观性像梦一样捉摸不定吗？记者不可能达到完美，这一点是没有争议的。但是在人类能力范围内力争做到公平公正，真的不可能实现吗？观察并报道所观察到的要素，让那些想核实这些要素的人去核实，真的不可能做到吗？如果我们没有对社区和周边发生的事达成一致观点，难道我们不能为不同的解释和推测留一些空间吗？面对所有这些问题，我想以一个响亮的"能"作为回答。

有趣的是我的合著者提到了发生在2004—2005年的CBS新闻主播丹·拉瑟辞职事件，在这起事件中，争论的焦点就是客观性或者说是被证实的事实性信息。乔治·W.布什在美国国民警卫队服役的经历是其总统竞选的一个重要亮点，CBS找到的资料似乎很有破坏力，它证实了一些评论家的说法，即总统在越南战争中称不上是一个值得被称赞的年轻官员。CBS新闻所提供的文件是一个正面确凿的证据，坐实了一种流传的说法。然而因为这份文件显然是有人伪造的，而CBS在此过程中至少存在失察的责任，这导致《60分钟》撤回在非周末节目中播出的新闻，整个电视网声誉受损。在后来的调查中，索恩伯格/博卡尔迪（Thornburgh/Boccardi）委员会认为，CBS新闻内部缺乏严格的新闻检查和核实机制。在我看来，CBS至少可以声称其证据是"客观的"，或者它已经获得了充足的证据证实自己的报道，但伪造的文件显然都不适合这两种情况。虽然之后也有些争论认为针对布什的指控是真实的，但由于证据是伪造的，即使公众从CBS的新闻报道中准确地了解了事实真相，但CBS并没有尽到一家新闻机构应尽的责任。

我相信，只要我们采取系统化的决策方法，新闻客观性是可以实现的。我们可以借用近几年来出现的值得称赞的新闻风格，它们不是纸上谈兵式的复杂的学术实验，而是能使新闻业变得越来越值得信赖的现实策略，同时还使用理性的决策工具，主要包括三个方面：第一，在新闻报道实施过程中开展战略策划；第二，运用系统性工具分析社区、收集信息；第三，对所采用的表述方式进行清晰描述。

战略策划 多年来，美国的公司都致力于布控战略策划，公司战略包括：已经达成共识的一套方法，对决策关键点的理解，朝着最佳目标通力合作的努力。新闻业可以从这个方法中吸取经验，在采集和制作新闻的过程中做出理性选择，其结果未必就是纯主观的。编辑罗纳德·比尔（Ronald Buel）认为，新闻就是必须被制作成产品的核心信息，在此过程中包含了一系列相关决策：

（1）信息配置：什么内容值得被报道？为什么？这取决于出版物的类型和定位。如果一家报纸的定位是尽可能充分地报道整个社区发生的事，它就不难列出需要报道的社区生活中不同部分的清单。这样列清单的方法就脱离了之前强调在公共建筑物（如法院）内发生的事的旧式信息分类系统，转而从生活方式、工作场所、商业、潮流与趋势、环境等因素出发考虑问题。在报纸对于新闻的独特定义中，做出能被界定、被证实的理性决策并不难。例如，在政治活动报道中，报纸应该能解释它怎样报道不同的竞选人以及为什么有些人被认为比其他人更重要。这种解释应该能形成关于竞选活动的一种观点，而报纸观察者结合报纸对于该新闻的最初假设也会认同这种观点。报纸同时也要考虑经济因素，例如员工规模。

（2）信息采集：采集多少信息才算足够？这同样是关于定义的问题。但也有一套合理化标准，使训练有素的记者知道他们怎样才算采集到足够的信息，从而可以形成完整的报道，回答其中的关键问题。同样，圈外人也应该能够明白报纸决策的基础。这里的准则是，在一则具体的新闻报道中是否所有关键问题都已经获得了答案，而且这些答案都有适当的消息来源作为证据。这种合理完整性（reasonable completeness）标准，常被用来为诽谤诉讼辩护，因为新闻机构越来越多地被要求解释它们的工作标准。

（3）信息评估：哪些信息足够重要且可以被放进报道？一旦信息被采集，只有一部分会被报道采用，那要选择哪一部分？为什么选择这部分？有时候报道者会列出一个重要性清单，特别是如果编辑因为版面空间限制，要求记者压缩长篇报道，这种做法就是合理的。例如，如果记者正在报道一场审讯，他很容易列出那些主要事实、主要消息来源和相关解释清单，但如果要求记者对这个单子上的内容进行大幅度删减，他就必须找出哪些是全面精确表述新闻所必需的信息，这才是真正的考验。

（4）信息写作：使用何种语言和图片？好的写作是富有想象力的，其中包括一些解释，而这些解释并不能完全被证实。写作增加了语调和复杂的认知。但是要合理地展现作者的印象，使其与纯粹的事实区分开来，其实并不难。这样的写作方法可能会提供一些主观的描述，但它仍需要尽可能地使普通读者身临其境。毕竟，新闻写作的发表平台是大众媒体（它不同于文学和专业出版物），应该使用大家都能理解的语言和图片。

（5）信息编辑：哪条报道应该成为头条放在报纸的开头和广播电视节目的开始？哪条应该被撤下？哪条应该修改和删减？我们需要再一次回到新闻机构的组织目标战略上来——对于受众来说，什么最重要？一旦理解了这点，就可以做出删减材料和筛选重点的决定了。媒体机构的基本策略是以新闻价值为基础的，例如，政府新闻可能被认定比商业新闻更重要，因为它会影响更多人。当然，最重要的是选题策略要有规律和持续性，只有这样读者才会对新闻的规则有清晰理解。因此，新闻价值总是扮演着重要角色。我们不可能制定出一套适用于各种社会框架的统一的新闻价值标准，对尼日利亚、拉各斯来说是正确的答案，对得克萨斯、奥斯汀可能不一定正确。

145　　**表述方式**　至少应该考虑三种新闻表述方式。

描述性报道（Descriptive Stories）是最容易核实的。某些事情即使存在细节方面的争议，但也是可以被展现和证实的。

在采用分析性报道（Analytic Stories）时，我们就某个话题列出一个可能的消息来源清单，请他们陈述个人观点。报道者对报道做出解释并构建意义，不过这可能被任何仔细阅读报道的读者识别出来。同样，如果报道者漏掉了一个可能的消息来源，读者也会发现这个问题并对此做出评价。

因果式报道（Consequential Stories）是最为棘手的，但记者仍然可以通过推断和猜测不偏不倚地呈现出因果关系。

无疑，阿芒·马特拉认为新闻报道这个过程胆大妄为、令人震惊，它假设记者有可以穿透事实的超能力。但作为一名记者就是要报道正在发生的事情，如果你认为这种行为是狂妄的，那就是说这个职业是狂妄的。这个过程就是新闻业社会功能的体现，它可以通过经得起检验的系统化方法来实现。真正的考验在于，处在相同文化背景中的理性的人，如果自己做报道的话，是否能得出相同或者相似的结论。一个受过严格训练的律师对于一起审判的观点当然会与普通人有所差异，但这种差异不能否认这样的事实，那就是大众传播以大众为目标，并努力形成职业规范。媒体是公众在社会中的代表，是公众的眼睛和耳朵，它们有责任呈现通俗易懂的报道，为公众描绘出合理的、有代表性的社会图景。新闻或科学层面上的客观性并不意味着所有决策都不能有价值基础，而是指在职业规则范围内，努力采取系统化的方式实现不偏不倚的报道。

21 世纪早期，有人谴责所有的新闻活动都有政治动机，特别是那种被广泛接受的观点，即认为媒体是自由的，就意味着媒体倾向于自由激进的观点和民主党候选人。我对此深感疑虑，这些观点会对严肃的新闻专业主义造成真正的伤害。我认识的记者、编辑、新闻管理者都试图纠正这一观念，他们希望把追求事实和提供证据作为他们职业生涯的一部分。如若不然，他们就会成为不道德的信息拾荒者，唯一目标就是通过政治新闻去谄媚权贵。当然，新闻界确实存在这样利用媒体来为自己寻求名望和财富的人。例如 2003 年、2004 年《纽约时报》和《今日美国》先后被曝出有不诚实的记者，其受到了公开的谴责。大受好评的电影《欲盖弥彰》正是记录了这样的案例。但这些是例外，是道德范畴内不常见到的特例，大部分新闻人还是信奉公正性原则的，他们遵循伦理，寻求信息。他们不能确保这些信息一定能达到公正或客观这样难以捉摸的目标，即便如此，他们在判断当下新

146　闻界应该做什么不应该做什么时，还是会保持必要的洞察力。特别是在"9·11"事件发

生几个月之后，CNN 时任董事长沃尔特·艾萨克森（Walter Isaacson）给他的驻外记者发送备忘录，要求他们注意"平衡"报道阿富汗战场上的"伤亡和困苦"，应该认识到这场战争是"9·11"恐怖袭击的直接后果，这一举动引起了轩然大波。

当我开始写关于新闻客观性在 1960、1970 年代遭遇的冲击时，我采访了数十位非主流新闻记者（alternative journalist）、文学新闻记者（literary journalist）和其他类型的记者，整理了关于新新闻学的大量资料。他们和如今的记者一样，发现了现状的不足，甚至是堕落之处。他们的回应是放弃客观中立的价值观念，转而追求更有激情的目标。这与今天的公民新闻或其他寻求改变的诸多建议一样，本意是良性的。但是对于客观性的基本构建仍然是一个有价值的目标，如果一家媒体希望具有真正的公信力，而不仅仅是像世界大部分国家的媒体那样沦为党派媒体的一部分，这个目标就仍值得我们为之奋斗。美国媒体形成的严谨的新闻采集和呈现方法值得保留与发扬，对于媒体目前在呈现方式方面的问题的批评也会使媒体自身受益。

我的合著者梅里尔提到了我之前和意大利作家、评论家安伯托·艾柯的一次对话。那是我带领的一个美国新闻院长学术考察团与艾柯开展的一次研讨会，艾柯在此期间批评美国新闻业缺乏热情，冷漠、懦弱并且不愿意表态。面对他劈头盖脸的抨击，我渐渐发现他并没有理解自己的批评对象的内在基础。因此我对他说："艾柯教授，您需要知道客观性是我们美国人的意识形态。"我的意思是作为一种哲学基础、一种理念或一个目标，客观性可能会令一位欧洲评论家感到不悦，但它却与我们的新闻业传统完美契合，它是我们的新闻业信仰。将科学的严谨与文学的风格结合起来是美国新闻业追求的方向，如果放弃这种努力，转而支持草率、放纵的意见表达和公然的主观性，并不是一件光彩的事。

▌论点总结：新闻客观性是可能实现的

客观性是呈现信息的一种方法或者说是风格。在 1960、1970 年代，新式新闻风格的兴起，对客观性造成了巨大的冲击，客观性在人们的观念中成为一个不可能实现的目标。然而，如果新闻的制作遵循严格的系统化决策程序，实现客观公正并非现代记者遥不可及的目标。这种程序包括对报道过程展开战略策划，使用系统性工具分析社区事务并采集信息，清晰地界定所采用的表述方式等。遵循这些原则，记者就可以不偏不倚地报道社区新闻，或者最起码可以将主观结论与客观事实区分开来。最终目标就是，让每位读者在阅读报道后，所表达的看法都是相同的。这个目标在现代新闻业中并非不可能实现，但提供公

147

正的报道确实需要系统化的努力。

在线搜索

以下列术语和词组为关键词在 InfoTrac College Edition 上搜索更多信息：事实（fact），意见（opinion），公正性（impartiality）、超然（detachment），偏见（bias），观点（opinion），客观性（objectivity），客观的（objective），鼓吹式新闻学（advocacy journalism），考证（verification），归因（attribution），新闻源（news sources），主观性（subjectivity），价值判断（value judgment），平衡（balance），公平（fairness），倒金字塔结构（inverted pyramid）。

讨论题目

1. 人是一种有主观性的存在，怎样才能客观地报道和呈现新闻呢？

2. 你认为大多数记者理解的新闻客观性是什么？按照他们的定义，你认为记者（能做到）客观吗？

3. 在新闻报道中呈现事实、呈现所有事实、只呈现事实，可能做得到吗？事实与客观性有怎样的联系？

4. 如果一位报道者在报道中没有明确指出消息来源，或者决定给未成年犯罪人员匿名，这样的报道是客观的吗？

5.1960 年代的新新闻主义信徒认为，新新闻主义比美联社的新闻形式更为客观。现代的公民新闻运动也曾做过类似的声明。你如何理解这一观点？你认为这些说法正确吗？

研究题目

1. 比较科学或社会科学中的客观性与新闻客观性的异同。它们在概念和实践方面有哪些不同？指出真正客观的科学调查与记者所谓的客观报道的差别，并使用具体案例说明。例如，比较在《科学》杂志或者其他科学类期刊上的调查性文章和《华尔街日报》这样出版物上的新闻报道，分析调查者采用的方法、证据、证据解释等多方面的差异。

2. 写一篇论文，阐释"公正"这一概念。"公正"是什么？媒体怎样定义和实施它？你对于外行人士如何判断媒体对某件事报道的公正性有何看法？如果你愿意，从"公正"的角度评价两到三个对于同一事件的不同解释。

3. 研究鼓吹式新闻学，它是什么？它和客观新闻学有什么不同？

4. 任选一个有争议的话题，写一篇论文谈谈你在收集关于此话题的信息时，将如何努力做到客观。具体指出在信源选择、信息引用及观点总结等方面你是如何决策的。

5. 站在梅里尔和丹尼斯对于客观性认识的中间立场上写一篇论文。假设他们都给了你他们辩护立场上的最佳案例，你同意哪些观点，不同意哪些观点？

 ## 延伸阅读

Alterman, Eric. *What Liberal Media? The Truth about Bias and the News.* New York: Basic Books, 2003.

Cohen, Stanley, and Jock Young, eds. *The Manufacture of News.* Beverly Hills, CA: Sage, 1973.

Coulter, Ann. *Slander: Liberal Lies about the American Right.* New York: Crown, 2002.

Cunningham, Brent. "Re-thinking Objectivity." *Columbia Journalism Review*, July/August 2003, at www.cjr.org/issues/2003/4/objective-cunningham.asp.

DeFleur, Melvin L., and Everette E. Dennis. *Understanding Mass Communication*, 7th ed. Boston: Houghton Mifflin, 2002.

Fallows, James. *Breaking the News.* New York: Vintage, 1997.

Gans, Herbert. *Deciding What's News.* New York: Pantheon, 1979.

Gans, Herbert. *Democracy and the Media.* New York: Oxford University Press, 2003.

Glasser, Theodore, and James Ettema. *Custodians of Conscience: Investigative Journalism and Public Virtue.* New York: Columbia University Press, 1998.

Goldberg, Bernard. *Bias: A CBS Insider Exposes How the Liberal Media Distort the News.* New York: Regnery, 2001.

Hayakawa, S. I. *Language in Thought and Action*, 5th ed. New York: Harcourt Brace Jovanovich, 1990.

Hunt, Todd. "Beyond the Journalistic Event: The Changing Concept of News." *Mass Communication Review* 1 (April 1974): 23–30.

Korzybski, Alfred. *Science and Sanity.* Lancaster, PA: Science Press, 1933.

Lambeth, Edmund B., ed. *Assessing Public Journalism.* Columbia: University of Missouri Press, 1998.

Lichter, Robert, Stanley Rothman, and Linda Lichter. *The Media Elite.* Bethesda, MD: Adler & Adler, 1986.

Manoff, Robert Karl, and Michael Schudson, eds. *Reading the News*. New York: Pantheon, 1986.

149   Mattelart, Armand. *Mass Media, Ideologies, and the Revolutionary Movement*. Atlantic Highlands, NJ: Humanities Press, 1980. See especially discussion of objectivity, pp. 37ff.

McDonald, Donald. "Is Objectivity Possible?" In *Ethics and the Press*, J. C. Merrill and Ralph Barney, eds., 69–72. New York: Hastings House, 1975.

Merrill, John C. *The Imperative of Freedom*. New York: Freedom House, 1994.

Merritt, Davis. *Public Journalism and Public Life: Why Telling the News Is Not Enough*. Hillsdale, NJ: Erlbaum, 1995.

Mindich, David. *Just the Facts: How Objectivity Came to Define American Journalism*. New York: New York University Press, 1999.

Novak, Michael. *The Experience of Nothingness*. New York: Harper Colophon, 1971. See especially discussion of objectivity, pp. 37–40.

Roshco, Bernard. *Newsmaking*. Chicago: University of Chicago Press, 1975.

Rubin, Bernard. *Media, Politics, and Democracy*. New York: Oxford University Press, 1977. See especially Chapter 1.

Schudson, Michael. *Discovering the News*. Cambridge, MA: Harvard University Press, 1978.

Solomon, Norman. *The Habits of Highly Deceptive Media: Decoding Spin and Lies in the Mainstream Press*. Monroe, ME: Common Courage Press, 1999.

Taflinger, Richard F. "The Myth of Objectivity in Journalism: A Commentary," 1996, at www.wsu.edu:8080/taflinge/mythobj.html.

Tuchman, Gaye. "Objectivity as Strategic Ritual: An Examination of Newsmen's Notions of Objectivity." *American Journal of Sociology* 77, no. 4 (January 1972): 660–67.

第 13 章
公民/公共新闻

1990 年代，美国公众对媒体的信任度不断下滑，媒体作为企业的角色属性愈发凸显，由此引发了一场被称为公民/公共新闻（civic/public journalism）的社会运动。它是学界和业界的思想产物，旨在挽救新闻业日趋下滑的公信力，并成为当时关于新闻业新发展的最热门、最富有争议的话题。公民或公共新闻与社会学、哲学的社群主义方法密切相关，强调在争议和冲突之上建立合作和团体关系。社会学家阿米泰·埃齐奥尼（Amitai Etzioni）是社群主义的提出者，曾著《社群的精神》（*The Spirit of Community*，1993）一书。他发动了一场面向启蒙主义的论战，反对个人主义以及自由主义。这与构建注重合作、以社群主义取代个人主义的公民社会的呼声基本是相通的。对于记者来说，这也意味着他们将扮演变化的代理人角色，反映他们在公共讨论中看到的社区的意愿。这就导致了争议，公众（以公民记者作为渠道）取代作为精英阶层代表的编辑记者，成为新闻议程设置的主体。

在新闻传媒学界和教育界，纽约大学的杰·罗森和伊利诺伊大学的克里福德·克里斯琴斯两位教授都是推动公民新闻运动的早期领袖。同时期推动公民新闻运动的，还有堪萨斯州威奇托市的报纸编辑戴维斯·梅里特（Davis Merritt，Jr.）和其他一些报纸、广播、电视媒体的从业者。此外，深入参与公民新闻运动的还有密苏里大学的埃德蒙·兰贝思、埃斯特·索尔森（Esther Thorson），北卡罗来纳大学的菲利普·迈耶和斯坦福大学的西奥多·格拉瑟（Theodore Glasser）。对于那些接受了公民/公共新闻的媒体机构而言，这通常意味着要通过报道推动民生改善和社会进步，这是媒体对过往时代开展的一场温和的十字军东征。杰·罗森称其为促进民主的建设性行为，大多数支持者强调更民主的而非受体制束缚的新闻业，他们认为之前的新闻业反映的是专业从业者的意愿，而这些专业人士时常与自己的受众脱节。据统计，大约 200 家媒体机构启动了公民新闻项目，一些由基金会赞助，也有一些是公司管理者促成的，其中就包括奈特-里德（Knight-Ridder）报业集团已故总裁詹姆斯·巴藤（James Batten）。

公民新闻从来没有一个清晰的定义，许多人认为它是对客观性概念或追求公正的媒体的一种冲击。事实是，尽管公民新闻在新闻院校和少数几家新闻机构受到热捧，但大多数美国媒体并不接受这种方法，并公开表达反对立场。《纽约时报》和《华盛顿邮报》的高级编辑都曾指出，公民新闻模糊了观点评论与新闻采集之间的界限。一些公民/公共新闻的倡导者对于记者应该客观中立这个观点不以为然，认为新闻介入公共事务才是更为可取的方式。因为只有少部分媒体批评家和媒体领导者支持公民/公共新闻的理念，所以要将这个变革的议题完全确定下来，可以说是道阻且长。公民新闻可能在走下坡路，很多支持者转向了其他项目，减少了为它辩护所投入的时间和精力。一些为推动公民新闻创建的基金会，如皮尤（Pew）、奈特（Knight）和凯特林（Kettering）等，曾因为试图影响和控制媒体议程而遭到尖锐的批评。可能只有极少数普通公众听说过公民新闻，因为它是行业内部的一个概念，但它仍有一些颇有影响力的支持者。

 挑战

梅里尔：公民或公共新闻是健康的媒体发展趋势

1990 年代，公共新闻（或称公民新闻）在传媒领域蓬勃发展，直到我们写作此书的 2004 年，它依然保持着旺盛的发展势头。我认为可以不夸张地说，公民新闻已经落地生根了。当然，它的支持者有自己的目标，那就是连接媒体和公众，使新闻民主化，让更多公民在公共生活和政治事务中变得活跃。为了达到这个目标，公共新闻的倡导者想要打破发端于 18 世纪末 19 世纪初启蒙运动中新闻自由的古老神话，他们想要证明新闻自由本身并不是一个好理念。对于公共记者来说，公共服务和社会责任更为重要，个人主义需要服从社群主义，开展社会合作，以伦理道德规范自身行为。

社区的和谐以及公众介入媒体运作的公共意识尤为重要。实际上，公众在媒体传播内容的选择方面有很大发言权。公共新闻认为传统的资本主义媒介理论傲慢、精英主义、排外、不负责任、肤浅并且以自我为中心。简单地说，它并没有激发公众的参与，也没有推动社会的进步。

令人振奋的是，公民和媒体人开始质疑陈旧的、个人主义的、以自我为中心的媒体哲学，将关注重点从机构化媒体转移到公众，这是很好的现象。我们所有人都应该在新兴的社群导向的哲学中找到共识，并且欢迎即将到来的全新的、更加民主的人民新闻学。在当前混乱和虚无主义蠢蠢欲动的背景下，新的公共新闻学可以促进社会稳定和自由。我们应该清晰地认识到，社群及其需求要优先于个人及个体权利。

克里福德·克里斯琴斯、杰·罗森和埃德蒙·兰贝思等传播学者曾指出，有必要形成一套统一规范的道德标准，新闻记者也应该认识到，他们需要循规蹈矩地工作。纪律和共同价值将保证新闻事业更平稳地运转。一个以民为本的新闻业会比以记者为本的新闻业更为理性，这正是公共记者所倡导的理念。公众对媒体的信任度正在快速下滑，我们可以看到媒体上充斥着廉价、肤浅甚至色情的信息，小报作风在新闻业盛行。互联网对整个传播系统产生了深远影响，技术发展了，而媒体质量却降低了。公共记者将扭转这种局势。公共记者和社群主义者认为新闻自由主义有过它的发展机会，但它现在失败了，或者说正在经历失败。

这个新的公共新闻有哪些特点呢？让我们来看《好新闻》（Christians，Ferre，and Fackler，1993）所做的言简意赅的精彩总结。大家很难对此提出异议，当然，我可以确定丹尼斯教授在后面会提出他的异议。以下就是对公共记者的建议：

- 记者应该发表那些可以凝聚公众而不是割裂公众的信息。
- 记者应该为社区公众提供他们需要的信息，而不是记者希望他们接触的信息。
- 记者应该遵循一套统一的伦理标准，而不是随机应变或者陷入道德相对主义的陷阱。
- 记者应该摒弃政治的自由权利，因为这种权利缺乏合理性依据，应该服从政治的公共利益。
- 记者应该提倡积极的新闻，它们旨在巩固和提升社区价值，而不是摧毁社区精神。
- 记者应该抛弃新闻自治和编辑自我决策的陈旧观念以及与之伴随的个人主义和消极自由主义。
- 记者应该报道精准、平衡和全面的新闻，实现新闻的本土化和特色化，使其更贴近社区。
- 记者应该牢牢坚守告知真相和公众知情权这些基本原则规范，这是公民新闻记者深信不疑、不能妥协的原则。
- 记者应该意识到"全体团结是社会和道德规范的核心"。
- 记者应该认识到，媒体启蒙哲学导致新闻业的理论基础和使命的困惑，并将一些实质性问题的讨论排除在媒体道德议程之外。

- 记者应该摈弃启蒙运动中的个人理性主义。

这些是社群主义者和公共记者列出的众多建议中极少的一部分，但这些可能是最重要的部分。公共记者认为，思维周密、恪守道德的人是不能容忍失控的个人主义和被滥用的自由主义的。

公共记者想使新闻机构民主化，使它成为广泛面向受众，并且对记者本身更负责任的组织。新闻机构应该更具参与性和民主气氛，全部员工在决策过程中都有更大话语权，公众也应该意识到自己参与媒体编辑工作的责任。公共记者认为，通过发起代表公民的核心组织，调查公众意愿并引领公众进入新闻媒体的日常决策过程，上述目标可以实现。

此外，公共记者将重新连接公众和媒体，提高媒体信誉，鼓励公民更广泛地参与政治和社会活动。公共新闻将通过积极、正面的报道促进社区理念的形成。它更强调本地视角，注重报道那些有助于解决社区问题的事件，公共记者们成为社区行动中的一支积极力量。

很难理解，怎么会有人反对公共新闻。现在的确需要开始考虑个人主义和自由的局限性了，把社会责任和道德提升到比媒体自治更优先的位置，对媒体及其精英领导者的傲慢和自以为是坚决说"不"。这一天已经到来，诸如公共记者这些关于新闻业的全新概念已经被提出来，任何能使我们的媒体变得更加负责任、有公民意识、更民主、更关注公共礼仪的做法都会受到诚挚的欢迎。公共新闻就孕育着这样的希望。

论点总结：公民或公共新闻是健康的媒体发展趋势

154

近几十年来，"公共新闻"这一概念已经渗透到新闻业。这是一种良好和健康的发展趋势，因为它不再强调原子主义、个人主义和过时的18世纪启蒙运动时期的自由主义哲学，转而追求社会利益，包括社区和谐、稳定和发展。

公共新闻学将群体或者社区置于个体之前，将媒体的义务置于权利之前。它包含了这样一种理念：建立一套通用的媒体道德伦理准则。这套准则提倡积极有益的新闻，摈弃消极分裂的新闻；让公众而非媒体成为议程设置者；提倡准确全面的报道；寻求普遍的团结；否定了媒体是第四权力或者政府看门狗的说法。这的确是个健康的趋势。

回应

丹尼斯：公民或公共新闻不是健康的媒体发展趋势

　　面对我的合著者约翰·梅里尔这次提出的挑战，我要给当今美国新闻业备受关注的社会运动泼冷水，而且这一运动正致力于提高公共事务新闻报道的品质。我曾参加过由杰出的社会学家阿米泰·埃齐奥尼领导的社群主义运动的一些活动，我知道他们为激发公民意识和提高公共生活质量等方面做出了巨大努力，这对社会中每个个体来说都是一次有意义的尝试，但这是否要成为新闻的功能，就得另当别论了。梅里尔教授不加辨别地赞同社群主义，然后将其关于一种新的新闻伦理的争论隐藏在"社群主义"这个术语之下，这是个别自命不凡的学界人士和社区活动积极分子常用的伎俩。然后他话锋一转，开始讨论更多由公民或者公共新闻所代表的所谓的"新闻运动"。这种试图改变报纸和电视台的社区新闻报道模式的近乎狂热的努力，在早期得到了纽约大学出版社公共生活项目（Project on Public Life）的支持，新闻学教授杰·罗森（2000）和编辑戴维斯·梅里特（1995）最早开始讨论这些概念。近些年（1992—2004 年）来，北卡罗来纳州的夏洛特和堪萨斯州的威奇托同意参与一个旨在促进选举报道的议题导向项目，公共新闻随之开始在选举报道中扮演重要角色。学者菲利普·迈耶所做的实验研究发现，阅读报纸的人会敦促候选人关注报纸认为重要的那些问题。与之非常一致的是，皮尤研究中心公共新闻项目也对报纸和电视台在公共新闻方面的努力表示支持和肯定，一些网站也表达了对公共新闻的兴趣。

155

　　凯特林、奈特和皮尤三大基金会为公共新闻提供了资金支持，资助内容包括学界的研究和新闻机构的实践。它们与公共新闻的其他一些支持者们看起来正紧锣密鼓地向新的新闻伦理推进。这种伦理要求媒体深度地参与社区事务，用一位批评者的话说就是"走上街头"（join the parade），帮助公民厘清并解决社区问题。很多报纸从业者担心他们的媒体正在走向衰亡，因此他们也加入了游行的队伍，不加辨别地把公民新闻看成解决他们糟糕状况的一剂良药。这就好像死马当作活马医，因为对他们来说没什么可以失去的了。我认为报纸消亡论太过夸张了，报纸的未来取决于报纸的内容和其与电子传播方式的融合，报纸可以在媒体人和公众之间建立更好的互动关系。我并不认为内容是报纸销量下降的真正原因，人们并没有拒绝他们在报纸上获得的内容，他们只是觉得通过电视获取这些信息更简单高效（McGill and Szanto，1995）。因此，我认为公共新闻运动的根本性错误在于：想当然地认为更好的内容会拯救这些报纸，就仿佛我们现在才认识这些报纸一样。当然，我支持任何试图改善新闻界的努力，不论要实现其最终目标是多么遥遥无期。

但请等一下，关于公共或公民新闻/社群主义运动还有另一个问题：它改变了记者的基本功能。在过去几十年间，社会工作者发起社区组织、调动社区资源，以解决一系列具体的社会问题，包括医疗服务供给、毒品预控以及其他一些事情。在这里，公共和私人机构联合起来，共同解决问题并促进公共政策的完善。对于社会工作者、政府机构和某些私人利益团体来说，做这些事是合适的；但对于记者来说，做这些事并不合适，因为他们的职责是尽可能公正地报道新闻。正如《每日新闻》（*Newsday*）前编辑霍华德·施耐德（Howard Schneider）所说："我们的工作是报道游行而不是站在游行队伍里。"（The Cronkite Report，Discovery Channel，March 22，1995）公共新闻运动其实根本算不上一场运动，这点我在后面再进行详细解释。它更像是一个巡回路演，旨在鼓动记者成为一名活跃分子，对社区生活中的问题提出更多解决方案，判断什么是有价值的话题，并以四部和声的形式报道这些话题，使其成为公共政策形成过程中的一部分。其结果是关于新闻的决策取决于报纸社论版编辑认为应该发生什么，更坏的情况是取决于媒体推广部门的想法。《华盛顿邮报》执行主编伦纳德·唐尼（Leonard Downie）支持这一批评观点，他说："很多被称为公共新闻的事情，看起来就是我们的推广部门所做的事，只不过是换了个名头，听起来更有蛊惑性罢了。"（Rosen，1994，14）

从公共新闻在新闻领域流行开始，到现在十多年过去了，其风头已经开始减弱了。首先，支持公共新闻的新闻机构寥寥无几。主流新闻媒体始终对其保持敬而远之的态度，但也有一些主要地方报纸和大型报业连锁公司支持公共新闻，原因很复杂。威奇托、阿克伦、夏洛特和西雅图等城市的报纸曾是公共新闻的早期支持者，而《费城问询报》（*Philadelphia Inquirer*）、《华盛顿邮报》的编辑们却抵制它。《圣路易斯邮报》提供了一个集中推行公共新闻的典型个案，该报于 1996 年任命科尔·坎贝尔（Cole Campbell）为主编，坎贝尔是一位饱受争议的公共新闻运动领袖，他试图执行一套以公共新闻为导向的体制，结果遭遇了诸多障碍，其中包括员工的集体抵制，直到 2000 年 4 月他递交辞呈。坎贝尔的经历可谓坎坷，但他确实验证了公共新闻的一些主要理念，为全面重组新闻机构做出了最大努力。

事实上公共新闻的光环已经褪去，即使有媒体仍在推行公共新闻，但它们也是在低调地进行，并没有大张旗鼓地吹嘘和炫耀。一些支持者认为公共新闻已经取得了一定的成功和确定性，一些大学将公共新闻作为一种新的新闻意识形态加以推崇。关于公共新闻的挫败感或许源于对其合理性的批判。公共新闻还没有一个真正的定义，至少没有一个严谨的定义，有很多书尝试解决这个问题，但最终并未达成共识。2003 年，一群学者和记者在肯纳索州立大学的一次会议上成立了公共新闻网（Public Journalism Network，PJNET），他们在那里发布了"公共新闻宣言"，列出了一系列旨在"加强新闻与民主之间关系"的原则。与 1990 年代中期公共新闻运动所提出的激烈的观点相比，这些原则还是略显温和的。事实上，这些原则更多是重申了长期存在的新闻标准和被称为社区新闻学的一些理念。在我看来这则宣言更像是求和声明，因为它试图改善公共新闻备受争议的形象，这种形象使其长期以来一直被抵制。

宣言中的一些原则尽管是老生常谈，但却经得起反复推敲。公共新闻强调要听取公众的意见，这一点是合理的。在电子媒体创造的互动传播时代，这是一个好建议。宣言中关于要真正理解社区的承诺也是如此，自 1930 年代以来，几乎每一本关于社区新闻学的书都在强调这一点，我认为这是接受传统价值、破除社会对公共新闻偏见的一个聪明方法。媒体当然应该报道、分析、解释、评论当前重要的议题和问题，可是如果要针对这些议题和问题采取某些措施，那记者就不再是记者了，而是会变成参与者、积极分子、倡议者，甚至是宣传家。

不，我们应该把这些事情留给社区选举出的领袖以及那些大型机构和利益集团的代言 *157* 人去做。一旦媒体直接参与社区决策，那就会引发利益冲突，媒体就不再具有批判的特权了。更为糟糕的是，媒体在公共政策制定中如果成为公众的合作者而非代言人，那么将失去公众的信任，其赌注是宝贵的媒体公信力。因此，发展新闻业的方式有很多种，我们应该朝着那些有价值而且重要的方向去努力，但公共新闻是一个坏主意，人们应该主动站出来抵制这种观念和行为。

论点总结：公民或公共新闻不是健康的媒体发展趋势

社群主义是一种被倡导的公共哲学的学术表达。在新闻学领域中，它经常出现在公民或公共新闻的旗帜下，它要求媒体通过自身报道参与社区问题的解决。这种观念混淆了新闻和社会工作层面上的社区组织的概念。公共新闻理念存在的错误包括：（1）认为更好更多的实用性内容会扭转报纸销量下滑的现实，但这缺乏有效证据；（2）认为记者应该针对社区问题积极表态，但这种做法会使记者失去公正性并损害媒体公信力，记者应该报道游行，但不应该参与其中。公共新闻在 1990 年代后期达到了巅峰，如今的形势更多认可传统的新闻理念，同时呼吁媒体更彻底全面地报道社区事务。

在线搜索

以下列术语和词组为关键词在 InfoTrac College Edition 上搜索更多信息：公民社会（civil society），社群主义（communitarianism），个人主义（individualism），自由主义（libertarianism），公共新闻（public journalism），公民新闻（civic journalism），服务新闻（service journalism），公民美德（civic virtue），社区组织（community organization），发展新闻学（developmental journalism）。

讨论题目

1. 社群主义这一概念会如何改变媒体的角色？如果改变了的话，报纸、杂志、电视将会有什么不同？

158

2. 以受众为本的新闻和以记者为本的新闻之间真的存在不同吗？

3. 为什么关于公共新闻的辩论会在美国传媒业引起巨大争议？

4. 1947 年的哈钦斯委员会报告上提出的新闻工作原则与现在的公民新闻运动及其在媒体机构中的实践有何关联？

5. 公民或公共新闻倡导者的幕后动机是什么？抨击者的幕后动机又是什么？

研究题目

1. 梳理社区运动从启蒙运动时期到现在的发展历程，一些主要观点是如何被阐释的？又是如何得以发展成熟的？

2. 结合案例，对比分析公共新闻与更为传统的公共事件报道。

3. 对你所在的社区和州的当地媒体开展调查，探究它们对于公民或公共新闻的态度以及它们是否将公共新闻理念付诸实践。

4. 思考两种假设。假设一：公民或公共新闻没有实现其承诺，现在已经被边缘化，根本称不上一种社会运动或是新闻运动。假设二：公民或公共新闻的许多目标都已经达成，公民新闻已经与标准的新闻实践模式和目标融为一体，不再引发争议。

5. 比较分析公民新闻的主要理念和传统的新闻客观性理念。公民新闻学和鼓吹式新闻学之间是否存在不同？如果存在，其不同之处是什么？

 延伸阅读

Christians, Clifford, John Ferre, and P. Mark Fackler. *Good News: Social Ethics and the Press.* New York: Oxford University Press, 1993.

Clark, Roy Peter, and Cole C. Campbell, eds. *The Value and Craft of American Journalism.* Gainesville: University of Florida Press, 2000.

Corrigan, Don. *The Public Journalism Movement in America: Evangelists in the Newsroom.* Westport, CT: Greenwood, 1999.

Dennis, Everette E., and Robert Snyder. *Media and Public Life.* New Brunswick, NJ: Transaction Press, 1998.

Etzioni, Amitai. *The Spirit of Community: Rights, Responsibilities and the Communitarian Agenda.* New York: Crown, 1993.

Fallows, James. *Breaking the News: How the Media Undermine American Democracy.* New York: Pantheon, 1996.

Gans, Herbert. *Democracy and the News.* New York: Oxford University Press, 2003.

Glasser, Theodore L., ed. *The Idea of Public Journalism.* New York: Guilford Press, 1999.

Janeway, Michael. *Republic of Denial: Press, Politics and Public Life.* New Haven, CT: Yale University Press, 2000.

Lambeth, Edmund, Philip Meyer, and Esther Thorson. *Assessing Public Journalism.* Columbia: University of Missouri Press, 1998.

McGill, Lawrence, and Andras Szanto. *Headlines and Sound Bites: Is That the Way It Is?* New York: Freedom Forum Media Studies Center, 1995.

Merrill, John, Pester Gade, and Fred Blevens. *Twilight of Freedom: The Rise of People's Journalism.* Mahwah, NJ: Erlbaum, 2000.

Merritt, Davis. *Public Journalism and Public Life: Why Telling Stories Is Not Enough.* Hillsdale, NJ: Erlbaum, 1995.

Perry, David K. *Roots of Civic Journalism: Darwin, Dewey and Mead.* Lanham, MD: Rowman and Littlefield, 2003.

Public Journalism Network, January 2004 update of Kennesaw Summit, at www.kennesawsummit.kennesay.edu.

Rosen, Jay. "Public Journalism," *Editor and Publisher* (12 November 1994): 14.

Rosen, Jay. *What Are Journalists For?* New Haven, CT: Yale University Press, 2000.

Schudson, Michael. *The Good Citizen: A History of American Civic Life.* Cambridge, MA: Harvard University Press, 1999.

Shepard, Alicia C. "The End of the Line." *American Journalism Review,* July/August 2000.

第 14 章
数字战略：互联网与新媒体

　　媒体机构、多种媒体渠道和媒体公司职员们要采取何种策略以充分利用互联网以及其他一些新媒体平台的相关优势，是传媒业的一个热门话题。无论是适应时代还是开发新的媒体产品引领潮流，各家媒体公司都在迎接新媒体时代的到来。自 2000 年以来，它们都在经历大调整，2000 年是互联网泡沫在股票市场上破裂的一年，整个媒体行业都遭遇巨大震荡，许多公司眼睁睁地看着自家股票价格骤然下跌，投资急剧缩水。一些高层管理人员被解雇，许多公司勒紧了裤腰带，惊魂未定地重新审视数字世界。到了 2004 年，它们大部分恢复了元气，并开始探索拥抱互联网和其他新媒体的有效途径，但是也有许多公司像几年前一样仍然不愿冒险和尝试。与此同时，众多早期以互联网起家的独立企业家则从行业内集体出走或者压缩规模，然而，其中几家曾以搜索引擎为单一业务的公司例如谷歌和雅虎，却成立了自己的媒体公司，不仅传输内容，同时也生产内容。

　　虽然互联网在发展早期已经初露峥嵘，但当时它还只是美国国防部资助的一项科技项目，直到 1990 年代中期才为多数美国人所知晓，彼时高速的个人电脑和高效的软件使这种网络间的网络得以向普通公民开放。借助浏览软件和信息门户网站的发展，互联网以其海量的信息存储和传输能力、便捷的可获得性、互动性和即时反馈等特性受到追捧。如此盛况之前从未出现过，其影响也非常直观。1994 年，互联网用户在成年人口中所占比例为 10％，到 2004 年，这个比例预计达到 66.5％，或者说美国网络用户已经达到了大约 2.18 亿人。许多人在互联网上使用电子邮件进行个人交流，从事电子商务或获取信息。

　　无论对于传统媒体机构还是新媒体机构，互联网都是革新传统的科技利器（例如印刷技术和广播技术），同时也为它们提供了全新平台。最初，那些在传统媒体（包括传统的印刷和电子大众媒体）从业或者习惯了传统媒体的人都意识到了互联网的价值，但他们都把互联网当作传播新闻、娱乐和广告信息的另一个平台。许多媒体公司、报纸、广播、有线电视公司，以及其他各种媒体平台都开始发展网站业务，并把部分或全部的内容进行数字化转换。硅谷（加利福尼亚）或硅巷（纽约）的那些网络企业家们开始创立信息和新闻网站，这些都是完整、独立的商业新闻网站，它们通常没有传统媒体公司的背景。传统的大众媒体也尽力争取更多读者和浏览者，它们与目标更清晰的新兴媒体联合，后者通常定位于某种特定人群，包括分布在世界各地的对某个特定话题有共同兴趣的人。传统媒体通常会受到地域限制，往往定位于某个特定物理空间中的人群；而新媒体则是针对人口学意义上的目标受众，寻找有相同兴趣和爱好的受众群体，更像是专业化的杂志，但比杂志的抵达范围更广，互动性更强。

经过了最初的怀疑阶段之后，一些媒体行业的领导者开始认为互联网将是无处不在的信息高速公路，并对其发展态势持乐观态度。他们意识到，互联网的互动性优势将使其成为一个无与伦比的内容（无论信息、娱乐、意见还是广告）传输平台，可以毫不费力地传播，并且没有印刷和广播媒体那样的相关费用成本。新媒体应该是互动的，可以得到用户的即时反馈，并能持续更新海量信息存储库。

新媒体提供了大量的存储空间，使用者可以收集更多专门为他们定制的详尽资料和内容。专业的媒体从业者可以随时随地获取信息，并将其整合进自己的报道，而不必再进行遥远而昂贵的长途差旅，更不需要往返于法院和图书馆之间进行烦琐的记录查询工作。对于新闻业来说，互联网意味它有机会即时了解受众的反馈，从而依据用户的需求和兴趣构建信息。实际上，即时的市场调查可以和新闻制作和推广结合起来。通过各种链接，新媒体网站可以将信息浏览者与自己的文件夹、新闻服务及其他各种新闻来源中的专业信息联系起来。因此，新闻受众可以真正参与到属于自己的新闻报道制作中去，并且对媒体产生影响，最终在媒体生产者和消费者之间形成更好、更和谐的传播秩序。久负盛名的 MIT 媒体实验室就富有远见地创办了一家为顾客定制的电子报纸《我的日报》（*Daily Me*），实现了这种传播秩序。互联网和新媒体新闻的发展催生了一大批资源丰富的新闻网站，为了抢占受众市场地盘，它们与传统媒体激烈竞争。这就好比早期的汽车生产厂商与同样生产汽车的小型工厂之间的竞争。

对于新闻业来说，互联网具有速度快、互动性强、即时数字化图像、多媒体、无限存储空间等多方面的优势。认识到这些优势的业内人士认为互联网和新媒体会成就越来越好的新闻业。非媒体专业人士则从常识出发进行判断，认为互联网仅仅是对他们长期以来信息接收活动的一种提升。公认的观点是，新闻业将受益于互联网。同时，许多网络媒体机构对传统媒体形成了挑战和竞争。例如 21 世纪早期出现的博客，就在信息和小道消息传

162

递中扮演着更为灵活的角色，与所谓的专业新闻媒体公司产生冲突。

挑战

梅里尔：互联网和新媒体损害了新闻业

互联网可能会被公共记者奉为实现新闻民主化的希望。借助电脑，互联网使人与人之间可以进行更迅速、广泛的联系，也使各种各样的数据能迅速传递到世界各个角落。实际上，互联网把每个人都变成了编辑，不会再有人因无法接触媒体而抱怨。经济因素（教育应该是某种程度上的次要因素）将决定谁是记者，而不需要特殊的训练、兴趣或是奉献。从某种角度看，互联网的出现是件好事，但我认为它对新闻业是一种破坏，或者说它削弱了传统的新闻业。实际上，关于 2004 年美国总统竞选活动的报道就呈现出了这种趋势。一些或许会被丹尼斯教授推崇的博客平台上，充斥着传言、谩骂、流言和谣言。许多博主在未获得真相的情况下就发布了信息，他们乐于向不加怀疑的公众兜售自己并不成熟的观点。新媒体也经常随意地引用这些材料和观点，这是媒体业的耻辱。

你也许会问那又能怎样呢？一个全新的党派媒体时代的到来不是件好事吗？一个能容纳多种意见并使之共存的平台不是能在很大程度上丰富我们的媒体内容吗？当然，你不可能阻止新媒体的发展，不用想也知道人们非常推崇它们。但我们应该更明智地使用它们，尽管这样的努力现在还比较空洞。我们所知道的是，在很大程度上，不明真相的旁观者使用他们的手机发表观点，把自己伪装得像专业记者。大部分博主不是记者，他们只是热衷于通过网络宣泄自己观点的业务人士。未经过滤的博客信息容易扰乱公众认识，这种情况近年来曾无数次发生，更不要说那些毫无根据的指控会对人造成多大伤害了。博主马特·德拉吉是第一批在网络上兜售信息的人之一，他总是早早地泄露出某些信息，不管这些信息是否确切。最近，曾在《新共和周刊》（*New Republic*）工作的博主安德鲁·沙利文（Andrew Sullivan）在其博客上召集大量公众进行同性恋权利的改革运动，这个过程就好像创建了一家个人媒体公司一样。这种做法唯一的错误在于，将事实和观点混为一谈，受众很难在各种观点中把事实挑拣出来。

也许最糟糕的结果会是专业的新闻生产机构将成为过去。我们确实会有更多信息可供挑选，但现在，信息恐怕已经超载了。我们将看到更多作品，大部分文理不通并且枯燥乏味，对公共的文化启蒙毫无价值。聊天室里充斥着懒散和无知的聊天者，几乎没有任何存在的意义。每次在公共传播中需要专业的信息时，我们就会发现自己被越来越多未经证实的、未经研究的、没有底线的信息包围着。这仅仅是无知、歪曲、流言和宣传在更大范围内的传播罢了。马特·德拉吉也许比沃尔特·李普曼更有趣，但我认为他的新闻形式并不比李普曼的对社会更有益。当然，资深传统媒体（如纽约时报社）也可以拥有自己的网站，并提供可靠、专业的新闻产品。

互联网确实将会改善我们的生活，但那主要是科技层面的。从社会层面上，它仍会是个人主义、个体化、业余的。它最大的弱点仍会存在：人们不加辨别地在网络空间里宣泄自己的情感，并通常充斥着色情和侮辱性的表达。在我看来，我们现在已经有了足够的信息——事实上可能是太多了。新媒体使我们被淹没在那些未经消化、未经编辑、不专业的信息中，这些信息往往更适合在私下会谈或是在电话中交流。

如果互联网是新闻业的一种新形式或是新闻业的扩展，那么问题就来了：互联网使用者是媒体成员吗？他们要被囊括在美国宪法第一修正案的范围内吗？他们本质上是记者吗？如果是，我们也许就不需要"记者"这个词了。当然，新闻业已经是一个逐渐泛化的词了，新闻院校甚至已经开始大规模地开展广告教育了。但你听过有人把广告制作者称为记者吗？不管怎样，对一个从事新闻教育半个世纪的人来说，"人人皆记者"这个观念确实不切实际。如果我们的新闻存在缺点并且确实有不良表现，我们就应该培养更好的记者，而不是扩大新闻的范围让每个人都来做记者。社会需要训练有素并且有奉献精神的人从事新闻业，也就是记者，就像是社会需要经过专业训练的医生、律师和士兵一样。

毫无疑问，互联网和新媒体将会继续发展。可是我们不应该认为新媒体用户仅凭着自我放纵乱写一通就可以成为媒体的一部分。美国宪法第一修正案并没有涵盖他们，如果他们诽谤别人，就应该受到相应惩罚（如果你发现了他们是谁），让立法机构通过法律来限制他们的自由。自由不是这个社会最重要的价值，道德才是。当人们看到互联网上那些污秽和轻薄的娱乐信息时，人们就会想，互联网是否和电视、庸俗杂志一起，把这个世界变成疯狂、没有道德底线的科技天堂？

论点总结：互联网和新媒体损害了新闻业

互联网和新媒体正在损害新闻业，它们无声无息地悄然混入新闻业，甚至声称自己是新新闻学的一部分，它们甚至期望美国宪法第一修正案能够保护其权益。一些互联网用户是匿名的个体交流者，从他们那里传播出来的信息缺少把关人的可信性认证；其他使用者则是博客新生代，他们在事实报道中发表自己的观点，实质上他们大部分不过是新型的书信作者，并不在意自己所写的东西被其他人看到。他们乐意认为自己壮大了公共论坛，使新闻更加民主化，并为公共交流提供广阔平台。但他们未经编辑的语言、带有偏见的信息传播会削弱传统媒体的信誉，使传统媒体看起来像墨守成规、谨小慎微甚至懦弱怕事的新闻恐龙（注定会灭绝）。新媒体将会损害新闻业，如果不以某种方式加以制止，就可能会完全毁灭新闻业。

 回应

丹尼斯：互联网和新媒体提升了新闻业

约翰·梅里尔假想了这样的景象：无数像马特·德拉吉那样不负责任的博主组成的网络大军，摧毁了新闻媒体用近两个世纪的时间才建立起来的公信力。梅里尔还就互联网和新媒体的黑暗面进行了多种精彩论述。他批判"人人皆记者"这样的理念，人们从各种信息源处获得他们需要的信息，这意味着呈现意义并检验信息的专业媒体机构的终结。他说我们的信息多了但是其中可以信任的信息少了，作品多了但是表达质量下降了等。互联网的交互性使聊天室和其他新闻组织成为可能，他说这些都只是无知者的集合，都是那些他唯恐避之而不及的人。最后，他认为产品就是证据，迄今为止，网络媒体的新闻内容质量很难甚至根本无法达到传统媒体的标准。他还提到，事实上最好的新闻网站都是由传统媒体创办的，比如纽约时报社的网站、华盛顿邮报社的网站，而不是彭博网、Salon.com 或者其他成千上万的新闻网站。确实如此，虽然一些媒体公司也有自己的网站，但它们往往只是简单机械地照搬报纸和杂志上的内容，而其他媒体网站则用更多元化的、整合起来的素材，把受众带到真实的新闻情景中。你可以将先进出版公司网站（Advance Publications sites，由康泰纳仕出版集团和纽豪斯集团共同所有）和其他大多数地方报纸、广播电台或杂志进行对比。谁能否认华尔街日报社的网站所获得的巨大成功呢？它有 80 万网络订阅用户，这难道不是恰恰证明了新媒体的商业潜力吗？

从短期来看，梅里尔教授的观点大部分是有道理的，但是太过极端，没有为新媒体带来的其他可能性留下余地。我们能仅凭最开始出现在演播室的黑白图像评判无线电视，或是仅凭早期枯燥的公共节目评判有线电视吗？我认为答案是否定的。互联网促进了新媒体的发展，并让新闻业从中受益，包括网站、有线电视或者与传统电视对应的网络电视，都在谨慎地利用互联网寻求发展。传统媒体也大都通过互联网接纳新媒体，而没有抛弃它们拥有良好基础的核心业务，它们正在网上生产有用的产品来弥补自己在传统印刷和广播业务方面的不足。迄今为止，报纸、杂志、广播和非主流新闻周刊都有自己的网站，网站上的内容大都是对传统媒体日常生产的新闻作品的再加工。不同之处在于受众可以依据自己的喜好决定信息取舍，他们可以扎进档案堆中，找出过去几天或者几个月前的相关内容，加深对某个问题的理解。成百上千的报纸和电视媒体平台向所有人提供免费的信息服务，只要他们登录雅虎、谷歌、微软网络或者其他门户网站或浏览器，就可以使用这些信息。前文中也提到，华尔街日报社的网站提供收费订阅服务也取得了极大的成功，这在未来可能会成为普遍现象。

除了这些谨慎地使用互联网的传统媒体，还有全新的依托互联网的媒体，如 MSNBC 网站就是一家全新的网络媒体机构，它有自己的作者、编辑、设计师和摄影师等团队生产内容，而且也同时由 MSNBC 有线电视网、财经界最值得信赖的媒体声音 CNBC 以及 NBC 广播电视网和附属网站等传统媒体加持。因此，两家有线电视机构、一家无线广播电视机构和互联网等多个平台共同构建了庞大而复杂的信息网络系统，而且其功能要超过之前各个平台功能的简单相加。大量优质的动态视频内容会逐渐被加载到网站上，关于商业、意识、体育和其他主题的专业化新闻内容也将通过网络服务快速高效地传递给受众。而且之前几乎没有过专门为女性提供服务的新闻，现在却有多家知名的女性网站。少数族裔社区和其他特殊利益群体的情况也是如此，其希望满足自己的特殊信息需求，重视与自己密切相关的话题。

不要忘记数字时代对于民主化进程的影响。的确，有一些博主专门迎合一些受众的低级趣味，但大多数博主还是更为严肃的信息采集者和评论者。他们很容易就能进入互联网市场，这使他们生产信息和表达自己的观点成为可能。这些博客平台有一部分最后发展成了切实可行的营利或者非营利机构，也有一部分逐渐消亡或者沦为仅供个人发表信息的载体。也许有一天我们会真正享有传播权，这将造福博主和他们的后代。要我说，应该让他们去传播，然后让他们的潜在受众自行决定他们所提供的材料是否有价值。在 2004 年的美国总统大选辩论中，主流媒体太过懦弱而不敢真正地对竞选结果进行预测和评价，但博主们却接下了这个盘。他们所提供的信息有时候是周密的，为公众提供了重要的参考，有时候也会有失水准。但从他们关注第一场辩论开始，在后来的辩论中就连传统媒体也要引用他们的信息，因为他们愿意做传统媒体不愿意去做的事——明确表达立场。

多年来，媒体批评家们一直在责难媒体机构提供的内容太贫乏、太缺乏深度。互联网不像传统报纸媒体那样只提供广泛而肤浅的报道，而是能提供复合型的新闻菜单，包含着大量深度报道和多种消息来源，满足公众所需。这是多么显著的优势！

至于互联网助长了不道德的新闻、未经核实的报道以及作品剽窃现象，这些问题确实存在，但这只能说明网络平台上的严肃新闻从业者应该向传统媒体汲取经验。事实上，与传统媒体系统相比，网络媒体提供准确、完整信息的可能性更大。通过电子化的方式核查事实和消息来源的速度更快，也更方便寻找其他消息来源的即时、准确的信息，将它们进行比较。虽然由于表面上看起来设计精良，即使是最差劲的网站也具有一定的欺骗性，但这并不意味着读者或者浏览者要为此放弃他们对于信息的高标准要求。

新闻市场一度被几个新闻机构垄断，寻找替代品或者竞争性的出版物或电子媒体的想法在技术和经济层面上都是不可能实现的。在此期间，新闻媒体变得越发自大和傲慢。大多数日报并不存在真正的竞争。现在，这种情况开始改变，互联网和有线电视这些新媒体在报道方面不断鞭策传统新闻机构。新媒体可以即时、连续地提供有价值的替代信息，成为传统媒体强有力的竞争者。美联社在新闻报道领域的地位曾经是无人可以撼动的，但彭博社的出现打破了这种局面。美联社意识到自己有了一个挑战者，后者也能向报纸、广播电视等媒体提供高质量的新闻内容，这促使美联社的新闻报道在其悠久历史的基础上达到了一个新高度，并实现了创造性的发展。CNN、ABC、MSNBC 等媒体网站也都在原有媒体的基础上进一步发展，相互竞争，它们成为全球市场上点击率很高的网站。

167　在短短几年的时间里，原本几乎被少数几家媒体垄断的整个媒体系统涌现出不计其数的竞争者。传统媒体不甘落后，力图守住阵地；新媒体则会充分发挥将科技与信息连接起来进行更快速、更优质传播的优势。我相信这终将给公众带来更好和更完整的新闻。最后，我们现在所说的传统媒体和新媒体也将融合为一个媒体系统，为传播生态提供更多的声音和可能性。

论点总结：互联网和新媒体提升了新闻业

互联网没有破坏媒体，就像当时印刷媒体没有破坏图书一样。互联网和万维网是不同寻常的发明，为人们打开了通往海量存储信息的通路，能容纳几乎所有想要创建网站和博客的人。由此，新闻业呈现出成千上万的业余媒体人与专业传播者并存的局面。这对于主流媒体来说并不意味着威胁，它们自己也在使用互联网提升自己的产品，从而与读者、观众和其他用户更好地建立联系。

 在线搜索

以下列术语和词组为关键词在 InfoTrac College Edition 上搜索更多信息：数字鸿沟

(digital gap)，万维网（World Wide Web），互联网（Internet），德拉吉报道（Drudge Report），新媒体（New Media），网络新闻（Internet journalism），博客（blog），数字媒体（digital media），在线服务（online services），搜索引擎（search engines），信息过载（information overload），门户网站（portals），垂直门户（vortals），信息重构（repurposing information），媒体内容（media content）。

 ## 讨论题目

1. 丹尼斯认为，将来互联网会提供比传统媒体更为扎实、专业、有深度的新闻。关于电视媒体也曾有这样的说法，但电视的实际表现与预期并不相符。这样的情况也会出现在互联网和新媒体领域吗？

2. 人们真的需要无限量的信息吗？传统新闻机构作为信息把关人，通过制度化的方 *168* 式控制信息质量，这种做法有必要吗？公众不需要专业媒体提供关于这个世界的有组织、有意义的观点吗？

3. 互联网用户可以被当成记者吗？为什么？如果可以，为什么我们不淘汰大学里的新闻教育？

4. 互联网带给公众的是知识的增长、观念的更新还是更多的迷茫和未知？整个新媒体世界正在演变为一个大的混乱的信息世界吗？

5. 互联网真的没有损害新闻业，而是为新闻业提供了补充吗？它以什么方式补充新闻？我们可以说交谈也是对新闻传播的补充，但是交谈与新闻显然是有区别的。那么互联网与新闻业是否存在显著的区别？

 ## 研究题目

1. 以互联网对传统媒体（如杂志、电视等）的影响为题，写一篇分析文章。

2. 将一家电视机构的网站和一家报纸或杂志的网站进行对比，探讨网站是如何进行新闻传播的。对两类媒体的内容以及图片呈现方式进行分析。

3. 写一篇论文，试析网站与传统的印刷媒体或者广播媒体有哪些显著不同。相对传统媒体而言，互联网有哪些优势和缺点？

4. 互联网的受众数量最初从零开始，后来逐步发展到上百万，将来会达到以十亿计。分析这些互联网用户，搜集数据来源、学术研究和其他资料进行探究，并开展批判性分析。互联网用户与你选择的传统媒体平台（报纸、电视等）有何不同？

 延伸阅读

Boczkowski, Pablo J. *Digitizing the News: Innovation in Online Newspapers.* Cambridge, MA: MIT Press, 2004.

Brown, John Seeley, and Paul Duguid. *The Social Life of Information.* Boston: Harvard Business School Press, 2000.

Cairncross, Frances. *The Death of Distance: How the Communications Revolution Will Change Our Lives.* Boston: Harvard Business School Press, 1997.

Callahan, Christopher. *A Journalist's Guide to the Internet.* Needham Heights, MA: Allyn and Bacon, 1999.

Castells, Manuel. *The Rise of the Network Society*, 2nd ed. Malden, MA: Blackwell, 2000.

Dizard, Wilson, Jr. *Old Media, New Media: Mass Communications in the Information Age*, 3rd ed. New York: Longman, 2000.

Irvine, Martin. *Web Works.* New York: W. W. Norton, 1997.

Kawamoto, Kevin, ed. *Digital Journalism: Emerging Media and the Changing Horizons of Journalism.* Lanham, MA: Rowan and Littlefield, 2003.

Levinson, Paul. *Digital McLuhan: A Guide to the Information Millennium.* New York: Routledge, 1999.

Owen, Bruce. *The Internet Challenge to Television.* Cambridge, MA: Harvard University Press, 1999.

Pavlik, John V. *Journalism and the New Media.* New York: Columbia University Press, 2001.

Schafer, Jack. "Blog Overkill—The Danger of Hyping a Good Thing unto the Ground," *Slate,* January 26, 2005. http://www.slate.com/id/2112621.

Selnow, Gary N. *Electronic Whistle-Stops.* New York: Praeger, 2000.

Shapiro, Andrew L. *The Control Revolution.* New York: Public Affairs Press, 1999.

Shenk, David. *Data Smog: Surviving the Information Glut.* San Francisco: HarperEdge, 1997.

第 15 章
种族、族群和性别

与任何一位编辑、出版商、广播人或新闻传播教育者聊天，他们几乎都会很快提起"多样性"（diversity）这个词。多样性是一个对种族（race）、族群（ethnicity）、国籍（national origin），有时还包括性别或者性自认（sexual identity）等问题的委婉的说法。目前，多样性通常是指种族和族群的划分，其最近的历史渊源可以追溯到 1968 年的克纳委员会报告（Kerner Commission Report）。该委员会由美国政府任命组成，它在报告中宣称，美国不是一个社会，而是两个社会："一个黑人社会，一个白人社会，两者分离且并不平等。"委员会发现如今媒体在两个方面存在明显的缺陷：一是缺少多样性、有代表性的员工；二是涉及少数群体利益的新闻非常有限。在此后的 35 年间，媒体机构领导层承诺雇用更多的少数族裔员工，少数族裔通常被定义为非裔、拉美裔、亚裔和美国原住民等。其他影响力大的族群如德裔、爱尔兰裔和意大利裔则通常不在被讨论的范围内。因为他们的处境与有色人种并不相同，他们被认为已经完全融入了美国社会，拥有和其他白人同样的机会。后来，多样性的问题逐渐拓展到性别领域，有关女性权利、女性事务、女性利益等问题开始为媒体机构和批评家所重视。

很快，社会开始积极推动媒体公司雇用更多有少数族裔背景的员工，新闻院校招收更多有少数族裔背景的学生。美国报纸编辑协会在 1980 年代曾以此为目标，承诺让它们的报纸更具有代表性，力争到 2000 年，使少数族裔员工在员工总数中所占的比例与少数族裔人口在总体人口中所占的比例一致，但这个目标并未实现。其他媒体机构和部门亦步亦趋，要贯彻更好地代表不同族群立场的理念，并将其整合到新闻报道中，让其他媒体雇员也接受这一理念。与此同时，它们也努力让报道内容更具有代表性。曾经关于少数族裔的报道少之又少，而且没有人意识到这个问题亟待改善。现在，媒体机构领导者们要求媒体提供更全面、充分、代表多种声音的报道，他们像一些政治领导人那样发誓，要让媒体"看起来更像美国"。

1990 年代中期，几个少数族裔记者协会发起一个有色记者联合会，起名"团结"（Unity），成员们定期碰面交流日常问题和各种诉求。该联合会包括美国全国黑人记者协会（NABJ）、美国全国西班牙语记者协会（NAHJ）、美国全国亚裔记者协会（AAJA）和美国原住民记者协会（NAPA）。这些组织在其日常会议中，往往能吸引几千名少数族裔记者参与，表达对美国媒体报道内容和人员配置方面的担心和忧虑。他们承认，在克纳委员会报告发布之后，情况确实有所好转，但他们仍要联合起来表达自己的失望，媒体在代表的全面性方面仍有所欠缺，所谓的主流媒体（通常由白人掌控）在报道少数族群问题时的严肃程度也明显不足。

关于女性的媒体机构很早就存在了，包括女性传播者协会（Women in Communication）、国际女性媒体基金会（International Women's Media Foundation）和其他一些涉及广播、有线电视和新媒体的女性专业媒体机构。近些年，女性在主流媒体和专业领域都扮演着越来越重要的领导角色，而这些行业的从业者原本大部分是由男性构成的。

在这个时代提出的"政治正确"（political correctness）一词，是被用于描述一些特定立场和意识形态的。多样性的表述在政治上是正确的，那些质疑多样性的多种目标的人会遭到摈弃，他们被认为是冷漠的、麻木的或者是彻头彻尾的种族主义者。其结果是，美国每家正规的媒体公司都支持员工构成和内容报道方面的多样性。但它们大部分也承认，尽管多样性目标的提出由来已久却一直没有实现，并且未来仍会是一个遥远的梦想。支持多样性的基础是民主理论的扩展，即认为所有社会成员都应该完全彻底地参与民主化进程。在这样一种思想体系下，媒体成为实现民主化进程的重要工具。与之相伴的观念就是，报纸应该充分代表社会各方面的利益，这就要求报道全面覆盖各种族或族群。

一些支持多样性的观点从道德和哲学角度出发，认为多样性是合理、正确的；也有些观点认为多样性是一桩好生意，它可以吸引更多人成为媒体受众或者从业者。大家几乎一致认同的是，多样性是好事，每一个不是种族主义者的、友善的人都应该支持它。但与此同时，也有一些人反对多样性，特别是一些白人男性，认为媒体雇员招聘方面的族群配额制度和优先招聘少数族裔的实际做法都将他们置于不利位置，他们认为这些做法本身就是反民主的。可如今我们清晰地看到，广为接受的观点是多样性不仅是好事，而且也是一项崇高的事业。

挑战

丹尼斯：多样性需要重新思考和评估

在克纳委员会报告发表三十多年后，我们在实现多样性这一目标方面取得了显著进 *172*
步，但现实情况仍不完美。虽然现在媒体机构的雇员结构更能体现多样性特征，报道内容
也尽可能地关照不同族裔人群的利益，这从总体来说都是好的，但是现在推动多样性的大
部分运动仅仅只是一些口头抱怨，既没有推动少数族裔事业的发展，也没有在少数族裔和
美国社会中同情少数族裔运动的人群之间搭建良好沟通的桥梁，这些人现在反而对少数族
裔运动抱有极大不满。

在美国媒体发展史上，非裔、拉美裔、美国原住民、亚裔和女性等族群曾被严格隔离
在编辑室外面，而且这些群体常常伴随着负面问题出现在媒体版面上。然而，他们不仅没
有争取到自己的正当权利，反而看到族群之间出现许多新的将伤害到所有人的分歧，这种
现状令人沮丧。

对多样性持批评观点的人通常是沉默而害怕的，我在《费城问询报》曾遇到过这样的
人，该报因推行少数族裔配额政策而引发白人男性的抗议。批评者认为配额政策和优先雇
用少数族裔的做法本身就是反民主的，甚至是反美国的。他们认为在参与媒体工作方面需
要的是所有人都有平等的机会，而不是限定最终的结果。我所遇到的一些批评者称，他们
认为每个人都应该享有平等进入新闻院校学习的机会，参与一些基本的训练项目和从事入
门级的工作。在这一点上，他们与少数族裔评论家们存在分歧，后者认为多样性的进步应
该在各个层面上进行衡量——雇佣、擢升、中层管理人员、高层管理人员等环节都要有所
体现。批评者认为，这样的要求会使雇主给予少数族裔更多优待，却没人为非少数族裔雇
员的权利挺身而出。《纽约时报》记者兼评论家理查德·伯恩斯坦（Richard Bernstein）曾
出版了一本关于文化多元主义的书《美德的独裁》（*Dictatorship of Virtue*，1994），书中
描述的是美国新闻编辑部内的种族审查和知识恐吓引发的思想控制问题，引起了巨大的社
会争议。该书作者认为："真相和公正沦为种族和少数族裔自尊需求的牺牲品。"伯恩斯坦
在一次采访中提到，美国一家知名的大型日报的高级编辑会表扬那些加入有明确政治议程
的少数族裔媒体组织的雇员，却剥夺另一些人加入其他政治组织的权利，甚至阻挠他们成
为工会成员。对于伯恩斯坦和其他批评者来说，多样性本质上是一种政治运动，旨在让少

数希望在美国社会和生活中理所当然地获得地位的人获益。

伯恩斯坦和其他几位对多样性及其实践持批评意见的新闻记者，得到帕特·布坎南（Pat Buchanan）和拉什·林堡等保守派评论家们的支持。他们认为一种新的偏袒倾向正在整个美国蔓延，它将导致公平竞争和机会平等原则的失效，从而引发更大的分歧。有些评论家认为这种观点是一种"公民权利的反弹"，这将导致美国过去 30 年间在推动种族关系方面取得的进步消失于无形。一个棘手的问题是，新闻媒体应该在多大程度上成为各群体和个人争取各自事业合理性的公开的政治战场？媒体是应该根据美国最高法院要求的那样采取不区分种族、性别的编辑方针，还是像记者人事议程已经显示的那样采取肤色敏感、族群敏感的编辑方针？作家兼记者埃利斯·科斯（Ellis Cose）在其著作《特权阶级的愤怒》（*The Rage of a Privileged Class*，1993）一书中描述了取得成功的少数族群在白人主导的世界里生存得并不舒适的两难处境：

> 当然，记者应该不同于普通公民，至少在面对矛盾、复杂的事实时应该如此。但在面对种族问题时，我们每个人都会变成懦夫。然而，导致真诚的种族间对话变得困难的原因并不纯粹是懦弱，困难也来自这样的事实，即种族的功能，或者更精确地说，不同族群成员的成长经历大不相同，导致他们的观念存在巨大的差异。

如果我们将不同的少数族裔群体作为社会整体的组成部分加以审视，就能发现尽管在媒体人员构成和报道内容方面有一些共同的目标，但不同群体相互之间，甚至同一群体内部也存在诸多分歧，这就使关于少数族裔的讨论变得更为复杂。例如西班牙语记者常倾向于被归入拉美裔，与墨西哥裔、波多黎各裔、古巴裔和其他来自加勒比、中美洲、南美洲的记者属于同一个类别，但他们并不是一个铁板一块的群体。除了都使用西班牙语之外，他们之间并没有太多共同之处。欧洲移民也是如此，各个群体会由于政治原因聚集起来以达成自己的目标。

除了平等雇用少数族裔员工、充分报道少数族裔社区事务等广泛的目标之外，记者的种族、族群身份认同问题也值得关注。起初，少数族裔记者、编辑和广播人声称自己的角色被固化，被分配的工作范围总是局限于本族群事务的报道，然而这种情况正在好转。一些新闻评论家认为，一个人不可能既是某项或者说任何一项事业的倡导者，同时也是不偏不倚的报道者。而我认识的一位评论家则指出，这种矛盾在某些情况下是可以统一起来的。例如在报道极端事件或者像伊斯兰民族组织（Nation of Islam）领袖路易斯·法拉肯（Louis Farrakhan）这样的人物时，一家芝加哥媒体新闻编辑部内的大部分白人和一部分黑人明确表示反对这位备受争议的运动领袖，但也有两名记者发表报道指出了伊斯兰民族运动的一些积极影响，这两位记者都是黑人且观念更为开放，这在只有白人的新闻编辑部是不可能做到的。

在克纳委员会开始关注媒体的种族问题之前，很少有少数族裔群体公开地在美国新闻界推动他们的事业。意大利裔美国作家盖伊·塔利斯（Gay Talese）曾指出，他的同胞在美国新闻界事业成功的人十分罕见。从某种程度上讲，关注某个少数族群的特定需求和要求是危险的，因为这种特殊关注会排斥其他被忽视的族群，有时甚至会引致明显的敌意。例如一些拉美裔记者与男、女同性恋记者发生过公开的冲突，拉美裔记者也经常指责媒体在雇用少数族裔时常常就是雇用黑人和亚洲人。此外，族群也并不是确定个体身份的唯一要素，事实上，确实有一些少数族裔记者有过流离失所的经历，但也有一些属于有权有势的特权阶层。一位活跃的少数族裔记者告诉我，一些美国媒体只雇用常春藤盟校毕业的出身高贵的少数族裔记者，或者雇用一些有色国际新闻记者，而并不是真正雇用出生于本地的有色人种。"这里面的界限很模糊，"他说，"因此很难有什么实质意义。"

174

另一个值得关注的问题是，在新闻媒体中，报纸和广播电视在雇用少数族裔员工方面比其他媒体公司更为积极，成效也更加显著。例如，报纸在 21 世纪之初宣称其少数族裔雇员比例已经达到 11.5%；同年广播电视也宣称它们的比例更是高达 19%。报纸走在推动多样性的前沿，而广播电视则更多受政府监管和政策的影响，这种情况现在已经不复存在了。所以一些报纸高层管理人员认为这两种媒体之间的数据最终会持平，或者印刷媒体有所领先。杂志没有保留少数族裔雇员的相关数据，广告和公关公司也是如此，它们被认为远远落后于新闻媒体。2004 年 9 月，一个大型跨国公司的媒体执行高管承认他们没能雇用足够数量的少数族裔员工，在女性雇员晋升方面也没有太强的紧迫感，虽然他们声称自己正在努力。

我认为在讨论多样性的时候，重要的是不能太偏离中心。当然，我的同事约翰·梅里尔会确信，社会中确实存在各种真正被忽略的人群，包括年轻人、老年人、来自不同国家和美国不同地区的人等等。农村人会抱怨他们无法在城市的媒体公司中获得机遇，先前坐过牢的人会说社会偏见伴随他们一生，不一而足。然而，即使我们承认这些诉求是有价值的、有必要的，也并不意味着扩大多样性的范畴是好的解决方法。试图用一种方法一次性地解决所有问题，最终结果只能是失败。

因此，我相信那些认为多样性就是所有族群步调一致的观点即使不是错误的，也至少是一种误会。我们应该赞扬那些已经取得的成就以及成就背后的原则，但我们也必须格外小心，不能将一家媒体中所有人都持同样的观点作为检验多元主义文化和多样性的试金石。我们应该意识到，少数族裔也可能是狭隘的，他们会参与种族审查，而我们的社会本应是自由开放的，媒体应该是促进民主的渠道，而不是集体思考的工具。媒体吹嘘自身在雇佣政策（尽管它们常常做不到）和报道模式方面的多样性是一种罪过，因为这遏制了自由辩论，剥夺了他人表达不同意见的权利，或者是私下鼓吹种族主义。即使是公开的种族主义都比审查制度更可取，因为诚实的辩论和有说服力的争论会有助于改善种族和文化氛围，对所有人都有好处。当然，为了满足多样性的要求而忽视真正的差别，就会出现一些错误。诚然，我们的新闻从业人员的构成和新闻报道覆盖范围应该在种族、族群、性别等方面更具有代表性，但唯有意识到不同群体之间的差异而非共性时，这个目标才能真正实现。不同族群有不同的利益诉求、文化和价值观。在推动多样性的探索中，美国原住民就被忽视；在媒体多样性的进程中，亚裔美国人以一种眼不见心不烦的方式被冷落。这两个群体在媒体中并没有被充分代表。

严肃认真的反思有其内在的次序，首先必须要做的是摈弃过去受害者导向的思维方式，代之以充满活力、主旨集中的变革计划。唯有如此，才能迎来真正的变革。

▌ 论点总结：多样性需要重新思考和评估

多样性被解释为在新闻媒体中为少数族裔和女性群体提供平等工作机会，并更多地报道关于这些族群的事务，而各种过度行为可能正消解着多样性运动自身的目标。多样性可能转变为分歧，而不是构建更加民主、人性化的社会。媒体应该开放，并在人员构成和新闻报道方面体现多样性，但不能以命令和指令等僵化的方式实现这一目标，这样本身就是不公正的行为。美国媒体公司在雇员构成方面已经努力在推行多样性，并且取得了一定的成就，但这还不够，在报道内容多样性方面情况也是如此。现在的工作重点应该是对目前的需求和不足进行谨慎评估，特别是在那些多样性尝试还没有取得成效的媒体领域。所有的公民和媒体都应该和偏执、狭隘斗争。

 回应

▌ 梅里尔：多样性不需要重新思考和评估

要我说，我并不是很清楚多样性在新闻媒体中意味着什么。丹尼斯博士把这个术语局限于种族分类上，主要就是白人（欧裔）和黑人（非裔），当然，还有拉美裔、亚裔和原住民以及其他多种类型的混合体。实际上，媒体机构雇员的族群构成比例的确应该是个重大问题。还有残障人群（有身体障碍）呢？老年人呢？有犯罪前科的人呢？街头流浪的人呢？还有五旬节教会教徒、贵格会教徒、摩门教徒、浸礼会教徒、罗马天主教徒、伊斯兰教徒、印度教徒、佛教徒呢？所有这些群体和其他群体都应该在美国的新闻编辑部有自己的代表吗？需要在多大程度上代表呢？

正如之前所指出的那样，自从 1968 年克纳委员会报告发布之后，美国新闻媒体雇员的族群结构在多样性方面确实取得了很大的进步，可是一些组织仍然认为美国媒体是由白人掌控的。很大一部分公民认为媒体议程设置者和报道者中的少数族群代表数量还不够。这也许可以解释为什么报纸和杂志的读者会看到媒体主要呈现的是白人的世界。埃利斯·科斯（*Media Studies Journal*，Summer 1994，8）给我们提供了一个典型的例子：

> 今天，虽然我们居住在一个文化愈发多样性的世界里（我们总是不断地这样提醒自己），但是许多常规的新闻仍然聚焦白人和富人的生活。今年早些时候，我订阅的《纽约》杂志上的一篇文章让我再次意识到了这一点，文章试图为纽约人提供一份可以在城市里找到各类最佳商品和服务的指南。我感到十分震惊，在多样性程度方面，纽约可以说是美国社会现实的一个缩影。据说纽约人说着超过 119 种语言或方言，然而该杂志每处推荐所附的图片却都是白人的脸孔。显然，在杂志编辑眼中，纽约仍然是白人的世界。

对大部分美国媒体进行调研就能发现，在新闻编辑部中占据主导地位的仍然是欧裔男性，在高层管理人员中尤其明显。我们要承认，在新闻编辑部中，多样性的合理化基础是值得怀疑的，正如丹尼斯在前文"挑战"部分所提到的。我们要承认，没有证据能表明，非裔美国人仅仅因为其肤色原因就能在报道方面优于白人，甚至是关于种族问题的报道也未必一定如此。然而，实现更高程度的多样性是新闻领域一个值得追求的目标，尽管许多美国记者对此总是在口头上敷衍。媒体记者的多样性程度正在提升，但还远远不够。

多样性是美国新闻业的一项价值准则，观点和信息的角度越多元，就能越好地呈现信息，这是一个被普遍接受的观点。那为什么不把这个观点推广到新闻工作人员的种族、性别和族群构成上呢？例如非裔记者采写的报道可能未必有欧裔记者写得好，但他至少提供了一种不同的视角、观点、理念或侧重点，或者至少存在这样的可能性。报道可以反映出记者和编辑的不同文化背景——他们的受教育水平、宗教、价值观和个人经历等。

通常，媒体所反映的文化是白人文化，这里主要是指白人中产阶级文化。美国人口统

177 计部门的数据显示，2000 年，少数族裔人数占美国人口总数的 30%，预计到 2050 年，这个比例将达到 47%。毫无疑问，新闻媒体的人员构成应该反映这种改变；新闻编辑室也确实会更加多样性，即使不是出于伦理的考量，也至少是出于经济的考量。当然，女性作为人口的主体构成部分之一，应该与少数族裔区别对待。关于少数族裔的辩论若掺杂性别话题，只会让辩论更加混乱。

我怀疑有理性的人并不愿意认同丹尼斯博士在"挑战"中所提到的"多样性就是步调一致"这一假设。但是自然而然地逐步吸收多种文化和族群人员进入新闻业，是一个值得追求的目标。随着我们新闻传播院校中人员的构成越来越多样性，这种多样性未来会被媒体机构自然而然地吸收，最终出现在新闻行业里。

如丹尼斯博士所说，被动的多样性会引发媒体的分歧；可是，一个由白人主导的媒体业同样会产生分歧。这确实是任何机构的本质特征，媒体机构尤其如此。分歧是自然存在、不可避免的，而且一定程度的分歧甚至可能会对新闻业有益。

《洛杉矶时报》（*Los Angeles Times*）撰稿人斯图尔特·西尔弗斯坦（Stuard Silverstein）曾经写道，由于少数族裔是"易怒的白人"抵制的对象，一些公司会放弃多样性训练课程。另一些公司实施多样性项目，"出于自身经济利益的考量，它们预料到这种做法可以帮它们吸引更多聪明的员工，减少人事变动，并激发创造力"。毫无疑问，情况确实如此，报业和广播电视媒体中黑人记者的数量比一二十年前要多得多。

社会的多元主义文化必须在记录和解释社会的媒体上有所体现（但应该到什么程度还是个未知数），因此我们需要新闻媒体更加具有多样性。这一切最好能自然发生，如果不是自然发生就会产生不平等。在雇员构成中，一些种族、不同性别的群体的数量会比其他群体多。如果多样性是被动发生的，我们的媒体就要受到严格控制、精确指导和高度管制，这并不是美国人想看到的。例如，即使一个小镇有 5% 的居民是女同性恋者，很少有头脑清醒的人会坚持要求镇上报纸的雇员中必须有 5% 是女同性恋者。

我想说多样性在媒体领域仍存在很大的进步空间，我们目前做的还远远不够。我认为无论哪种类型的新闻媒体，都需要实现更高程度的多样性，在报道中体现多方面群体的主张：保守派、温和派、自由派、社会主义者、自由主义者、激进分子、共产主义者和个人主义者以及不同种族、性别和文化背景的群体。然而，我们需要记住，自由仍是新闻媒体的一个重要概念；新闻媒体应该具有多样性，但是应该让多样性自然地发生，而不是受到外力裹挟。

一些读者可能会认为我在多样性这个问题上立场并不坚定，事实并非如此。我支持正义（如果我们能知道什么是正义），但我不想任何人强迫我支持正义。作为一名报纸总编辑，我希望我的员工是多样性的，但我不希望任何人强迫我实现多样性。

可能我的报纸为多样性付出了巨大努力，而你的报纸却没有努力。从某种意义上讲，*178* 这也在整体上增加了一种类型的多样性：多样性程度高的雇员构成、多样性程度低的雇员构成。

▌论点总结：多样性不需要重新思考和评估

尽管新闻媒体内部人员构成的多样性，特别是那种可以取悦每个人的多样性，是不可能达到的，但我们能做的事还有很多。媒体从业者仍然还是以盎格鲁-撒克逊白人男性为主，这在媒体机构的高级管理层是显而易见的事实。

美国新闻业的一条基本价值原则就是多元主义，媒体要容纳各种各样的新闻和观念。人员构成的多样性也应该得到重视，尤其是要尽可能在新闻从业者族群结构方面有所体现。但多样性的实现应该是一个自然发生的过程，新闻媒体不应该受到任何外力的胁迫。我们不能为了解决一个问题（缺乏多样性）而制造另一个问题（限制媒体自由），媒体主动行动和自主决策才是正解。

在线搜索

以下列术语和词组为关键词在 InfoTrac College Edition 上搜索更多信息：多样性（diversity），少数族群（minorities），族群（ethnicity），种族（race），种族关系（race relations），人权（human rights），代表（representation），主流（mainstreaming），政治正确性（political correctness），多元文化主义（multiculturalism），少数族裔社区（minority communities），雇员多样性（diversity in hiring），内容多样性（diversity in content），多元主义（pluralism），市场分化（market segmentation）。

讨论题目

1. 关于不同报纸、广播电视和其他各种媒体的种族代表性方面的数据，能告诉我们什么信息？在追踪媒体多样性进程方面，这类数据能起多大作用？过度看重这些数据，而不认真审视不同媒体公司（大报纸或者小报纸）和具体工作岗位（如记者、责任编辑、台长）的现实状况，会有怎样的风险？

2. 媒体多样性的基础是什么？它如何与民主多样性的理论保持一致？

179
3. 像"团结"这样的组织有何积极意义？对公司高管和领导层会产生哪些影响？

4. 媒体多样性运动中最重要的领袖有哪些？他们是否为媒体圈之外的普通公众所熟识？

5. 提到美国媒体中的有色少数族裔和女性，你脑海中会想到哪些人？他们中有多少老人？有多少年轻人？有没有在一些媒体比在另一些媒体中更容易找到少数族裔记者和管理人员？

 研究题目

1. 克纳委员会对于当时新闻媒体的评价是怎样的？其报告目前在多大程度上依然适用或是已经过时？

2. 一些评论家称媒体行业市场细分将有利于雇用少数族裔职员和报道少数族裔问题，因为这将有利于广告主到达特定目标消费群体。这与多样性有什么关联？你如何看待这种观点？

3. 考虑制作一个历史大纲，在州或全国层面上选择两家媒体或新闻机构进行比较研究。如果有可能，在研究中采访几位少数族裔新闻组织领导者，采用面谈、电话或者电子邮件访谈的方式均可。

4. 思考这个观点：如果一位记者或传播者，是他所在种族、族群或社区中的积极分子，那他作为传播者能否做到公平公正、不偏不倚？

5. 数字时代和互联网文化的到来在多大程度上推动了多样性进程？以网络为基础的媒体可以纠正少数族群及女性被隔离的问题吗？

6. 阅读一家知名日报一周的报道。寻找其中与女性、非裔、拉美裔、美国原住民和亚裔利益相关的新闻，注意版面上的图片。写一篇比较分析文章，充分援引你从研究中得出的具体数据。

延伸阅读

Bernstein, Richard. *Dictatorship of Virtue: Multiculturalism and the Battle for America's Future.* New York: Alfred A. Knopf, 1994.

Biagi, Shirley, and Marilyn Levin Foxworth. *Facing Difference: Race, Gender and Mass Media.* Thousand Oaks, CA: Pine Forge, 1997.

Cose, Ellis. *The Rage of a Privileged Class.* New York: HarperCollins, 1993. Also see "Seething in Silence: The News in Black and White," in Dennis and Pease, *The Media in Black and White.*

Dates, Jannette L., and William Barlow, eds. *Split Image: African Americans in the Mass Media,* 2nd ed. Washington, DC: Howard University Press, 1994.

Dennis, Everette E., and Edward C. Pease, eds. "The Media and Women Without Apology." *Media Studies Journal,* Winter/Spring 1993.

Dennis, Everette E., and Edward C. Pease, eds. *The Media in Black and White.* Thousand Oaks, CA: Sage, 1996.

Fielder, Virginia Dodge. *Minorities and Newspapers: A Survey of Newspaper Research.* Reston, VA: American Society of Newspaper Editors, 1986.

Gutierrez, Felix, Clint Wilson, and Lena Chao. *Racism, Sexism, and the Media: The Rise of Class Communication in Multicultural America.* Thousand Oaks, CA: Sage, 2003.

Jhally, Sut, and Justin Lewis. *Enlightened Racism: The Cosby Show, Audiences, and the Myth of the American Dream.* Boulder, CO: Westview Press, 1992.

Kamalipour, Yahya R., and Teresa Carilli, eds. *Cultural Diversity and the U.S. Media.* Albany: State University of New York Press, 1998.

Lester, Paul Martin, and Susan Dente Ross, eds. *Images That Injure: Pictorial Stereotypes in the Media,* 2nd ed. New York: Praeger, 2004.

Lont, Cynthia M. *Women and Media: Content, Careers and Criticism.* Belmont, CA: Wadsworth, 1994.

Martindale, Carolyn. *The White Press and Black America.* Westport, CT: Greenwood Press, 1986.

Muted Voices: Frustration and Fear in the Newsroom. Reston, VA: National Association of Black Journalists, 1993.

The Report of the National Advisory Commission on Civil Disorders. Washington, DC: U.S. Government Printing Office, 1968.

Smith, Erna. *Transmitting Race: The Los Angeles Riot in Television News.* Cambridge, MA: Joan Shorenstein Barone Center for Press, Politics and Public Policy, 1994.

Torres, Sasha, ed. *Living Color: Race and Television in the United States.* Durham, NC: Duke University Press, 1998.

Wilson, Clint C., II, and Felix Gutierrez. *Minorities and Media: Diversity and the End of Mass Communication,* 2nd ed. Thousand Oaks, CA: Sage, 1996.

Woods, Keith. *Leading the Way: Making Diversity Real.* Chicago: McCormick Tribune Foundation, 2004.

180

第 16 章
战争、恐怖主义和国家紧急状况

　　当战争、恐怖主义、国家紧急状况发生时，媒体应该扮演什么角色？这个问题乍一看似乎很简单，答案当然就是，无论是面对一场发生在海外的战争还是发生在本土的恐怖主义袭击，媒体都应该完整地报道新闻，使受众全面了解信息，从而妥善应对各种状况。但是，为了更好地服务于公众利益，媒体应该披露哪些信息，保留哪些信息？这从来就是一个充满争议的话题，即使在民主社会也不例外。在什么时候"公开披露"应该给"保密"原则让路？政府是否可以为了国家安全而禁止公开发布某些信息？总而言之，人民真正需要知道什么？

　　这些都是至关重要的问题，但答案则会根据紧急状况性质的不同而存在差异。这些紧急状况可能如下：一场发生在本土的突如其来的恐怖主义袭击，如"9·11"事件中恐怖分子驾驶劫持来的飞机撞上世贸双塔和五角大楼；一场意料之中或者意料之外的战争，如2003年的伊拉克战争或是1991年的海湾战争；早些年的战争，如越南战争、朝鲜战争以及更早的二战。在这些状况下，媒体还应该坚守公正报道的原则吗？还是采取"无条件支持我方"的策略？

　　从总体来说，在美国或其他民主国家，政府对于出版物没有事先审查的特权，也就是说，媒体可以自由地采集信息或是随心所欲地发表内容，发表之后再接受是否存在诽谤、侵犯隐私权或是违反知识产权等问题的评议。但战时状态却是例外。即使在美国这个几乎没有政府审查制度、信息几乎不受控制地自由流动的国家，美国最高法院在1931年的尼尔诉明尼苏达案中也提出了需要进行事先审查的一些例外情况：在战时状态下，如果提前公开地面部队、海军甚至空军的战事部署，行动可能会遭到破坏，这就需要政府对信息进行事先审查。自美国内战以来，政府在战时状态下就通过全面审查制 *182* 度、限制记者报道战场状况或者随军行动等方式，严格控制信息流出，伊拉克战争便是这种状况。

大多数与战争相关的媒体守则都对战争各方进行清晰的界定。战争有明确的对抗双方："我方"对抗"敌方"。从 1850 年代的克里米亚战争到 2003 年的伊拉克战争，在多数情况下，用历史学家菲利普·奈特利（Phillip Knightley）的话说，"真相"总是"第一个阵亡"（"the first casualty"is"truth"）。在高危的战争中，为了支持和保卫自己的国家，媒体沦为受害者，交战双方的情况都是如此。一个例外是 1982 年的福岛战争，南美洲国家阿根廷为了争夺福克兰群岛的主权而向英国挑起战争。对于战争双方来说，这场战争都是有潜在致命性的，对于应该有多少信息被公开、应该采取何种形式公开等这些问题，存在很多争议。BBC 为了维护自己作为备受尊敬的全球媒体的声誉，决定一改之前的传统做法，试图采取相对中立、没有偏向的立场报道这场战争。这种做法立刻引发英国政府的强烈抗议，它坚称 BBC 有义务无条件地维护英国的利益。这种情况并未出现在 2003 年的伊拉克战争中，战争初期美国电视机构和其他媒体都使用"我方"或"我军"这样的字眼，旨在强调"我们"与"他们"的对立，或者说是"我方"与"敌方"的对立，尽管这场战争是由美国率先挑起的。战争后期，阿布格莱布监狱虐待战俘事件东窗事发，一些批评家们对媒体此次引人注目的揭丑行为大为光火。在战争期间，总有一个重大关切，那就是媒体不应该（或者是不能够）表达对敌方的同情。因此，媒体会将关于我军的损失包括伤残与阵亡的人数都通过图表清晰地报道出来，而对于敌方的人员伤亡则都是模糊地一带而过，甚至根本不会提及。

恐怖主义很久以前就是媒体报道的一项议题，但是在美国发生"9·11"事件之后，出版物、研讨会及各种试图规范此类报道的行动才密集地涌现出来。2004 年，由民主党和共和党联合组建的"9·11"委员会在调查了这场国家危机事件的前因后果之后，对媒体及时且持久的报道表示赞许。这些报道被认为缓解了美国人民的焦虑，为公众提供了非常有价值的信息（非军事的信息），帮助他们在持续的恐慌之中对自己的日常生活进行理性决策。这最终也成为反恐战争的一部分。尽管并不存在适用于所有情况的普遍准则，但流行的观点是，在战争、恐怖主义、国家紧急状态中，更公开地传播信息比严格的新闻审查更受欢迎，后者容易引发怀疑，助长恐惧情绪。当然，并非所有人都赞同以上观点，而且在许多具体的场合中，或许会出现例外情况。

挑战

丹尼斯：即使是在战争和国家紧急状态下，新闻和信息媒体也大都不应受约束

183　　"保密"和"公开"的斗争，当然是一场非常庄严的斗争，这可以追溯到希腊和罗马时期。有多少信息需要公开，哪些信息需要保留？除了个别例外情况，我觉得公开透露越多的信息越好。当然，首先媒体应该是负责任且敏锐的，而且我意识到我们不能笼统地讨论"新闻媒体"，仿佛所有媒体是铁板一块的。总会有一些鲁莽、自私甚至是充满仇恨的人，他们有时会胡作非为。那么，问题就在于媒体政策应该在多大程度上建立在那些最坏的事态之上？在"9·11"事件及其余波中，人们需要尽可能多的信息告诉他们该怎么办，解决诸如"是否需要逃离自己的家乡到更安全的地方去"之类的问题。他们需要尽可能多地从官方渠道或者其他各种渠道了解详细信息。在我看来，媒体在"9·11"事件中扮演着民族领袖的角色，媒体电视台主持人和其他媒体人所做的，其实在过去本应是由总统来做的事情。在小布什发布声明之前三天，媒体已经对公众开展了广泛的心理抚慰；其间，主持人竭力冷静地报道信息，帮助人们理解当下的处境。最终，像纽约市长鲁迪·朱利安尼（Rudy Giuliani）这些人作为事件解释者在全国公众面前留下了深刻印象，但很多人都忘了，在恐怖袭击发生的第一时间，他们根本不可能做到这些事。那时候是新闻机构整合多种消息来源和个人观察的情况，加上电子邮件，甚至还有来自国外的新闻信息，最终形成了新闻报道，使美国公众能保持冷静，并获得心理安慰。

　　考虑到新闻媒体拥有大量的消息来源，因此，试图对已知的恐怖分子的相关信息以及袭击可能产生的后果等进行传播限制或者审查是一种愚蠢的做法。我认为，媒体报道的准确信息越多，越能帮助公众及时了解情况、坚定信念。这可以有效防止大规模恐慌，从整体上使遭受恐怖袭击的国家保持冷静。与此同时，如果我们认为"9·11"事件的恐怖分子制造如此大规模的杀戮事件是出于公开传播以外的别的什么目的，那我们就错过了关键问题。恐怖分子杀害了几千条生命，造成巨额的经济损失，更别提对美国人民心理的巨大打击了，这些都是表象。他们的真正意图就是要公开展示，制造恐怖景象，让世界每个角落的人都不寒而栗。这就是恐怖主义，制造恐怖气氛，真正使人民感到害怕、恐惧。

　　在这种情况下，我们是否应该谨慎对待媒体发布和传播的内容？这种判断应该交给那些敏锐的编辑去做，如果一些内容的确不适合传播，他们不会为了图一时之快而置国家利益于不顾。但大多数情况下，全面、翔实地报道信息是对公众有益的。例如，自 "9·11" 事件以来，我们常常会看到这样的新闻报道：关于核电厂的位置以及它们在面对恐怖主义时可能存在的安全隐患，或者国家的港口、铁路、公交车、地铁或是在其他公共交通系统内部或周围所发生的一些问题。此外，我们还会看到相关报道，称我们的机场等地方都在实施严格的安保检查，而且在安保方面的开销已经以数十亿计，但它们依然很脆弱，容易受到攻击。这会帮倒忙吗？这是在助长恐怖分子的气焰吗？我认为并非如此。这些信息大都是可以从网站和其他专门信息源那里公开查询的。因此，媒体将这些信息进一步呈现在公众面前，是希望通过报道这些内容，督促政府采取适当行动。我们在阿富汗战争和伊拉克战争中报道军事力量不足和战略物资短缺的信息，也是同样的道理。这会向敌军泄露信息并且导致更多的伤亡吗？没有人知道确切答案，但这类信息会促进公共政策并且促使问题得到解决，这种可能性似乎要胜于对信息被恐怖分子利用的担忧。

我还要补充一点，美国政府 2001 年颁布的《爱国者法案》，有一些限制信息自由流动和个人自由权利的条款。对此，上文中的一些观点同样适用。我认为，这些和其他各种对于媒体自由的限制都可能产生潜在的危险，虽然在短期之内还不会表现得太明显，但这种做法开了一个极端恶劣的先例。媒体是否允许恐怖主义掌控它们的议程，将会决定我们是否真的能采取措施保障新闻自由。正如前文所说，媒体部门需要小心谨慎、深思熟虑的领导者。当然，总有一些寻求宣泄刺激的媒体，还有一些懒惰、缺乏责任感、胆大妄为的媒体，它们的一些行为应当受到谴责。这类行为如果使它们在收视率和发行量方面尝到甜头，就会进一步泛滥。

我在其他很多地方都广泛地写过关于媒体与战争的话题，也读过大量关于战争报道的文献，我认为没有太多新鲜的观点需要补充了。在我看来，新闻媒体应该最大限度地拓展战争报道的通路。无论何时何地，只要想报道，就应该能报道。这些报道也应该考虑一些因素，包括一项行动对于个人来说有多大程度的危险，报道会对前线战士和公众产生怎样的后果。媒体应该能做出正确的判断。尽管如此，我认为伊拉克战争和阿富汗战争中的嵌入式报道的确对媒体独立性造成了伤害。嵌入式记者并不新鲜，欧内斯特·海明威（Ernest Hemingway）在一战期间就随军行动，甚至身着美国军队的统一制服。但是如今，媒体似乎被拴在军方的链条上了，记者的行为要受军事指挥官的限制，这开创了一个危险的先例，损害了媒体的自由。我并不反对媒体和军队之间达成一些共识，但是它们都应该是

185 公开透明的，除了一些极端特殊的情况，一般情况下应该由媒体自行决定哪些内容需要公开报道。几个世纪以来的历史表明，在危急关头，军事指挥官和政府官员不总是值得信赖的，而媒体却长久以来都保持着做正确的事的记录，这是十分可敬的。而且从肯尼迪总统遇刺到伊拉克战争，在一系列国家紧急状态下，媒体做到了在一些人看来几乎是不可能出现的事。它们主动停止播放广告，为了公共利益而连续多天进行 24 小时报道。这种真诚的做法值得赢取公众的信任和媒体的自由报道权，即使在紧急状态下也不例外。梅里尔教授先前写过一篇文章，认为新闻专业主义才是构建更加自由与民主的媒体的途径。现在正是实践这种观点的好机会。

> **论点总结：即使是在战争和国家紧急状态下，新闻和信息媒体也大都不应受约束**

在战争和国家紧急状态下，公开报道和新闻审查之间的争议由来已久，而最终的结果常常是媒体的行为受到限制，这些限制后来被证明对言论自由和公共利益都有很大危害。因此，在大多数情况下，即使是像"9·11"这样的国家紧急状态下，媒体人也应该独立去做他们的工作。自由媒体大都能证明自己是负责任的，并且能在国家紧急状态中担任领导者角色，甚至能比政府官员更早抵达现场，提供更多信息。在战争期间的情况也类似，媒体能为保护海陆空部队的行动而做出正确判断，在这个前提下，媒体应该最大限度地报道信息，对战争双方进行正确的判断和诚实的传播，以此来履行媒体作为公众耳目的功能。有个别案例表明，确实会有粗鲁轻率的记者肆意妄为，但不能因为有少数害群之马就波及其他媒体。大部分媒体能坚守正义之道，它们对社会公共利益的追求值得我们给予充分肯定。

回应

> **梅里尔：在战争、国家紧急状态等情况下，新闻和信息媒体应该受到约束**

丹尼斯教授声称信息公开是好事情，保密是坏事情，谁会不同意呢？从总体来说，他的观点是正确的，而且经受了历史的检验。但是当遇到那些草率鲁莽或是充满恶意的媒体机构的记者的时候，情况就会有所不同，他们中的一些人会潜伏在互联网上，等待制造大规模的破坏活动。丹尼斯博士在纽约目睹了"9·11"事件，像他这样的人能这么快就对那些处在极度敏感、容易受惊状态的人说"任何事情都可能发生"，我对此表示有些惊讶。我当然也不愿意看到政府审查部门控制记者的一切行为，但我认为自"9·11"事件以来，存在一些具有严重问题的报道，这些报道只能帮助敌对势力，无论是哪方敌对势力。恐怖分子常被比喻成海盗，因为他们对政府机关没有忠诚度，并且轻松自由地游走于国家的边界地带。控制这样一股恶势力是一项艰巨的任务，媒体也应该保持充分警惕。毕竟，拉斯韦尔著名的传媒功能理论就提出，媒体的功能之一就是"监测环境"。还有什么比全力帮助市民免受恐怖主义伤害更紧迫、更符合公共利益的事吗？因此，我与丹尼斯持不同的观点，是否有必要对所有核电厂的地理位置及安全隐患进行大幅度曝光，我的态度是否定的。如果媒体发现了核电厂的安全隐患，我认为它们应该像任何一个公民一样，有义务首先向美国国土安全局等权威机构报告问题，其次才是报道新闻。这类报道大多在逻辑上都非常跳脱，它们常常假定有些事情该做而没有做，这些报道往往比真实状况更加细致入微。

正如我的合著者所说的，"9·11"委员会在它们的报告中赞扬了媒体的灾后处理方式，但表扬的并不是事前报道。这很好，我们长久以来都知道，新闻媒体实际上就是灾难大师，一位批评家讲述广播媒体在一场危险的风暴期的表现时说到了这一点。我也认为媒体的角色不仅仅是提供冰冷、僵硬的信息，还要有人道主义的考量。媒体应该安抚公众、驱除恐惧并尽力阻止灾难和恐慌的发生。在大多数情况下，媒体都成功地做到了这些。但在没有人知道所有答案、一切都存在极大不确定性的情况下，媒体理应服从权威部门的安排，如果放缓新闻报道的节奏确实有益于公众，媒体就应该按照要求放缓节奏。例如，考虑周全的记者往往会跟随警察开展突袭行动，一方面可以报道新闻，另一方面绝不能让犯罪分子事先获得警方行动的消息。同样的道理也适用于恐怖分子和其他危害国家安全的人。负责任的信息内容、专业的信息采集手法等这些都应该成为规则，不能多也不能少。

战争报道方面也是同样的。长久以来都存在对战争相关信息自由流动的控制，也是出于正当合理的理由——为了军队的生存、确保突袭行动成功等。有时候，在一些危险的战区，记者要遵守特定的要求，这是为了使记者更方便地为公众获得信息，同时也保护他们免受过度伤害。军事部门应处在获取信息和情报的有利位置，这样所采取的决策也会最终使公众获益。为了确保获取全面、准确的信息，媒体应该与军队以及外交部门之间建立适当、良性的合作关系。当然，媒体也应该保持警惕，不能被其他部门误导或欺骗，这是记者新闻敏感的一部分，也是他们应该做到的。

丹尼斯教授关于嵌入式记者的观点，是迂腐可笑的。记者们是可以选择不加入的。他们愿意跟随部队参与战事行动，实际上是更人性化、更有同情心的表现，能近距离地感受战场的行动及其对战争双方人民的影响，尽管我承认身处战区确实很难保证新闻的客观中立。那些对嵌入行为展现出极大兴趣的记者，往往来自作战国或者相关国家，他们自然会从己方的角度报道军事行动。战争的另一方也是如此，如半岛电视台等阿拉伯国家的广播电视机构就很好地证明了这一点。有时候，战争中的中立方能提供更加长远、均衡的报道，在这一方面，我同意丹尼斯教授关于中立报道的观点。但是，中立方往往对于深入战场这件事不感兴趣，所以，这种可能性基本不需要考虑。

我认为，历史发展充分表明，在战争和国家紧急状态下通常需要采取更为明智的信息政策，或者进一步说就是限制。在大多数情况下，这并没有阻止媒体在必要的时刻发出呼吁。尽管菲利普·奈特利曾说过，战争中最先受到迫害的就是"真相"，但这只是短期的影响，并不会一直持续下去，因为后面总会有历史学家对相关记载进行修正。

论点总结：在战争、国家紧急状态等情况下，新闻和信息媒体应该受到约束

发达的信息社会中的一个现实，就是媒体在报道战争或国家紧急状态时常常需要在某种程度上与权威部门合作，以获取信息。我们有合理的理由放缓新闻报道的节奏甚至保留一些信息不进行报道，目的是防止恐怖分子获得信息，"9·11"事件和反恐战争都证明了这一点。与此相似，历史上也有大量先例表明，在战争期间需要对媒体进行适当限制，包括从战场上获得及发表信息的规范、在军方的监控下开展嵌入式报道等。从历史的角度看，这种做法并没有严重破坏战争的最终结果或者对战争的真实评估。任何选择都不是完美的。但是，在战争和国家紧急状态下，媒体有必要依靠政府和军方获取信息资源，而在服务公共利益方面，各方都应该达成一致。

 在线搜索

以下列术语或词组为关键词在 InfoTrac College Edition 上搜索更多信息：媒体和战争（media and war），媒体和恐怖主义（media and terrorism），国家紧急状态（national emergencies），"9·11"效应（9/11 effect），伊拉克战争（Iraq War），反恐战争（war on terrorism），《爱国者法案》（Patriot Act），意料之外的国内突发事件（unanticipated domestic emergencies），媒体-军方关系（media-military relations）。

 讨论题目

1. 在战争、恐怖主义和国家紧急状态下，媒体会面临哪些限制？

2. 关于媒体对"9·11"事件的报道，你能回忆起多少？关于阿富汗战争和伊拉克战争的报道呢？

3. 究竟什么是反恐战争？媒体如果在反恐战争中扮演某种角色，这种角色是什么？

4. 对出版物实施太多"事前限制"会有什么危害？太少又有什么危害？

5. 应该对媒体在战争期间的行为制定统一的规范吗？还是每场战争都应该重新制定特别的规范？

 研究题目

1. 研究媒体的战争报道，选择两到三场战争的报道进行对比分析。

2. 考察关于战争报道的媒介批评：它的主要特征是什么？在获取信息方面，媒体批评家眼中的主要问题是什么？

3. 有"'9·11'改变了一切"的说法，它是否改变了新闻媒体对恐怖主义及其他相关问题的处理方式？

4. 媒体是如何报道灾难的？它们应当承担什么功能？它们承担得好不好？

5. 就战争和国家灾难的影像问题做一份报告，考察媒体如何以可视化的方式报道冲突。

 延伸阅读

Baum, Matthew A. *Soft News Goes to War: Public Opinion and American Foreign Policy in the New Media Age.* Princeton, NJ: Princeton University Press, 2003.

Clarke, Richard A. *Against All Enemies: Inside America's War on Terror.* New York: Free Press. 2004.

Dennis, Everette E., et al. *The Media at War: The Press and the Persian Gulf Conflict.* New York: Gannett Foundation Media Center, 2001.

Hastings, Max, and Simon Jenkins. *The Battle for the Falklands.* New York: W. W. Norton, 1984.

Hess, Stephen, and Marvin Kalb, eds. *The Media and the War on Terrorism.* Washington, DC: Brookings Institution Press, 2003.

Knightley, Phillip. *The First Casualty: The War Correspondent as Hero and Myth-Maker from the Crimea to Iraq,* 3rd ed. Baltimore: Johns Hopkins University Press, 2004.

Neuman, Johanna. *Lights, Camera, War: Is Media Technology Driving International Politics?* New York: St. Martin's Press, 1996.

The 9/11 Commission Report: Final Report of the National Commission on Terrorist Attacks upon the United States. Washington, DC: U.S. Government Printing Office, 2004.

Norris, Pippa, Montague Kern, and Marion Just, eds. *Framing Terrorism: The News Media, the Government and the Public.* New York: Routledge, 2003.

Palmer, Nancy, ed. *Terrorism, War and the Press.* Cambridge, MA: Joan Shorenstein Center, 2003.

Schivelbusch, Wolfgang, and Jefferson Chase. *The Culture of Defeat: On National Trauma, Mourning and Recovery.* New York: Metropolitan Books, 2003.

Shane, Peter M., John Podesta, and Richard Leone. *A Little Knowledge: Privacy, Security and Public Information after September 11.* New York: Century Foundation Press, 2004.

Sieb, Philip. *Beyond the Front Lines: How the News Media Cover a World Shaped by War.* New York: Palgrave Macmillan, 2004.

Steinman, Ron. *Inside Television's First War.* Columbia: University of Missouri Press, 2002.

Thussu, Daya Kishan, and Des Freedman, eds. *War and the Media: Reporting Conflict 24/7.* Thousand Oaks, CA: Sage, 2003.

Zelizer, Barbie, and Stuart Allan. *Journalism after September 11.* New York: Routledge, 2002.

第 17 章
新闻作为一种职业

　　尽管学者和从业人员对于一项职业需要哪些构成要素存在争议，但大多数新闻记者认为新闻是一种职业。他们有自己的职业记者协会。美国的各种职业类型列表中通常也包含新闻这一项。甚至是最严苛的批评家和职业道德研究专家也将新闻职业纳入他们讨论的范畴，在各种研讨会、工作坊、伦理道德以及其他活动中积极探讨促进新闻工作者职业化的问题。虽说美国宪法第一修正案保障新闻自由权利，禁止限制记者行为，禁止记者行业实行许可证制度，但是报纸仍奋力朝职业化的方向发展。

　　显然，记者愿意被职业化。他们认为仅仅作为一种活动或者一个行业中的成员并没有特殊的优势，而职业化则是与能力、素养、丰富的知识及评估和晋升标准紧密相连的。与此同时，伴随着新媒体的兴起，几乎任何人都可以通过互联网或是博客进行传播，他们中有些人就自视为记者，他们没有职业证件，这似乎是不合法的，但是谁又会质疑他们的记者身份呢？新媒体的表现形式丰富多样，包括网站、新闻刊物、数目繁多的有线电视频道等，这极大地增加了可以采集、传播的信息，也增加了新闻工作从业人员的数量与类型。

　　新闻是一种职业吗？如果不是，那它是什么？辩论开始。

 挑战

梅里尔：新闻不是一种职业

新闻不是一种职业，这一观点与传统的新闻理论和认知是相悖的。实际上，新闻是一种职业这一观点是近几年刚刚兴起的。在美国新闻史的大部分时期，职业化并不是一个需要讨论的话题。如果有人非要思考该怎样称呼新闻工作，通常情况下，我们称之为一种行业、一门技艺或者一项业务。

如今，"职业"这一术语和概念已经在新闻修辞学（出版物、演讲以及各种会谈）中扩散开来。通常情况下，记者喜欢将自己定义为一位职业人士并且将新闻定义为一种职业。最近，我的一位新闻专业的学生非常执着地坚持新闻是一种职业的观点，以至于每一种否认的声音都会使她陷入痛苦之中。"这就是我想进入新闻这一行业的原因——新闻是一种职业。"她急切地为自己的观点辩护。

任何冠以"职业"名称的有组织的行为，似乎都萦绕着一种认同、尊敬甚至敬畏的社会情绪，记者似乎对此深有执念。比如，他们发现法律和医学在被定义为一种职业之后，从业者就呈现为一种精英形象，这种职业工作者比大多数非职业人员的薪酬要高。

无论是聪慧还是笨拙的记者，都能十分强烈地感受到职业化的巨大诱惑，这点是可以理解的。职业化能够给人带来尊重、认可、尊严、卓尔不群的自豪感，或者至少是一种作为记者的集体心理安抚。

无疑，新闻是一种职业这个观点在美国正在不断发展，但是独立的个体记者还尚未理解新闻职业化需要哪些要素，或者说成为一个职业人真正意味着什么。甚至两个相同背景的新闻记者在对方眼中可能都是不职业的。就连职业记者协会的成员在关于新闻理论和业务的一些基础和重要问题方面都没有达成一致。

南佛罗里达大学的杰·布莱克（Jay Black）教授担任《大众媒体伦理学杂志》（*Journal of Mass Media Ethics*）主编，他在作品《新闻的职业化》中曾主张，新闻并不是一种职业。布莱克教授按照亚伯拉罕·弗莱克斯纳（Abraham Flexner）在 1915 年提出的标准总结了"职业"的六个特征，他认为新闻并不具有这些特征。这六个特征分别如下：（1）广泛而又综合的知识体系；（2）不仅有能知其然的知识构架，还有能知其所以然的理论构架；（3）明确且可行的目标；（4）从业者关于所服务的目标和从业所需要的受教育程度能达成共识；（5）有公认的实践规范或标准，入行就意味着要认可这套标准；（6）出于利他的动机，而非自我提高或是追逐利益。

布莱克教授的结论是，"从多方面来看，新闻显然不能算是一个发展成熟的职业"。[《世界媒体报道》（*World Media Report*），Spring 1987，13‐15] 必须承认，弗莱克斯纳有关职业的评判标准有其模糊的地方，但仍是有启发性的。如今，研究美国新闻业的人很容易就能发现，记者并不具有真正独立的身份，他们没有统一的价值观，也没有关于自身角色的统一定义。

"职业"一词的本义是指以某件事情为生的一种行为，后来其内涵在原来的基础上被进一步拓展。《牛津简明英语词典》（*Oxford Shorter English Dictionary*）将"职业" *192*（profession）一词解释为"某人自称擅长并愿意追求的事业……一种需要将其学问知识应用于解决其他事务的事业，或者以此为基础的艺术实践工作"。

甚至到现在，职业人士也必须拥有一些特质。他们声称对于某些事情的本质有着比别人更透彻的了解，他们比非职业的客户更清楚后者应该了解什么内容，应该了解到什么程度。专业人士声称，作为一种职业，唯有他们才了解其中的精妙之处。

社会学家威廉·J. 古德（William J. Goode）坚持认为，专业人士组成了一个同质化的社群，社群成员们拥有同一价值观、身份特质以及对自身角色和利益的共同定义。他曾经指出，某种职业的成员因为"一种认同感而被联系到一起"，他们"拥有共同的价值观"。美国劳工统计局（U. S. Bureau of Labor Statistics）对职业有几项具体要求：（1）指定受教育程度；（2）从业许可制度；（3）强制执行的职业标准。

著名的《美国职业大全》（*The Professions in America*，Lynn，1965）也给出了有关职业的其他一些标准：

● 职业人员应该能客观、深入地思考一些问题，非专业人士可能受到传统理智和情感的束缚而无法理性思考这些问题。（是否适用于记者？）

● 职业人员认为自身值得信任，因为他们擅长某方面的专业知识，而外行人并不擅长这些专业知识。（记者能理直气壮地说出这句话吗？）

● 职业人员会与同行保持亲密而稳固的关系，他们认为将非职业人士排除在外是一件好事。（是否适用于记者？）

● 职业人员能够满足进入该职业的各种细致的标准要求，例如职业领域的学位，或者其他能证明合格或从业资格的特定准入证明。（是否适用于记者？）

● 职业人员的从业资格能被认证或许可，但如果他没有达到行业规定的标准则将被逐出该行业。（是否适用于记者？）

● 职业人员在与其他人员相处时，要遵循一系列行为规范准则，并服从更高层级组织的管理。（是否适用于记者？）

● 职业人员参与一个金钱或者荣誉的激励体系，这个体系表彰那些成就显著且遵循道德准则的人。（是否适用于记者？）

● 职业人员共享仅有本职业能掌握的独立、有实质内容的知识体系。（是否适用于记者？）

基于上述特征，新闻是一种职业吗？尽管它具备其中的一些特征，在某些方面近乎一 *193*

种职业，但它显然不能算是一种职业（我们可以说驴在某些方面和马相似，它近乎马，但是我们必须十分清楚地知道驴不是马）。

新闻记者与其客户之间并没有直接关系，新闻记者并不能独立从业，他们需要受雇于媒体。新闻没有正式的准入门槛，无论是否有经验，无论是否有学历，任何人都可以受雇成为一名记者。记者没有被要求或是期许遵守什么道德准则。至少在美国，记者不需要获得认证或从业资格证书，没有一套所有记者公认并共同遵循的职业标准。在《国家问询报》（*National Enquirer*）工作的人和在《纽约时报》工作的人，都可以被称为记者。

记者并没有共同的"高度概括的知识系统"，他们不能声称自己有实践自身职业艺术的特权，何况这种职业艺术还是从其他学科借鉴而来的。最终，美国记者并不能组成一个"同质社群"。

当代评论家埃尔温·克里斯托（Irving Kristol）指出："如今谈论新闻的职业性，实际上就是一种谄媚式的夸张。因为新闻至今甚至连最简单的外部职业标志都没有。"

尽管新闻还不算是一种职业，但道德规范、行业协会、同行压力、特定的资格许可、准入标准、推行更加严格的新闻教育会促进新闻逐渐成长为一种真正的职业。但这种情况至今还未发生，我认为还不能将新闻纳入职业体系。

哲学家威廉·巴雷特（William Barrett）关于职业的一段论述很好地阐释了我的想法："人们为拥有一种职业，要付出一定的代价。法语中有个词叫 déformation professionelle，翻译过来就是职业畸形。医生和工程师倾向于从他们自己的专业视角看待问题，那些不在这个特殊领域的事物显然就成为他们的盲区。视角越独特，其关注点越聚焦，而关注点之外的盲区就越大。"（1958，4-5）

媒体从业者似乎有种根深蒂固的渴望，渴望成为优质群体的一分子。刘易斯·拉帕姆（Lewis Lapham）在《哈泼斯》（*Harper's*）的一篇文章中称这种优质群体为"媒体行业内部的等级制度"。在我看来，这种趋势如果愈演愈烈，一些不同寻常、稀奇古怪的观念可能最终会遭到排斥，而持有这些观念的记者也会被排挤。拉帕姆写道："媒体的职业化程度越高，就越会打压那些业余爱好者，而像其他一些职业一样使二等资质的平庸者占上风。毫无疑问，职业化将会限制新闻人的层次，减少实践中的非职业因素，使新闻界更受尊重，至少行业中的精英分子是秉持这种理念的。"

除了损害多样性外，新闻不能被称为一种职业的另一个原因就是剑桥大学的詹姆斯·凯瑞（James Carey）在许多场合所指出的："如果新闻成为一种职业，那么其从业者将会越来越以自我为中心，他们会更加在意自身的既得利益和自我保护机制，而更少考虑对公众的责任。"凯瑞认为，职业人员之中自大又傲慢的精神气息会相互传染，职业人员会因此变得自恋又自私。

我同意凯瑞的观点。新闻是一个国家开放多元部门之一，应该全心全意地为公众服务。如果这个部门变成一个狭隘、孤立、自私自利、缺乏外向型服务导向的地方，那将是一件多么可悲的事情。

因此，我坚决主张新闻不是一种职业，而且新闻也不应该成为一种职业。

论点总结：新闻不是一种职业

新闻是一种职责，是一种事业，是一门技艺，却不是一种职业。它是一种对所有人开放的职责召唤，并不考虑教育背景。新闻没有入行门槛，没有独立的知识体系，没有排斥外部人士的内部精英团体，没有道德准则，没有记者营业执照制度。当然，新闻在某些方面很像一种职业，但是迄今为止，它还不是一种职业。《哈泼斯》编辑刘易斯·拉帕姆对于新闻职业化发展的趋势保持警觉的观点是正确的。他认为，媒体的职业化程度越高，就越会打击独特和创新，而鼓励二等资质的平庸者上位。新闻若作为一种职业，将会削弱多元主义，并且会导致新闻记者更少地关注公众利益而更多地关注自身利益。

 回应

丹尼斯：新闻是一种职业

新闻是否是一种职业，是新闻界最古老且富有争议的话题。之前争论的问题是新闻究竟是一种职业还是一种生意，那时选择立场还比较容易。自由主义者认为新闻是一种职业，而保守主义者更愿意将新闻视为一种以盈利为目的的生意。但现在就没有那么容易了。我们向前追溯半个世纪，回顾新闻记者和新闻组织为赢得新闻的职业地位所做出的努力。

通常情况下，新闻被视为一个由专业传播者组成的职业，这些专业传播者都致力于遵从职业化的标准。新闻记者坚信这一点，甚至是那些致力于职业研究的美国机构中的一些精英人士也都认为如此，新闻无论如何都应该成为一种职业。例如，哈佛-黑斯廷斯职业道德研究项目就将新闻称为一种职业。还有杰出的社会学家梅尔文·德弗勒（Melvin De-

Fleur）和赫伯特·甘斯也持这种观点，他们为推动文学学科的整体职业化和新闻学科的专业职业化都做出过巨大贡献。

不得不承认，一些学者会针对这种学科分类体系进行诡辩，他们更愿意将新闻称为亚职业。毫无疑问，他们会声称"职业"和"职业人员"这类术语在美国用得太随意、太宽泛了。他们对于职业（profession）、职业的（professional）、专业主义（professionalism）这些概念的一般认识存在巨大差异。有的人将"职业"定义为"一种基础的行业、工作或者岗位"，还有更严谨的定义认为"职业"是一种"需要专门的知识和长期的集中准备才能胜任的工作"（这两种定义都可以在《韦氏第三版新国际英语大词典》中找到）。

大多数社会工作专业的学生在谈到职业化的问题时，承认职业在不断发展。职业并不是在某一天按照某种标准和实践原则被完完整整创造出来的。例如，医学在 1915 年以前也没有统一的执业标准和教育准则。一些时事评论员提到，法律也是在法学院建立之后才逐渐成为一门真正的职业的。

职业应该有一些共同的显著特征，新闻就算不具备职业的全部特征，也具备大部分特征，应当被划分为职业。提出这种主张并不是因为要一味顺应当下流行的说法（正如职业演员和职业运动员一样），而是因为美国新闻界的现实符合将一种职业从行业或者工作中区分出来的大部分标准。此外，新闻行业的专业化程度也在不断提升。

就如其他职业一样，新闻在很大程度上呈现出了专业化的大部分特征。对于任何一种职业来说，基础的特征之一（"挑战"中并没有提到）就是"这份工作的初衷是为大众提供服务"。实际上，新闻致力于公共服务——信息与观点的自由流动都是关乎民主自由的"第一修订"的核心内容，美国新闻媒体受到宪法的特殊保护。美国宪法不仅是为了让报社和广播公司的所有者盈利，更重要的是，在法律和社会政策层面上，自由的媒体作为一股民主力量发挥着极其重要的作用。当然，新闻媒体必须获取利益，因为它们首先得生存，编辑和记者需要获取薪水，他们的各种工作应该获得回报。但是他们大多极具正义感，主张提供公共服务。当然，法律、医学、建筑、教育以及其他职业也致力于提供公共服务，同时也要能养活职业人员，但这并没有将他们从职业的范畴中排除出去。如果采纳最苛刻的定义，那也许只有神职人员，并且还是经过严格训练的神职人员才能被定义为职业人员。

虽然《美国职业大全》对于职业化设立的标准陈旧又晦涩，但是我仍然接受这些标准。在这种标准体系之下，新闻算是一种职业吗？我认为是。一位记者能否做到客观并深入地思考那些非专业人士由于受传统理智和情感束缚而无法思考的问题？当然能。记者的工作目标之一就是提供不偏不倚的结构化信息，识别冲突的各方观点并加以解释，通过这个过程帮助不知情的人理解周围发生的事，而不会被有意识的偏见和歪曲信息误导。新闻要告诉受众，供给侧经济学家的观点是这样的，而凯恩斯主义者的观点是那样的。

新闻记者掌握着外行人不擅长的技能吗？当然，新闻记者擅长采集信息——查找、评估信息并呈现信息；大众传播的标准定义就限定其从业主体是职业记者，而非业余人士。

新闻记者是否拥有"紧密团结"的"牢固阵营"？由于新闻是一种具有高度多样性的领域，涉及各种不同类型的新闻机构和从业人员，因此其阵营可能不如医学那样牢固，但新闻记者也是通过职业协会、职业联盟以及其他具体的亚团体被组织在一起的。当一位记者同行被监禁或是当一起活生生的违反美国宪法第一修正案的事件发生时，我想不会有其他任何一种职业能表现出像新闻记者这样的团结一致。强大的出版商会和弱小的记者联合起来一致对外。当一篇新闻报道被攻击或质疑时，媒体经常会说的话就是"我们永远站在我们记者的身后，力挺他们"。

什么才是最低的入行门槛？尽管不要求有正式的执照，但大多数媒体机构在雇用员工之前会制定最低教育或资历标准。当然，它们也可以不执行这些标准，但是这种情况少之又少。越来越多的记者从专业的新闻院校毕业，这些院校都得到了美国教育部的官方认可，并且为全国公众所信赖。这种过程虽然不同于考取执照，但是在新闻业界也有其他许多规范和约束机制。传播学者们的研究表明，记者在整体价值观和行业态度方面具有相当程度的共识。新闻绝对不是"人人各自为政"的一种职业。

会有记者被逐出新闻界吗？没有人会被政府驱逐，但有污点的人会被媒体机构以非官方的雇佣行为为由驱逐。那些不断违背职业道德准则或是被同行认定素质低下的新闻记者，将很难在一家有声誉的出版机构找到工作。一个典型的案例就是 2003 年的《纽约时报》记者杰森·布莱尔丑闻，年轻的记者布莱尔被发现新闻造假和剽窃，欺骗编辑及公众，这场丑闻使美国最知名、最受尊敬的报纸面临巨大危机。一个由德高望重的外部人士组成的蓝带委员会，协同《泰晤士报》工作人员调查了《纽约时报》的确保准确性和事实核查系统失效的原因。与此同时，《纽约时报》的两名主编在巨大的舆论压力下引咎辞职。这场事件震惊了整个美国新闻界。这个案例生动地说明美国媒体如何惩戒那些违规者。几个月后，《今日美国》又曝出了另一起丑闻，长期驻外记者杰克·凯利被发现新闻造假，误导编辑。蓝带委员会再次集结，主编也被报社解雇。这两起戏剧性案例的关键意义在于它们证明新闻界存在职业标准，正如你所猜测的，这种标准就是新闻专业主义。

另一起类似的事件发生在 2004 年，CBS 王牌栏目《60 分钟》因使用了一份明显伪造的文件而备受批评，文件内容是关于小布什总统越战时在美国国民警卫队服役的记录。此次事件是由网络博主们揭露的，并引起了极大的反响。丹·拉瑟在其后的争议声中宣布从电视网离职。蓝带委员会对 CBS 新闻栏目展开调查，并且发布了一份犀利的报告，直接导致其中一名高级制作人被解雇，而另外三名新闻主管引咎辞职。显然，内在的标准在起作用，破坏这些标准会导致严重的后果。当然，这些声名狼藉的从业者会在超市小报或低俗的电视节目中为他们的作品找到出路，杰森·布莱尔后来就出版了一本名为《烧毁我主人的屋子》的书，但是这些作品不可能发表在正规、专业的新闻媒体上。早些年还有一起媒体丑闻，就是 1981 年发生在《华盛顿邮报》的珍妮特·库克（Janet Cooke）事件。这起丑闻导致许多媒体高管收紧招聘政策，制定更清晰的待聘人员审核和评估的标准。2003 年的两起事件也同样促使许多新闻机构不断进行自我反思，并开展内部审核机制。一位编辑告诉我："这种情况在《纽约时报》上发生了，它也可能会在其他任何地方发生。"这些事件的余波经久未息，一大批抨击新闻媒体的书籍开始进入图书畅销榜。媒体内部开展了关于这些丑闻究竟是"一个烂苹果"还是"系统性崩坏"的争论。杰森·布莱尔丑闻曝出之后，《纽约时报》起初声称布莱尔只是一个有问题、不值得信赖的个体，他的编辑不需要承担责任，编辑们辩称："我们怎么可能知道这些事呢?!"然而，后来有一种观点明晰起来。由于报社缺少内部控制和警觉给了问题记者可乘之机，因此，高级管理层做出决策，要求执行主编和总编辑为布莱尔犯下的错误承担责任，报社也要向公众就发生的过失道歉。《纽约时报》为此付出的代价相当沉重，周日刊用四个版面重新报道了那些有缺陷的新闻，更重要的是，报社声誉受损。《纽约时报》由于这次过失而深陷尴尬处境，公信力遭到极大破坏。

显然，CBS 的这起丑闻也同样存在究竟是"一个烂苹果"还是"系统性崩坏"的争论。没有人认为丹·拉瑟和节目制片人玛丽·梅普斯（Mary Mapes）是坏人，没人怀疑他们在恶意造假或者说使用伪造文件。实际上，这种问题的出现是系统本身的失误，是工作中的草率行为所导致的。

数年以来，对于《纽约时报》《今日美国》和 CBS 新闻频道的这些媒体失范行为的问责标准正在变得越来越严苛，其结果也越来越令人瞩目。1980 年代，没人要求《华盛顿邮报》的主编因为库克女士的失范行为而去职。但 2003 年至 2005 年出现的三起媒体丑闻的情况却发生了变化，三家媒体机构都有高层管理人员付出代价。为了确保新闻专业主义理念的实行，还需要具体的媒体问责措施，新闻业有专门的评议会，它们会公开谴责新闻失范行为，使相关媒体颜面尽失。它们在新闻领域发挥着警察志愿者的功能。它们的工作是咨询建议性的，但是它们也在指导行动方面提供帮助。新闻有职业道德准则，可以辅助定义新闻的职业性，同时也帮助新闻记者应对伦理困境。在一些报纸媒体中，违反职业道德准则的记者会被开除。从这方面看，恪守准则就是被录用的条件之一。其他提升新闻专业主义的问责措施包括定期开展调查，了解公众对新闻媒体、监督机构、媒体批评家以及评估媒体行为的专门网站的态度等。此外，媒体相互之间的报道监督也在加强。《洛杉矶时报》的戴维·肖（David Shaw）、《华盛顿邮报》的霍华德·库尔茨（Howard Kurtz）、《波士顿环球报》（*Boston Globe*）的马克·朱科维茨（Mark Jurkowitz）等都是监督媒体报道方面的优秀记者。还有 NPR 的《聚焦传媒》（*On the Media*）、CNN 的《可靠的信源》（*Reliable Source*）、福克斯新闻频道的一档每周传媒业评论节目也都加入监督媒体的行列，要把新闻专业主义这把火烧得越来越旺。

《主编与发行人国际年鉴》（*The Editor and Publisher International Yearbook*）中有好几页列出了针对新闻记者的荣誉奖项，金钱和荣誉都有。其中一些有声望的奖项对于获奖者的职业生涯有显著影响，例如普利策奖、尼曼奖学金、美国国家杂志奖。这些奖项旨在奖励新闻从业者卓越的成就。各种奖学金项目旨在改进商业报道和科学报道的水平，提升新闻报道的正义性及其他职业标准。

"独立、有实质内容的知识体系"这一标准，新闻似乎更难达成。因为新闻是自由表达体系的一部分，不应该也不可能规定一名记者必须知道哪些事情。然而，新闻院校的标准课程体系包括传播理论、新闻史、新闻法规、新闻伦理和其他大量特定主题的课程。新闻记者应该广受文学艺术和科学方面的熏陶，这是被广泛认可的事实。此外，专业院校还开设新闻报道、编辑、摄影以及其他实践操作类的课程。完善的新闻学文献体系既包括精深的学术研究成果，也包括各种零散的材料，例如回忆录和媒介批评文章等。新闻学有自己的分支方向：新闻史学、新闻法、传媒经济学、新闻理论、新闻方法论、国际传播、媒介社会学以及其他方向。每一个分支方向都有充足的奖学金，值得学者们充分重视。新闻学研究是更大范围的大众传播研究的一部分，大众传播与心理学、社会学、人类学和政治科学都有着极强的联系。新闻专业的学生如果要在自己的学科领域有所造诣，就一定要有广博的知识体系。当然，还没有正式规定要求每位学生都做到这一点。对此我常常感到遗憾，因为实际上有很多优秀的新闻记者忽略了本专业的文献，历史上的很多错误注定要被他们重演（正如历史学家所说的那样），而这本来是可以避免的。

超过一半的美国新闻记者是从新闻传播院校毕业的，事实上，所有新闻记者都至少接受过文学教育，越来越多的记者有科学、法律、政治或是艺术方面的专业教育或训练背景。美国强调新闻多样性，不可能推行单一的教育或训练模式，但广播电视领域的一些专业人士都必须持有联邦政府颁发的从业许可证，以此来证明他们具有某种专业技能。

最根本的是，无论是通过正规的教育培训还是在实践过程中学习，新闻记者都必须有足够渊博的知识，才能胜任新闻工作。否则，他就会被开除或拒之门外。

虽然并非所有记者都能步调一致，但这并不意味着他们不专业。社会学家莫利斯·詹诺维茨（Morris Janowitz）曾写道：

> 任何职业的从业者对于本职业的任务和主要问题都持有不同看法。公共卫生医师（预防医学医师）和临床医生之间的分歧长期存在，并且对医学实践产生了深远影响。自第一次世界大战以来，新闻记者越来越认为自己所从事的是一种职业，并且在寻求一种合适的职业模式。最初的做法就是将新闻塑造成一个具体的领域，就如医学领域一样。在新闻领域中，新闻记者要发展自身的专业技能，同时要树立职业责任感。

这就是把关人传统，强调新闻的客观性。但有些记者不同意这种观点，他们认为记者应该成为事业的倡导者，并积极参与公共事务。根据社会学家约翰·约翰斯顿（John Johnston）、爱德华·史劳斯基（Edward Slawski）、威廉·鲍曼（William Bowman）的观点，这些争议将会"再次出现，那些认为新闻应该是客观、受到约束、技术性强的一种职业的人会反对那些认为新闻应当倡导社会责任的人。社会责任新闻理论受到了同样的新闻准则的启发，而这些准则正是早期改革所追求的目标"。

新闻是一种职业吗？证据非常充足。吹毛求疵的社会学家在所有的职业中都能找出一些瑕疵，然后根据纯粹的定义将其排除在职业之外。新闻是一种职业，并不是因为新闻从业人员的自我加冕，而是因为新闻符合成为一种职业所必须具备的绝大多数标准。

▌ 论点总结：新闻是一种职业

200 对职业最狭隘的定义就是"需要专门的知识和长期的集中准备才能胜任的工作"，并且包含"提供公众服务"的职能。无论新闻在兴起之初能不能成为一种职业，现在它已经进化成一种职业，应该得到如医学和法律那样的职业认可。即使从梅里尔提出的陈旧标准来看，新闻也拥有一种职业应该具备的客观性、专门知识和组织特征。新闻从业者需要具备独立完整的知识体系，记者应该博学多识，新闻院校有标准的课程体系。从业者是否持统一观点，并不是判定一个领域是否能成为职业的必要标准，许多医生和律师对他们的工作也有不同的认识。吹毛求疵的社会学家为了追求定义的纯粹，可能会将所有领域排除在职业之外。但无论如何，就划分职业的实际目的来看，新闻就是一种职业。

在线搜索

以下列术语和词组为关键词在 InfoTrac College Edition 上搜索更多信息：专业主义（professionalism），行业（trades），技艺（crafts），职责（vocations），职业教育（professional education），新闻学教育（journalism education），执照（licensing），教育标准（educational standards），新闻记者（journalist），新闻（journalism），新闻人（newsperson），职业学校认证（professional school accreditation），资格（competency），记者规范（journalistic norms）。

 讨论题目

1. 许多新闻系学生和新闻记者都希望新闻成为一种职业，你认为原因是什么？

2. 你认为如果新闻成为一种职业会不会带来真正的危险？如果会，这种危险是什么？

3. 新闻如果成为一种职业，它仍可以像非职业那样实现多样性吗？

4. 超过一半的美国新闻记者是新闻院校出身。如果新闻成为像医学和法律一样的职业，这种比例又会怎样改变？共同的教育背景对职业人员来说真的很重要吗？

5. 一种职业真的需要同样一套伦理规范吗？为什么不能有多套伦理规范，它们大体相似却又有细微区别？一种职业伦理规范是否应该有强制性？这应该由谁来决定？

 研究题目

1. 就公众需要新闻专业主义这个话题展开讨论，阐明原因并认真进行案例分析。

2. 从提升专业化程度的角度研究伦理规范。伦理规范是否能提升专业化程度？请结合具体案例进行论证。

3. 讨论并分析以下问题：新闻传播院校是如何促进新闻职业化的？职业化适用于所有的传播领域吗？职业化适用于提供信息、观点和娱乐等所有这些媒体功能吗？

4. 选一种职业，将其与作为职业的新闻进行对比分析。它们有何差异？有何相似之处？从教育功能、伦理规范、从业许可以及其他方面加以考量。

5. 一些评论家认为，职业化就是媒体所有者控制雇员的一种控制机制。这种观点是否正确？有利还是有弊？我们如何得知？

 延伸阅读

American Society of Newspaper Editors. *What Is News? Who Decides? And How? Preliminary Report on the World of the Working Journalist.* Washington, DC: Author, 1982.

Barrett, William. *Irrational Man: A Study in Existential Philosophy.* Garden City, NY: Doubleday Anchor Books, 1958.

Blanchard, Robert O., and William G. Christ. *Media Education and the Liberal Arts: A Blueprint for the New Professionalism.* Mahwah, NJ: Erlbaum, 1992.

Fuller, Jack. *News Values: Ideas for an Information Age.* Chicago: University of Chicago Press, 1997.

Gerald, J. Edward. *The Social Responsibility of the Press.* Minneapolis: University of Minnesota Press, 1963.

Janowitz, Morris. "Professional Models in Journalism: The Gatekeeper and the Advocate." *Journal Quarterly* 52, no. 4 (Winter 1975): 618–26, 662.

Johnstone, John W. C., Edward J. Slawski, and William Bowman. *The Newspeople: A Sociological Portrait of American Journalists and Their Work.* Urbana: University of Illinois Press, 1976.

Kovach, Bill, and Tom Rosenstiel. *The Elements of Journalism.* New York: Crown, 2001.

Kristol, Irving. "Is the Press Misusing Its Growing Power?" *More* (January 1975): 26–28.

Lynn, Kenneth S. *The Professions in America.* Boston: Houghton Mifflin, 1965.

Mnookin, Seth. *Hard News: The Scandals at the New York Times and Their Meaning for American Media.* New York: Random House, 2004.

Public Agenda Foundation. *The Speaker and the Listener.* New York: Public Agenda Foundation, 1980.

Reeves, Richard. *What the People Know: Freedom and the Press.* Cambridge, MA: Harvard University Press, 1999.

Rosen, Jay. *What Are Journalists For?* New Haven, CT: Yale University Press, 2000.

Starr, Paul. *The Creation of the Media: Political Origins of Modern Communication.* New York: Basic Books, 2004.

Stephens, Mitchell. *A History of News.* New York: Viking Press, 1988.

Strychacz, Thomas. *Modernism, Mass Culture and Professionalism.* Cambridge, UK: Cambridge University Press, 1993.

第18章
广　告

　　广告既是一个传播的过程，也是一种产业。无论在美国还是在其他社会中，广告都与大众媒体有密不可分的联系。广告在词典中被定义为"吸引公众关注某种产品或业务的行为，以及策划和传播广告作品的整个行业"，而美国市场营销协会则将广告定义为"一个确定的出资人以任何一种付费的方式对某种观点、商品和服务所做的非个人性的展示和推广"。广告也被称为"可控制、可确认的信息和说服"。出于几个方面的原因，广告也成为一个颇受争议的话题，争论的重点是广告在社会和经济中所发挥的功能。

　　广告在美国社会生活中已经占据着稳固的位置。整个美国广告行业，包括广告代理商、媒体服务机构、媒体广告部门等，共有将近20万从业者，每年会产生大约1 000亿美元的总产值。大多数美国人能接受广告，他们承认广告业支持着大多数他们喜欢的媒体，为消费者提供了消费指南，同时还促进了资本主义经济的发展。人们常说，美国社会是商业社会，广告是其中很重要的一个组成部分。

　　广告是一个历史存在，并且给美国大多数商业媒体提供了动力源泉，但是总有一些人更希望要一个没有广告的传播系统。我们经常会提出疑问：广告是否刺激了不必要的需求？广告是否助长了阶层意识、物欲主义等一些不被普遍认可的价值观？这些讨论都是围绕广告在社会中的影响展开的，广告的社会影响也是历史学家、哲学家、社会科学家以及媒体学者研究评估的目标。对广告的社会批判通常聚焦于广告是否真实。如今只有极少数人倡导废除广告，但是有人积极倡导为了公共利益而限制这种控制传播的行为。人们特别关注的是，广告对孩子的影响，对妇女以及未成年人形象的塑造以及其他一些富有争议的话题。

挑战

梅里尔：广告是一种消极的社会力量

资本主义社会以及竞争激烈的市场化媒体体制的一个重要铁律就是"伟大的广告神"。这位"伟大的神"遍布在各个角落，高高仰起它华丽空洞的脸庞，源源不断地把醒目的信息发送到我们的办公室、汽车以及家中。它遍布在高速公路沿线的公告牌上，它附着在我们的杂志和信箱中的优惠券上，它在电视屏幕上对着我们喋喋不休，它充斥着我们的报纸版面。

广告主强大又粗暴，是一种消极的社会力量。广告彻彻底底地污染着我们的国家。乔治·凯南（George Kennan）将广告称为"国民生活中最大的恶魔"。凯南质问：报纸的每个版面，广播电视的每档节目都声称要追求知识和艺术的统一，但如果不把广告从中移除，我们怎么可能拥有健康的学术氛围、成功的教育体系、健全的媒体、充满活力的艺术和娱乐生活？

以下言辞激烈的话语就出自这位 20 世纪的美国知名外交家之口，而凯南对于广告业的批评还不仅限于此：

> 这是我所期望的革命？是的，它是整个传播领域中一场关于金融和传播流程控制的革命。如果这场革命在许多方面将广告主的角色替换成政府，我也依然会很期待。政府作为教育者，有自己的义务和良心，在传播中应该坚持真实性和完整性。虽然这可能并非我们想要的一切，但是它至少承担一些与公共福利相关的责任以及将公众需要铭记于心的义务，这点比广告主强多了。(1968, 201 - 202)

20 世纪的另一位杰出人物阿道司·赫胥黎（Aldous Huxley）富有洞察力地审视了社会机构的瑕疵。在他那部著名的作品《重返美丽新世界》（*Brave New World Revisited*, 1965）中，他用第六章整整一章的篇幅讲述"销售的艺术"，并且特别强调广告的影响。他谈及西方宣传具有两副面孔：一面是民主派的编辑，他们是善良的杰凯尔医生（Dr. Jekyll）；另一面是掌控广告的反民主派，他们是邪恶的海德先生（Mr. Hyde）。[①]

---

① 杰凯尔医生和海德医生来自《化身博士》。《化身博士》是英国文学家史蒂文森所著的小说，书中讲述善良的杰凯尔医生发明了一种药，他喝了这种药之后就会变成邪恶的海德先生四处作恶。——译者注

这位宣传学家、广告专家拥有心理学博士学位和社会科学硕士学位。赫胥黎（1965）曾这样描述广告界的"海德先生"，如果每个人都实践约翰·杜威（John Dewey）关于人性的信条，海德先生将会很不高兴。真理和理性都是属于杰凯尔医生的事，而不是海德先生的事。海德先生是一位动机分析专家，他的任务是研究人的缺点和弱点，调查那些支配着人类有意识的思考和外在行为的无意识的欲望和恐惧。他这么做并不是出于那些让人类社会更加美好的道德家的精神，也不是出于那些希望提高人类健康水平的内科医生的精神，而仅仅是为了利用人们的无知和非理性，从而找出最好的方式为自己老板的金钱利益服务。非理性、剥削、追求金钱利益、操纵人们的欲望和恐惧，这都是关于广告主形象的表述。这两位批评者已经巧妙地集中呈现了美国广告业的主要特征和令人担忧的问题。显而易见，这样的广告不会是我们社会生活中的一种积极因素。

当提到美国麦迪逊大道的时候，你的脑海中会想起什么？有独立思考和判断能力的公民不需要读那些批判商业广告的著作［如萨姆·贝克（Samm Baker）的经典著作《被允许的谎言》（*The Permissible Lie*）就表达了对无处不在的商业主义的反感］。可口可乐和百事可乐处处针锋相对，试图用抽象莫测的口号来表现自己产品的优越性。

味觉测试表明，X 牌是最好的品牌。5 位医生中有 4 位推荐这个牌子的漱口水。这个品牌是智者之选。你只需要轻轻一捏，就能知道这种卫生纸有多么卓越。我的阿司匹林比你的疗效好。驾驶我们的汽车，就会有像鸟儿飞翔的感觉，你在电视上就能看到，它真的能快速启动，冲向夜空。这些都是广告在兜售广告主新开发或者改进过的产品时的说辞。有些广告甚至是在侮辱观众的智商，举个例子，电视上的一则商业广告会告诉观众它的产品（燕麦片）"会减少患上某种癌症的风险"。它真的"可能减少患上某种"癌症的"风险"吗？我十分怀疑。

我坐在电视机面前，哎哟，那些声称自己是"积极因素"的商业广告源源不断地向我袭来。我学到了有用且重要的事，我了解到如果我买某种口香糖就会有一种"双重愉悦"等着我。我被怂恿进入"一家克什曼（Kirshmann's）家具城去感受兴奋和刺激"。如果有一款咖啡"合你的胃口"，那它一定就是 X 牌。如果我喝这种牌子的啤酒，就会"浑身劲爽"。如果我吃这种牌子的早餐，"每一口都会尝到自由的味道"。

这就是所谓的积极的社会力量，全是重要的废话。他们只知道双重愉悦、感受兴奋、合胃口、浑身劲爽以及尝到自由的味道。哦，这就是积极（有用、有意义）的社会力量！

但是这些都没有问题，因为美国广告代理协会（American Association of Advertising

Agencies，至少代表了 15 个美国全国性传播集团）的"创意守则"已经决定要保持这种"积极社会力量"的完整性，并不断促进其发展。我们被告知，公众有权要求广告的内容必须可靠，广告的展示形式必须真实。并且这套守则向我们确保了广告主"将会进一步提高实践的高道德标准"。

守则规定，广告文案中不能有误导性言论和夸张言语；不能展示违背鉴定人真实选择的鉴定意见；不能进行误导性的价格诉求；不能做出论据不足的声明；不能呈现侵犯公众尊严的言论或图片。但我认为，广告业在不断做着与这些规定相悖的事。如果你不相信，可以花一小会儿时间分析媒体中的广告。

现在一集情景喜剧或是电视剧会出现越来越多阴险的植入性广告，啤酒商或是汽车商都会作为广告主提供赞助。毫无戒心的影视观众并没有意识到，他们看到的每一件产品，从牙刷到衣服，并不是出于某种原因被选中的，而是一种带有欺骗性的广告植入。在视听媒体中，几乎没有你看到的物体不是间接广告。

广告是一种积极的社会力量吗？我并不这么认为。广告刺激人们购买一些自己并不真正需要的物品，促使人们丢弃一些本来完好无损的东西，诱惑穷人幻想得到那些自己担负不起的东西，助长低俗文化的传播，导致一些好高骛远、无法实现的期望出现，这些都在促成一个金钱至上、享乐主义的社会。

媒体学者迈克尔·舒德森曾对广告发表以下看法：

> 无论广告在刺激和促使人们购买更多的商品方面有多大的直接效果，它被称为欺骗行为都是名副其实的……许多广告在传达信息方面起到了积极作用，但大多数非价格广告（nonprice advertising）长久隐藏不良的理念。例如麦当劳那句流传已久的口号，"我们所做的一切，都是为了你"，这明摆着就是撒谎。（Michael Schudson，1984，13）

正如萨姆·贝克（1968）曾说的，麦迪逊大道（美国广告业中心）宽恕和鼓励半真半假以及夸张的广告信息。他写道：

> 广告的首要目标就是谋取利益，其次才是服务大众。这种为获利而编造的谎言，是一种被允许的谎言。

前杂志主编理查德·L. 托宾（Richard L. Tobin）在《印刷者》（Printer's Ink）中引用了贝克的一段话：

> 用半个小时浏览杂志，我就会找到十多种广告。它们声称自己的产品表面更光滑、更加持久耐用、价格更便宜、质量更上乘、去污力更强、保鲜时间更长……我们

会傻到不加辨识被这些毫无意义的谎言迷惑吗?

可能我们不会蠢到被这些广告迷惑,但从这个角度看,即使广告相对来说并不会产生什么害处,它也显然不可能成为一种积极的社会力量。

我的合著者丹尼斯肯定坚持认为大多数广告不是以上类型的,大多数广告是真实坦诚的,并且提供了大众需要的许多信息。我承认这点是正确的,确实有"一些"广告提供了真实的信息,就像吗啡和可卡因在一定程度上也是"有益的"一样。但是,作为一个整体的广告业是什么样的呢? 从总体来说,广告并不是一种积极的社会力量,其社会影响是弊大于利,因此应该降低广告在社会中的地位。

报纸中的广告,就像是大学的体育运动。广告和体育运动都不能体现它们"承载者"的真实意图。它们自身都不坏,但是引用老话来说,它们都有点"失控",甚至出现"本末倒置"的状况。报纸如今已不再名副其实,整个版面大约只有10%刊登的是真正的新闻,读者必须十分努力地在广告"沙漠"中寻找具有实质性内容的"绿洲"。更糟糕的是,互联网中的流媒体广告、自动弹出窗口广告以及其他出现在编辑页面的条幅广告都令人心烦。互联网广告因其形式新颖而成为时髦事物,它们充斥在所有角落,试图吸引所有人的眼球。

我必须强调,我认为广告不是一种积极的社会力量。它仅仅就是实现媒体所有者盈利愿望的经济基础,是刺激消费需求,为制造商、批发商和零售商制造更大销量的机器。那政治广告又是怎么一回事呢? 我甚至都不屑于提及这个话题。政治广告太肮脏了。但是我认为,美国国家的政客,4个中有3个都极力追捧政治广告。毫无疑问,100%的媒体所有者会给政治广告发通行证。这当然一定意味着广告是一种积极的社会力量,但这会是丹尼斯博士的观点,我对此并不认同。

论点总结:广告是一种消极的社会力量

广告充斥在我们的媒体中,压制了严肃新闻和讨论,鼓励了不必要的购买行为,加剧了阶层分化,并且导致过度消费。广告业可能在财政上大规模地支持着美国媒体,但这也是其能被称为积极社会力量的唯一理由。广告夸大其词、欺骗误导、用性和轻浮言行进行低俗暗示、展示不合理的代言、制造过剩需求,它在总体上促进物欲社会的产生。对于美国广告最好的称呼就是"一种必要的邪恶"。它无论如何都不可能被称为一种积极的社会力量。

回应

丹尼斯：广告是一种积极的社会力量

如果一位读者坐在电脑面前，我将会为他创建一个经过筛选的广告网站，这些广告呼吁人们在性生活中预防艾滋病，宣扬提高文学素养，鼓励种族包容，并且促进环境改善。之后我将让这位读者找出一些面向大众的同样强有力但却与上述这些价值观相悖的广告，或者任何一些破坏我们的生活、鼓吹种族主义或者倡导环境污染的广告。我想读者对这个任务可能会感到很为难。那么我想请问，梅里尔教授所描述的那个广告业到底是种怎样的状况？这个问题或许不难解答。所以，我想回应他所列举的广告业的几条罪状。

关于事实。广告的存在就是事实，广告自古以来就伴随着我们，在革命以前广告已经在美国文化中扮演着重要角色。广告完美地融入了我们的商业媒体，除了公共广播电视机构之外的大多数媒体，如果没有广告可能根本无法存活。据我所知，没有人提出要用立法手段废除或者削弱广告，甚至是梅里尔教授也没有提出过这样的主张。事实上，我认为废除广告是不可能的，我们应该好好记住，广告是一种受保护的言论。广告是商业行为而非政治演说，但它也是一种表达自由，因此受到美国宪法保护。一位广告经理约翰·奥图勒（John O'Toole）曾不无讽刺地写道：

> 1776 年 7 月 6 日，《宾夕法尼亚晚邮报》刊登了《独立宣言》全文以及十条广告，这表明该报对新闻和商业言论之间的区别太不敏感，这种不敏感对此后几个世纪的进程产生了深远影响。

尽管商业宣传一度比政治宣传的自由空间要少，但在过去 20 年间，商业言论已经获得了重要的地位，这种趋势仍有可能持续下去。也正是因为这样，我的合著者才会对各种类型的社会和政治信息传播并无异议，有时候他会憎恶新闻审查，却对他口中的"伟大的广告神"所产生的巨大影响感到不适，他提出的这种揶揄的称呼我不赞同。

我不会傻到去论证所有的广告都是鼓舞人心而且具有社会责任感的，我对所有的印刷媒体、电子媒体、数字媒体上传播的广告信息都持同样的观点。确实有一些广告是招摇撞骗、令人讨厌、应该受到严厉谴责的，但大多数广告并非如此。如果我们真的信奉言论自由，我们就应该把好的、坏的、丑陋的广告都作为整个广告业的一部分，同时期望积极的力量能奖励那些负责任的传播者，而规劝那些不负责的传播者。在广告业的标准中，如果某则广告含有欺骗性的内容就应该受到法律的惩罚，就像一位作家诽谤他人就应该被起诉并惩罚。但这并不是问题的关键所在。

　　广告对社会存在积极影响，我认为这种影响主要源于广告提供给大众的消费信息中包含的基本价值观。广告是一种帮助我们了解新产品、新服务、新业务的方式。富有洞察力的人也是用批判的眼光看待广告的，因为广告是一种对产品的宣传，而生活中有太多产品需要我们知道、了解、使用，或者说需要我们付费。我们知道好多种品牌的麦片，所有的麦片品牌都在争夺我们的注意力，一些品牌会声称它们的产品营养丰富，另一些则强调口味好。即使广告内容是真实的，大概也不会有人全盘接受广告中所说的一切内容，就算是年幼的孩子也不会。因为有一种理论叫"消费者选择"，消费者会根据自身的需求、兴趣、收入以及其他因素做出选择。因此，广告只是给我们提供了信息服务。

　　广告刺激经济。你只需要访问一个缺乏民主的国家，就会发现那里可供选择的商品是多么匮乏。尽管有时候看起来美国这种物质主义的社会生产了远超过我们实际需要或者消费能力的产品，但如果让我们在北非空荡荡的货架和洛杉矶琳琅满目的商品陈列之间进行选择，我知道我更倾向于在哪里购物。当然，美国的经济确有浪费的一面——美国拥有太多工厂、太多产品，超出了市场可以容纳的范围。一些产品存活下来，另一些没有。广告充当着将两类产品同时展示给美国大众的功能。从积极的方面来看，广告拓展了人们的选择空间，促进了多样性。如果没有广告，人们关于哪种商品应该投入生产，哪种商品没有发展前景的判断就只能是武断的。在美国的经济体制中，最终的决定者是消费者，而他们正是广告的目标对象。

　　除了内容的价值之外，我们还需要一遍遍不断地提醒自己，广告是美国媒体商业模式的核心。尽管有些媒体主要将向用户收取费用作为收入来源，但大多数媒体需要广告收入维持生计。

　　广告是否真正能对消费者行为产生影响这方面，确实存在相当大的争议。一些经济学家和社会学家认为，广告的效果是细微的，或者根本就没有影响。另一些人则认为广告的效果是强有力的。梅里尔教授引用了社会学家迈克尔·舒德森的观点，舒德森对广告的影响力存在怀疑，声称"广告的影响力根本没有广告主和批评家们所声称的那样强大，代理机构的广告投放大都是在黑暗中无的放矢，而不是针对公众意识实施精确的微创手术"。舒德森也承认，"广告承担着提供有价值信息的服务功能，不会而且不应该被抛弃"（1984，239）。

舒德森对广告对消费行为的影响力持怀疑态度，但是他也提出，广告可能会影响产品的可获得性。消费者并非广告主需要考虑的唯一因素，企业希望开发并出售产品，广告的存在可以使它们更高效地做到这一点，在市场上检验产品的好坏，有时会取得成功，有时则会失败。

现代广告并不是旧式嘉年华上自我陶醉的烘焙师，也不是大众媒体漫无目的的发射出来的信息，而是经过精心策划，具有高度可控性的传播，瞄准某个特定的市场或受众群体。比如，某个特定广告可能会以非裔美国人或某一收入群体或具有某一特定教育背景的人为目标群体。这会进一步促进多样性，并且推动市场中媒体组织数量的增多和范围的扩大。比如，杂志业之所以能存在主要是因为其广告瞄准了特定的细分市场。再譬如，女性杂志主要服务于那些面向女性群体的产品和服务提供商，它们在《大都会》（*Cosmopolitan*）或者《奥普拉！》（*Oprah!*）杂志中刊登广告，以接触细化的目标受众。正如一些批评家所说的，广告并不是精致的大脑微创手术，但却是一种让恰当的人了解那些将会对他们产生影响的某种产品或者问题的有效方式。广告的范围很广，从全国广告到地方广告，从展示广告到分类广告。很难想象会有人否认分类广告的实用性和有效性，即便是梅里尔教授可能也无法否认，除非涉及一些私人广告，这类广告有时确实没什么品位。至于植入性广告，它本身有什么错吗？公立学校中的运动器械上都标有商标名字，我们使用的其他商业产品几乎也是这样。电视和电影曾一度为避开广告嫌疑而给不同商品编造假名字，甚至是通用的标签和商标也不能幸免，这种做法既愚蠢又矫情。观众最好能辨识出某人正在使用某种牌子的番茄酱，或穿了一身时髦的衣服。植入性广告如此普遍常见，它是广告主用来获取观众注意力的一个有效工具。

我的合著者为政治广告保留了"最后的颜面"，仅从表面上表示谴责。鉴于最近美国总统竞选中的政治广告受到严重抨击，因此这个话题值得进一步强调。历史上曾有政治广告大打种族牌，迎合人们的畏惧和偏见心理。在美国和其他国家，几乎每一次政治选举都会出现误导公众的低级政治广告。但同时在地方、州、国家等不同层次的选举中，也有数以千计的候选人制作积极、鼓舞人心的政治广告。以史为鉴，现在政治广告的整体趋势是积极的，它们强调候选人自身的优势而不是诋毁竞争对手。

关于广告内容的讨论也非常多，这表明人们十分关注这一话题。当广告表现出性别歧视时，总会受到强烈抵制。比较常见的结果是，这些广告被取缔，由新的、更好的广告取而代之。这种关联效应是负面的吗？不，当然不是。这种性别歧视广告可能原本是要用来迎合观众的趣味的，却遭到抵制并引发公众关注，从而在不经意间为女权主义事业做了贡献。正是通过这种批评和反馈，公众对广告的态度和印象才会不断改变。少数族裔和女性过去常常被刻画为负面形象，或者根本不被刻画。但这种情况正在不断改变，这也反映出社会态度正在改变，这就是进步。

　　总会存在一些具有低级趣味、潜在破坏性的广告，但这样的广告在我们的社会体系中会被挑战、批评、抵制。这并不是一个坏的过程，而恰恰可以反映整体国民的进步。毕竟，文化并不是在一天内形成的，它也将会在广告的帮助下继续走向成熟。因此，广告当然是一种积极的社会力量。

▌论点总结：广告是一种积极的社会力量

　　限制广告业的发展并没有现实依据。广告是一种受保护的言论，而且对媒体产业提供了至关重要的经济支撑。确实有些广告应该被谴责，但这不是广告业的主流，而且事实上也没有广告真的会宣扬对美国社会造成危害的事业或价值观。相反，广告为公众提供消费信息，扮演着一个积极的社会角色。公众也都知道广告倡导特定的观点，因此他们会批判地接受。同时，广告刺激经济发展，从这方面看，它是一种积极力量。面向特定群体的广告在促进多样性、扩大市场和媒体机构范围等方面也有重要意义，比如专业杂志就严重依赖细分市场广告。政治广告，即使有时会误导公众，但也反映了候选人的某种特点，因此很少被竞争对手或者批评性新闻媒体非难。

在线搜索

　　以下列术语和词组为关键词在 InfoTrac College Edition 上搜索更多信息：广告（advertising），平面广告（advertisement），广告主（advertiser），广告公司（ad agencies），资本主义（capitalism），商业媒体（commercial media），销售（selling），媒体销售（media sales），商业主义（commercialism），鉴定书（testimonial），政治广告（political advertising），公益广告（public service advertising），社会公益（social benefit），社会力量（social force），广告诉求（advertising appeals），植入性广告（product placement），品牌化（branding）。

讨论题目

1. 如果我们削减广告，那么美国媒体产业还可以通过哪些方式获得经济支持？

2. 因为广告是自古以来就存在的一种传统，所以就将广告视为一种积极的社会力量。这种逻辑行得通吗？

3. 美国的广告是否保护了新闻自由？如果是，它是如何实现的？如果没有广告，媒体是否能保持与以往一样的自由？媒体的经济支持与美国宪法第一修正案的条例之间有何关联？

4. 举出一个政治广告的例子，你知道有谁因为广告而投票给某个候选人吗？你或是你的家人是否这样做过？你认为政治广告是以问题为导向的吗？

5. 你认为大多数电视或是报纸呈现的广告是诉诸人的理性、偏见还是情感？举例说明并加以解释。

 研究题目

212 1. 研究一则旨在推动某项重要的公共事业或者议题的公益广告，具体细致地考察其诉求方式，预测其成功或失败的可能性。

2. 研究关于政治广告的话题，写一篇题为《政治广告：好、坏、丑》的论文。提供正面诉求和负面诉求的政治广告案例，你认为哪种方式更有效？为什么？

3. 广告在商品和服务的交换过程中是否发挥积极的社会作用？比较两个竞争者各自的广告，它们是否展现了自己产品的特色？它们是否有说服力？如果广告是你获得产品信息的唯一来源，你会基于这些广告做出怎样的选择？

4. 近些年来，比较类广告大行其道，某种产品会用这种广告对竞争对手展开局部或者整体攻击，从而凸显自身优势。选择两家采用这种广告模式的广告主进行比较，你认为这种广告有效果吗？

5. 构建你自己的标准，评判广告这种积极的社会力量。然后用这套标准去给几个广告或者广告活动打分，打分要严谨。

延伸阅读

Alperstein, Neil M. *Advertising in Everyday Life.* Cresskill, NJ: Hampton Press, 2003.

Baker, Edwin. *Advertising and a Democratic Press.* Princeton, NJ: Princeton University Press, 1995.

Baker, Samm S. *The Permissible Lie: The Truth about Advertising.* Cleveland: World, 1968.

Berger, Arthur Asa. *Ads, Fads and Commercial Culture: Advertising's Impact on American Character and Society.* Lanham, MD: Rowman and Littlefield, 2000.

Cross, Mary. *A Century of American Icons.* Westport, CT: Greenwood Press, 2002.

Huxley, Aldous. *Brave New World Revisited.* New York: Harper & Row, Perennial Library, 1965.

Jackell, Robert, and Janice M. Hirota. *Imagemakers: Advertising, Pubic Relations and the Ethos of Advocacy.* Chicago: University of Chicago Press, 2000.

Kelly, Larry D., and Donald W. Jugenheimer. *Advertising Media Planning.* Armonk, NY: M. E. Sharp, 2004.

Kennan, George. *Democracy and the Student Left.* New York: Bantam Books, 1968.

Kloss, Ingomar, and Makoto Abe. *Advertising Worldwide: Advertising Conditions in Selected Countries.* New York: Springer, 2001.

Napoli, Philip M. *Audience Economics: Media Institutions and the Audience Marketplace.* New York: Columbia University Press, 2003.

Ogilvy, David. *Ogilvy on Advertising.* New York: Random House, 1987.

O'Guinn, Thomas C., et al. *Advertising.* Cincinnati, OH: Southwestern, 1999.

Ries, Al, and Laura Ries. *The Fall of Advertising and the Rise of Public Relations.* New York: HarperCollins, 2002.

Schudson, Michael. *Advertising: The Uneasy Persuasion.* New York: Basic Books,1984.

Sheehan, Kim Bartel. *Controversies in Contemporary Advertising.* Thousand Oaks, CA: Sage, 2003.

Steel, Jon. *Truth, Lies and Advertising.* New York: Wiley, 1998.

Zeft, Robin Lee, and Brad Aronson. *Advertising on the Internet,* 2nd ed. New York: Wiley, 1999.

第 19 章
公共关系

　　公共关系（public relations，PR）与广告一样，有多种定义方式。它是一种传播系统，是媒体系统的一个分支，是一系列的实践活动，是一种职业，也是被嘲笑和奚落的对象。斯科特·卡特里普（Scott Cutlip）及其同事在其作品中写道："公共关系这个术语在实践中至少有三种含义：与一个组织的构成成员之间的关系、被用于实现良好关系的方式和途径、某种关系的质量和状态。"（Cutlip, Center, and Broom，1999）因此，这个术语被用来同时标注过程和结果，被用来命名一种状态并表述与此状态相关的行为或行动。

　　与广告一样，公关业务也是美国传播系统的一部分，包括独立的公关公司、商业和政府机构的公关部门、传播咨询公司等，业务范围从电视出镜培训到竞选信息和策略等无所不包。公关领域有几十万名从业者，投资数量难以计数。确实有人不待见公关，但这个行业有全国职业协会，也就是美国公共关系协会（Public Relations Society of America），有职业资格认证流程和一套伦理规范，还有日益丰富的学术和专业文献。一些批评者尤其是记者，主张全面废除公关。然而这种情况不太可能出现，因为公关也就是一种受控制、组织化的传播而已。公关能在一个传播体系中得以发展，只是因为存在对这类传播服务的需求。当信息在传播循环系统中逐渐成为一种可再生的资源，就需要通过公关策略和服务来宣传并推销产品。公关与广告最大的不同在于，公关并不总是与赞助商和产品保持一致。我们在《今日秀》（Today Show）节目中看到的嘉宾很有可能就是特意安排的，公关主体或公司会为此向节目支付高额费用，但是观众不会被告知这些情况。因此，公关更隐蔽，不易被察觉。

挑战

丹尼斯：公共关系操纵着新闻

停下来想一想，公关在美国社会中的整体形象是什么样的？在大多数人眼中，公关就等同于欺骗。举个例子，《公共关系方案》（*Public Relations Solution*）就含蓄地强调，要重视外在形象和舞台管理，而不是直白地陈述事实。无论是在公众还是私人部门，公关都是高级管理层的左膀右臂，公关过程是一个旨在为公关信息制造者谋求利益的过程。一个公司的公关部门并没有义务报道坏消息，相反，公关的任务就是展现事态最好的一面，并加以解释，使其合理化。这种做法可能会对公众有益，但通常情况下不会，因为支付费用的是委托人而不是公众。一些人认为这仅仅是行使传播的权利，所有人都有资格提出他们的观点，有没有公关公司的帮助并不重要。但在关于公共关系的争论中，这就是一个关键因素。一些评论家认为，这不仅是因为公关常常带有欺骗性，而且它赋予那些有钱支付公关咨询服务费用的主体不合理的优势。尽管多年以来，公关行业已经取得了有目共睹的专业成就，但在美国社会中公关依然背负着不好的名声，而且这个词本身就存在颇多争议。问题不在于公关是否公正准确，而在于其在公众心中的普遍形象。

公关公司在美国的起源甚至是令人厌恶的。公关历史学家对于这一问题行业的起源津津乐道。这个行业由艾维·李（Ivy Lee）创建，他之前是一位记者，后来创建了一家公关机构。他所服务的委托人之一就是洛克菲勒（John D. Rockefeller），这位石油大亨因其不正当的商业行为和对待公司员工残酷无情而臭名昭著。1902 年的《麦克卢尔杂志》（*McClure's Magazine*）刊登了著名的"扒粪记者"艾达·塔贝尔（Ida M. Tarbell）的杰出作品《标准石油公司的历史》（*The History of the Standard Oil Company*），其中就记载了这些情况。这篇作品及其他社会批评一起给美国国会施加压力，要求立法削弱洛克菲勒和其他一些强盗资本家的势力，最终结局就是《反垄断法案》出台，不正当、不合法竞争将受到惩罚。洛克菲勒雇用艾维·李帮他进行说服传播，使人们相信他是一个善良且充满爱心的持家男人（这一点所言不虚），同时也是一个慷慨大方的人（这一点言过其实）。李用他的聪明才智及在现代商业传播中的地位，成功帮洛克菲勒扭转形象，实际上也就是操纵了新闻媒体和公众的态度。如今洛克菲勒被人记住的是他正面积极的形象，而不是当初那个人人喊打的形象。

尽管公关领域也有一些声望颇高的人，例如公关先驱爱德华·伯尼斯（Edward L. Bernays），有时候也被称为"公关之父"，这些人致力于推动公关活动的职业化和道德实践，但我们仍应该说明，公共关系就是按委托人的意愿包装新闻和信息。机警的新闻媒体应该能够看穿这种传播行为欺骗和虚伪的本质，它们确实做到了，但是有公关顾问代理的人还是比没有相关代理的人更有优势。想象一下，如果大城市中的一群无家可归者与一群要将这些人赶出某个特定区域的大型开发商对抗，开发商显然有更大能量在公关人员的策划下利用媒体替自己发声。当然，具体看这件事似乎并没有什么绝对的错误。但从整体来看，公关策略会影响媒体的报道以及对双方形象的塑造。这通常并不是钱的问题，但现实情况确实如此。一些社会运动包括民权运动、女权运动等都使用有限的资源成功获得大众支持，而其对手即使斥巨资开展公关最终仍然惨遭失败。不过这只是极为个别的特例。

在美国这个国家，记者队伍存在超负荷工作、人力资源匮乏、人员慵懒且训练不足等种种问题。与之相比，过度公关的问题显得根本不重要。信息太多，大部分媒体公司疲于应付。它们虽然雇用了一些专业人员解决问题，但是数量还明显不够，它们大量采用新闻发布会的通稿以及其他一些由公关人员提供的免费信息。显然，这不公平，不能很好地服务公共利益。我认为我们应该注意到，公关尽管是一个派生领域，但之前也曾是一个独立的领域，现在却大部分被大型广告公司掌控。值得一提的是，最近出版的一本赞扬公关的书也承认"广告重在集中爆发，公关重在细水长流"（Ries and Ries，2002，243）。事实上，相对于广告的大吹大擂而言，公关更含蓄，强调潜移默化的效果。这不禁使我困惑，公关材料究竟在多大程度上存在故意欺骗。公关稿被称为软文，也就是将信息嵌入新闻报道的正文中，通常不加标识；而广告是需要付费的，预先付费且并不向受众隐瞒情况。这也引发一个问题，公关的功能到底是什么？隐藏在其背后的企图到底是什么？

我认识很多有才华的公关从业者，也认识更多有才华的记者。据我所知，大部分公关人是负责任的职业人士。他们有权做他们自己想做的事情，但他们也是被既得利益群体雇用的宣传者，这些群体需要更多宣传和公众支持。公关人员通常会使尽浑身解数打通媒体渠道还有其他各种途径，以期影响受众。他们在很大程度上取得了成功，这使他们成为美国人民的主要信息提供者。

论点总结：公共关系操纵着新闻

公关，就其本质属性而言，倾向于帮助那些信息制造者，不论信息来源是公共的还是私人的。在信息市场中，公关操纵着信息，他们本着为委托人利益服务的目的，为媒体提供包装好的信息。公关行业也有优秀的案例，但从整体来看，更多是不断向媒体提供大量含有偏见的信息。当新闻机构由于信息数量不足或者纯粹是因为懒惰而没有亲自验证信息时，就会把公关机构提供的歪曲的通稿当作客观事实进行报道，新闻也因此被歪曲，变相站在公关主体的立场上发声。

回应

梅里尔：公共关系提供一种必要的新闻服务

有观点认为公关公司是操纵新闻的一种因素，情况可能确实是这样的，但那又怎样呢？有很多因素都在操纵新闻，例如编辑的恐惧、记者的偏见、广告的压力、政府的保密制度。公关尽管有常规的操纵性的一面，但它是有价值的，甚至是必要的，与新闻传播活动有密切关联。

甚至有记者估计，媒体中将近 50％的新闻报道能找到受公关影响的痕迹。新闻记者本身或许认为公关素材是采集信息的重要来源，因为他们确实利用了公关机构创作并免费提供的通稿和背景材料。我们很难否认，公关机构提供的背景材料甚至是新闻本身都对媒体有帮助。

许多公关资源被忽视和抛弃，但公关资源实际被使用的情况远比记者愿意承认的要多。我在大学公共关系部门工作了 5 年，精心保留了很多简报和档案记录。我可以说我们这个小型的公关机构生产的稿件，每周都有超过 80％被采纳。广播电视对于公关通稿的采纳会少一些，但毫无疑问，报纸媒体严重依赖这类通稿。

普利策奖前任行政长官西摩·托平（Seymour Topping）曾直白地说，公关人员为新闻业做出了切实的贡献："我们的商业新闻很多来源于公关稿。一些有价值的新闻事件的第一线索往往是从公关稿中获得的。"托平甚至更大胆地提出，公关已经成为合法新闻机构背后的一个新闻网，"一个位居幕后却不断向真正的新闻媒体输送信息的网络"（Blyskal and Blyskal，1985，46 - 47）。

布莱斯考（Blyskal）还援引《华尔街日报》前主编助理查尔斯·施特布勒（Charles Staebler）的观点，承认公关人员提供了帮助，"我们将新闻发布会视为一种积极的信息来源，它可以提醒我们正在发生的事情"。施特布勒估计，《华尔街日报》的稿件平均有 50％是从新闻发布会上获得的线索。他补充道："在每件事情上，我们都努力（注意这个词）

218

超越新闻发布会进行报道。"(Blyskal and Blyskal，1985，47)

斯科特·卡特里普是一位德高望重的公共关系教授，他说 15 万公关从业人员在公共议程设置和重要社会意见形成方面承担着重要功能，"远比公共知识分子和记者们（他们的队伍最多也就 13 万人）愿意承认的要重要"。卡特里普估计，每天发布的新闻内容有40％源自公关人员的办公室（Cutlip et al.，1999）。

毫无疑问，公关公司确实提供新闻服务。无论从一般意义上还是从严格意义上定义"必要的新闻"这一概念，我认为公关都符合其要求。这并不是说公关在所有方面都与记者相关，但是在提供基本新闻、发表事件评论、提供新闻素材以及接近消息来源等方面，公关从业人员确实对新闻媒体起着至关重要的作用。

从严格意义上定义"必要性"（就是绝对需要的），公共关系可能算不上"必要"。举个例子，没有公关的协助，报纸也可以报道新闻，但是这样的报道能有多透彻呢？会存在多少原本可以避免的缺陷呢？我们也可以说媒体不采访政客也能报道新闻，当然可以，但是政治新闻就要因此而大大减少了。因此，我们可以说政客对于优质的政治新闻报道来说是必要的，公共关系从业者对于那些与其领域相关的话题的优质报道来说也是必要的。

丹尼斯说公共关系操纵着新闻，他的判断可能是正确的。很多影响新闻采集和写作的因素都具有一定程度的操纵性。比如我同样也可以说记者和主编操纵着新闻，所以呢？"操纵"这个词本身就有消极的内涵，我们不会用它来描述记者的功能，但这个词和公共关系联系在一起时又有所不同了：从记者的角度看，任何与公共关系相关的新闻，似乎都自动暗含着徇私舞弊的动机和以自我为中心的偏见，有一种故意误导观众的企图。一些个案中可能确实如此，但一般情况下并不是这样的。真实严谨地报道并不是记者的专利，历史学家、社会学家、律师甚至在田间路旁聊天的农民也可能进行这样的报道，为什么公关从业人员就不可以呢？

公共关系受到组织、团体和特权人士提供的经济支持，因此不难理解公关会受到新闻记者的猜疑，后者自诩自己的报道是独立自主、没有偏见的。如果涉及自己的某种特殊利益，公关人员倾向于强调积极的一面。但新闻记者不总是强调消极的方面吗？消极偏见就比积极偏见要好吗？毫无疑问，公关人员对支付他们薪水的人怀有相当程度的忠诚。但员工的忠诚必然就意味着不诚实吗？

就算我们假设公关是有偏见的，在正常的新闻写作活动中，公关人员会比持有某种价值倾向和政治立场的媒体记者的偏见程度更高吗？当然，这是个无解的问题，但仍值得我们提出来。

尽管公关人员作为消息来源提供的信息时常会出现带有偏见的情况，但是我们没有理由认为大多数公关人员是不诚实的，至少他们不会比其他人更不诚实。而且，他们也努力保持诚实和直率，这也是美国公共关系协会的职业道德规范对从业人员提出的要求。例如，该规范的第七条强调协会成员"不得有意传播错误的或有误导性的信息，他们有义务注意避免传播错误或有误导性的信息"。这项规定措辞有点拗口，但却表现出公关人员对于提供真实信息的关切。该规范要求协会成员"坚持真理和准确性"，避免卷入"任何企图腐蚀传播媒介完整性的不当行为"（Lovell，1982，41-42）。这与新闻记者行为规范中的说法并没有太大差异，不是吗？

比尔拉姆齐联合公关公司董事长威廉·拉姆齐（William Ramsey）指出，公关人"必须向大众提供更好的传播"，"必须主动说出有关我们公司的好消息，同时关于公司或机构的缺点也要对公众说实话"。他说，实际上，"公信力才是关键"（Haberman and Dolphin，1988，viii）。

尽管公关人员力图更加职业化，制定道德法则，并在他们的名字后面加上象征自己职业身份的大写字母 APR（Accredited in Public Relations），忠于真相和荣誉，但是他们与新闻界的关系仍然存在问题。新闻记者怀疑公关人员对新闻事件是否坦诚。APR 成员、内布拉斯加州立大学（奥马哈）的教授罗伯特·雷利（Robert T. Reilly）声称："甚至那些从未和公关人员产生过摩擦的新闻记者，内心深处也会认为公关人员是自私的，他们会尽力阻碍新闻记者探索事件的真相。"（1987，9）他进一步反过来攻击记者："因为记者的成功越来越由其曝光度来衡量，而媒体对记者持批评意见的公关行业的依赖程度日益增加，所以，你很容易能感受到这种挑剔的对立状态正在蔓延。"

他的观点是正确的，毫无疑问，新闻记者将会继续抨击公关人员，尽管他们仍会继续采用公关机构提供的新闻稿件。作为报复，公关人员在遇到那些不切实际又妄自尊大、完全不试图理解和认同公共关系的记者时，也会进行口头抨击。

的确，这两种职业之间存在着一种持续的冷战。这是坏事吗？我认为不然，因为这种温和的对立关系可能会有助于双方都保持诚实。或许这就是我们社会中的另一种核查机制。尽管两个团体之间存在摩擦，但我仍然坚持认为公关公司拓展了公共话语，为新闻提供了更广阔的空间，对于提升我们整体传播系统的多样性是极其必要的。

公共关系的形象不是重点。公关行业存在伦理失范的现实也不是重点。记者在新闻工作中对其他人或者群体保持天然的怀疑态度也不是重点。公关人员应该忠于自己的委托人也不是重点。重点在于，公关人员确实为各方公众（包括通过大众媒体抵达的普通大众）提供了新闻，并由此提供了必要的公共服务。

论点总结：公共关系提供一种必要的新闻服务

公关机构撰写稿件供媒体使用，它填补新闻的空缺，并且提供与广告公司相似的服务，公关帮助设置公众议程。从狭义的定义来看，公关可能并非必要，但在这个层面上，新闻报纸和电视也并非必要。公关可能有自我利益诉求，但是广告公司也是如此。公关人员并不都是品德高尚的，但任何一种机构化的传播不都存在这种情况吗？公关是新闻媒体的补充和辅助，填补一些内容空缺。总体而言，公关在做着一份提升社会信息多样性的极有价值的工作。一名公关人员在新闻采集和传播之外还可能做其他很多事情，报纸从业人员不也是如此吗？

 在线搜索

以下列术语和词组为关键词在 InfoTrac College Edition 上搜索更多信息：公共关系（public relation），宣传（propaganda），公共传播（publicity），说服（persuasion），媒体操纵（media manipulation），公关专业主义（PR professionalism），新闻发布（news release），大众（public），利益集团（interest groups），商业文化（commercial culture），公司传播（corporate communication），危机管理（crisis management），止损（damage control），造势（spin），公关顾问（spinmeister）。

 讨论题目

1. 公关新闻稿的真实性和电视新闻或报纸新闻稿的真实性是相同的吗？

2. 广告人员比公关人员更值得信任吗？两种类型的从业人员有何异同？

3. 一个热衷于独立和真相的人为什么会愿意投身公关公司？为什么现在的许多公关从业者都是昔日的新闻记者？

4. 在一般情况下，我们都假定报纸记者是独立、客观、无偏见的，而公关人员是不中立、主观、有偏见的。这种既定假设是否成立？为什么？

5. 公关人员为他们的委托人服务，并且由委托人支付工资；新闻媒体工作者为媒体工作，并由媒体支付工资。两者的区别在哪里？他们受雇的地位如何影响他们的忠诚度？忠诚度又如何影响工作？

研究题目

1. 研究一家本地公司或非营利机构的公关项目（如果有的话）。它的目标受众群体是谁？以何种方式达成目的？如何测量公关效果？你如何评价它付出的努力和成败得失？

2. 假定你要整理一份你们大学公共关系工作的报告。它的一般公众形象是什么？不同公众群体（比如学生、教工和校友）对其印象有何不同？报告要阐明该机构的公共关系整体运作如何，由谁、通过何种渠道运作。

3. 在一个信息和传播日益发展的社会，公关人员有权利吗？所有在公共领域工作的人或机构都应该且需要进行一定的公关，针对这个话题展开讨论。在这种情况下，公众应该如何被保护？

4. 整理公关领域相关的伦理道德运动。职业公关人员应该如何确保在实践中恪守伦理道德规范？就这个问题采访一位公关从业者。你如何评价他践行公关伦理的方式？你是怎样得出这种结论的？有哪些帮助和信息来源？

5. 采访一位新闻人，探讨他所在的新闻机构与公关行业的关系。公关对他来说是一种帮助还是一种阻碍？如果公关对媒体有影响，则请根据采访内容进行具体阐述。

6. 关于公共关系，大众需要了解哪些问题？假如你要面向市民群体发表主题为公共关系以及市民应该了解的公共关系问题的演讲，请列出演讲提纲。

延伸阅读

Bernays, Edward L. *Crystalizing Public Opinion*. New York: Boni and Liveright, 1923.

Blyskal, Jeff, and Mary Blyskal. *How the Public Relations Industry Writes the News*. New York: William Morrow, 1985.

Bogart, Leo. *Commercial Culture*. New York: Oxford University Press, 1995.

Cutlip, Scott, Alan Center, and Glen M. Broom. *Effective Public Relations*, 8th ed. Englewood Cliffs, NJ: Prentice Hall, 1999.

Ewan, Stuart. *PR: A Social History of Spin*. New York: Basic Books, 1998.

Grossman, Lawrence. *The Electronic Republic*. New York: Free Press, 1995.

Grunig, J. E., and Todd Hunt. *Managing Public Relations.* New York: Holt, Rinehart and Winston, 1984.

Haberman, David A., and H. A. Dolphin. *Public Relations: The Necessary Art.* Ames: Iowa State University Press, 1988.

Lovell, Ronald P. *Inside Public Relations.* Boston: Allyn & Bacon, 1982.

Marchand, Roland. *Creating the Corporate Soul: The Rise of Public Relations and Corporate Imagery in American Big Business.* Berkeley: University of California Press, 1998.

Marconi, Joe. *Public Relations: The Complete Guide.* Dallas: South-Western, 2004.

Newsom, Doug, Judy Van Slyke Turk, and Dean Kruckeberg. *This Is PR: The Realities of Public Relations,* 8th ed. Belmont, CA: Wadsworth, 2003.

Pavlik, John V. *Public Relations: What Research Tells Us.* Beverly Hills, CA: Sage, 1987.

Pindsorf, Marion. *Communicating When Your Company Is Under Siege.* New York: Fordham University Press, 1999.

Reilly, Robert T. *Public Relations in Action.* Englewood Cliffs, NJ: Prentice Hall, 1987.

Ries, Al, and Laura Ries. *The Fall of Advertising and the Rise of PR.* New York: Harper Business, 2002.

Stauber, John, and Sheldon Rampton. *Toxic Sludge Is Good for You: Lies, Damned Lies and the Public Relations Industry.* Monroe, ME: Common Courage Press, 1995.

Tye, Larry. *The Father of Spin: Edward L. Bernays and the Birth of Public Relations.* New York: Crown, 1998.

第 20 章
全球化和媒体

在 21 世纪初期，一提到"全球化"就会让人联想到在全球经济首脑会议期间，西雅图或热那亚街头的暴乱。伴随着跨国公司在诸多商业领域拓展自己的贸易范围，全球化和新的地缘经济已经重新布局了全球经济地图。媒体显然也被卷入全球化的浪潮，这次浪潮发端于冷战结束之后世界图景发生的剧变，并通过全球各国之间的经济、文化和政治合作的方式呈现出来。

在冷战期间，东西方之间的紧张局势影响着整个世界格局，这种局势经历了近 50 年，于 1990 年代初结束。这从根本上影响着普通大众之间的交流，并具体体现在大众传媒的传播中。美国和苏联之间的敌对关系得到缓解，前社会主义国家也宣布开始实行民主化改革。与此同时，在中美洲和南美洲，大多数之前被军事独裁者领导的威权政府现在也推行民主化改革；在亚洲的大部分地区，也弥漫着一股新的民主化思潮，中国也开始谨慎地推进有计划的市场经济，并且开始放松僵化的媒体管理体制。在世界大多数地区，民主成为更受推崇的政府组织形式（不同地区的文化背景不同，因而对"民主"有不同的定义），市场经济则成为主流的经济模式（同样，不同国家的市场自由程度也是千差万别的）。在所有这些过程中，报刊和新闻媒体都扮演着关键角色，并且是独立的也就是不受国家控制的媒体不断增加。在这一世界潮流中，唯一的例外是伊斯兰世界，特别是中东地区，那里主导国家的依然是神权、军权以及威权政体，例如伊朗、沙特阿拉伯、叙利亚等。2003年，美国对伊拉克宣战，伊拉克复兴党统治政权被推翻了。然而，战争及随之而来的抵抗运动似乎都与占领当局和新建立的当地政权公开宣称追求民主、自由有关，或者至少从表面上看是如此。

随着社会政治变迁横扫全球以及各国市场经济体制确立，全球化的趋势越来越明显，这为文化产品（包括各种形式的媒体内容，如信息和新闻、娱乐、广告）提供了前所未有的全球受众市场。旧的边境阻隔以及东西对立格局已经基本解除，国际交流以及随处可见的自由贸易行为几乎在各个国家都受到鼓励。在某一层面上，媒体全球化似乎是一件好事，因为各方面的开放程度都有所提高，并且在使用"自由"这个词描绘世界上的大多数国家时也不需要再遮遮掩掩。这意味着政治和经济自由，也意味着一定程度的媒体自由。对于新闻媒体来说，自由意味着记者可以在世界各地来去自如，并且可以广泛报道新闻，不受限制，不受审查。这种趋势加快了全球化大型媒体公司的成长，如鲁伯特·默多克的新闻集团、德国贝塔斯曼集团以及美国传媒巨人时代华纳等。越来越多的国家允许外资持股本土媒体（也有一些例外，比如美国有法律明令禁止外资全资拥有无线广播电视媒体）。伴随着经济的变化，政治变革的氛围也得以形成，美国、欧洲、俄罗斯以及世界的其他国家都推行解除管制措施，许多影响广播电视和其他传媒业发展的规则束缚都有很大程度的松动。

有关向所有人公平分配自然资源的话题曾一度是东西阵营及南北阵营争论的共同特征，其中也包括传播接近权。然而在冷战结束后的几年间，这些旧问题已经烟消云散。二十多年的时间，发展中国家和发达国家之间曾就建立世界信息传播新秩序（New World Information and Communication Order，NWICO）的问题展开了激烈的国际论辩。在国际传播中，信息主要从西方大国向发展中国家单向流动，而并非双向流动，发展中国家对于这种不平等的传播秩序表示忧虑和不满。这场论辩也指出，由于自身经济发展的优势，西方国家在电影和新闻等文化产品的输出方面占据主导地位。与此相关的是联合国教科文组织发起的一项倡议，这项倡议被西方媒体解读为对表达自由权的侵犯，这与独立自主、不受政府干预的媒体体制相悖。关于国际传播新秩序的争论，尽管在一些大学学术圈中依然会被提及，但在世界媒体圈中却几乎销声匿迹，并且它不再是联合国教科文组织追求的目标，该组织已经废除了这项政策，并且强烈要求各市场经济主体参与建设国际新闻自由秩序，这也是世界上大多数国家颇为盛行的立场。

我们现在需要讨论的，不再是世界信息传播新秩序的问题，而是全球化对于媒体体制、个人媒体平台、新闻记者和其他媒体工作者以及特别重要的普通公众在更大范围内产生的影响。一个最常被提出的问题就是，媒体业全球化会产生开放的、有利的影响吗？还是会限制传播，阻碍媒体市场并不发达的落后国家使用媒体？在政府、商界、新闻界以及一些大型机构中占主导地位的观点是全球化会产生积极的影响，这种观点根植于乌托邦式的推动国际化进程的价值理念，即认为传播能解决各种问题，使市场受益。而一些直言不讳的重要批评家和传播学者则持另一种观点。最近我们走访了 50 多个国家和地区，其间我们看到了全球化给媒体带来的积极一面，与此同时我们也听到了一些担心全球化负面影响的批判声音。持批判观点的人认为，自古以来，大而单一即不好，多元丰富是最佳。

挑战

丹尼斯：全球化对人民、媒体和言论自由有极大益处

英国评论家安东尼·史密斯（Anthony Smith）曾发出预言：在新的传播时代，国与国之间的边界将会变得无关紧要。如果说国家界定了大多数媒体的传播范围，全国性报纸和电视系统就是最好的案例，那么现在人类已经可以真正地超越时间和空间界限，全世界都是传播可以达到的范围。史密斯（1991）认为，新技术对个体和机构产生了深远的影响，尽管大公司仍然控制着世界上的多数传播内容，新媒体产品进入市场也没有容易多少。与此相同，富有远见的银行家沃尔特·里斯顿（Walter Wriston）指出，国家之间的边境完全是可以相互渗透的，他还因此提出"制度差异毫无意义"的命题。换言之，政府不再控制信息流入本国，也无法阻止可能由新媒体技术和全球市场引发的"不可避免的全球对话"。当然，这也是加拿大媒介理论家马歇尔·麦克卢汉（Marshall McLuhan）在1960年代中期预测"地球村"概念时就已经提及的。当然，我们体会到"地球村"的概念正在变得越来越明晰，信息可以在全世界范围内广泛传播，一个典型的案例就是 CNN 的传播范围已经遍布世界各地，无论是在国际大酒店中还是在遥远的小山村中，几乎世界上所有人都能接收 CNN 信号，也能接收其他提供新闻、资讯、娱乐、观点的全球卫星节目。同样，我可以在莫斯科、圣迭哥、香港以及其他地区收看到著名的 MTV 和其他音乐频道的节目。这在几年前都被认为是不可思议的事情，那时候，当你进入尼日利亚当地的一个村庄时可能就意味着你与世界上的其他地方彻底隔绝了。约书亚·梅罗维茨（Joshua Meyrowitz）在其著作中向我们揭示了这种趋势对于个人和整个社会的深远意义。他指出，以前在惩罚孩子时会让他们在卧室里闭门思过，不许参加家庭晚餐聚会；而现在，被逐出家庭聚会则意味着将孩子送入一个到处都是通信设备的房间，对孩子来说，这比家庭晚餐聚会要丰富有趣得多。

通信卫星最重要的影响，就是极大地加速了互联网和万维网时代的到来。随着互联网和电脑的普及，人们可以跨越国家边界进行即时交流。再加上无处不在的手机以及无线设备的革命，使得发展中国家也能超越其基础设施薄弱的障碍，从而为人们开通了一条更加

226

自由且能跨越远距离进行传播的路径。

如今的媒体能够覆盖全球范围，这对于公众来说绝对是有利的，这使他们能获得大量的资讯和娱乐服务。这也有助于媒体机构建立综合和细分的受众市场，因此获得媒体公司的收益。全球化媒体也有助于非商业性媒体机构的发展，帮助它们将信息扩散到世界各地，并赢得受众。

评论家们担心少数几家全球性公司不仅会吞并世界上的所有媒体，而且在某种程度上，它们会通过低质量的节目、廉价的信息以及娱乐垃圾快餐阻碍人们思想的发展。这种警告由来已久，我记得备受尊敬的媒体评论家本·巴格迪基安一直对全能的巨型报业公司表示担忧。但到 1990 年代中期，在华尔街举行的大型媒体公司交易中，这些原本令人担忧的报业巨头却几乎都没有能力参与这样的格局，进行交易的都是些电信公司、有线电视公司、无线广播电视和电影公司。大媒体公司现在的运作很少存在政府控制，它们在竞争环境中生存，拥有有史以来最多元化、最丰富的内容资源，能极大惠及媒体公司和个人。在家中收看三四个电视频道的时代已经成为历史，现在我们能接收几十上百个电视频道。的确有一些内容粗糙甚至可以说是低劣，但大部分内容并非如此。当人们费力地睁开眼睛，面对如此丰富的媒体资源而无从选择时，大型媒体公司无疑就会成为解决这一问题的一种积极因素。

评论家们仍然坚持认为，大型新闻媒体公司会限制信息和观点的多样性，排挤非主流意见。事实情况却恰恰相反。网络虚拟空间的普及已经把各种非主流观点传播到整个世界，也正是如此，世界上大多数国家的那些批评大型媒体公司的评论家的观点才能为人所知，甚至侵占着那些一流的竞争对手的传播空间。即使是非主流新闻，无论通过报纸还是网络传播也都能从充满活力的市场经济这一全球经济发展趋势中获益。仅举一例，现在市场上的杂志业发展旺盛，各种各样的杂志广泛代表着社会各种不同的观点。各种媒体都受益于旺盛的媒体经济、技术创新以及众多新的传播平台，当然也包括松散的监管体制。

此外，我还想补充一点，那种认为民族国家不久便会消亡，各个国家独特的新闻媒体也将随之消亡的观点是大错特错的。经济地理学家彼得·迪肯（Peter Dicken）曾写道："国家已死，国家万岁。"（Dicken，2003，122）在全球经济中，民族国家一片欣欣向荣是因为每个国家都有丰富多彩的文化、风俗、机构以及媒体。国家是包括媒体业和电信业在内的工业的监管者，而当来自欧美国家的外部媒体公司与国家所有的本土公司建立联合公司时，它们有时是竞争者（这种竞争也存在于国家广播电视体系中），有时则是合作者。正如媒介经济学家罗伯特·皮卡德所写的那样，一些媒介产品是易于出口的，另一些则是不易于出口的。他解释道："对于大多数媒体公司而言，国际化会使它们受益匪浅。"

（Picard，2002，218）在某种意义上，他认为批评家们对媒介全球化的各种担忧至今都尚未成真。举个例子，报纸的传播范围并没有因此而扩展，它们仍为本地居民报道本地新闻。大多数广播节目和杂志的情况也是如此，尽管它们中一些媒体也在发展全球业务。图书、电视节目和唱片业在国际市场上有了更大的份额，而电影业市场几乎已经完全国际化了。

那些脆弱敏感的评论家们从来没有感觉如此良好过；他们不再忧虑沮丧，而是比以前更加积极地讨论、交流，这都得益于电子媒体和桌面出版系统等神奇的发明，这些发明使得如今进入传播领域比以往容易得多。

几乎所有鄙视媒介全球化趋势的人都会提出"大就不好"的观点，他们认为所有的媒体力量都集中在少数几个人手中是一件极其不明智的事。进一步的研究表明，大型媒体确实存在，不仅美国和欧洲这种全球知名企业聚集的地方有，就连拉丁美洲也有。事实上，几乎每个国家都存在一些高端媒体集团，它们拥有各种形式的媒介。与此同时，如今人们也创造出了精致的桌面通信系统以及其他高度专业化的新媒体。人们还可以登录网络服务器，创建属于自己的新闻主页。少数幸运的小企业已经取得了成功，比如一些网站还有一些专业化的新闻简报或杂志等，一些大型公司甚至会从白手起家的创始人那里收购这些新创建的出版物。一夕之间，这些小企业所有者只要愿意，都可以将他们的企业卖掉，然后重新创建企业，从大型媒体公司那里获利。

一些反对媒介全球化的人认为冷战并没有结束，公共（政府）媒体也并没有消亡。他们中的一些人由于实施新闻审查制度的前社会主义国家的崩塌而备受打击。在几年前，这些国家单纯的媒体系统基本与西方社会没有联系，但正如历史学家蒂莫西·加顿·艾什（Timothy Garton Ash）所指出的，这些接受公共资助的媒体大都只是巨大的谎言机器。世界信息传播新秩序已经土崩瓦解，取而代之的是民主体制和市场经济的兴起。这极大地伤害了一些批评者的感情，他们曾经坚信活跃的商业媒体天然都有些腐朽堕落。

美国报业正在日益没落，不顾一切地寻求一线生机，市井电视节目还有其他一些媒体的内容的确也并不高端，如果没有商业化力量为这些媒体加持，即使是聪明人也无法找到丰富的信息资源，无论是在公共图书馆、学校的数据库还是其他一切地方，这种境况让人很难想象。许多新媒体的信息资源都是可以在一些机构设备上免费获取的，例如在学校、图书馆或是家庭电脑上。全球化可能会有自身的不足，但到目前为止远比东西方、南北方隔离的世界要好。虽然并不是所有国家都处在全球化体系之中，但是全球化的桥梁终将连接伊斯兰世界，实现真正意义上的国际交流和传播。运用电子互动媒介，人们可以向媒体发出反馈，表达不同意见，也可以直接和世界上任何其他地方的朋友交流。当然，对于所

228

有人来说，使用各种类型的信息和服务有时还会遇到一些小问题，但是我建议大家保持耐心，因为接收方式以及复杂的导航文件会一天天地被扩充完善起来。

我认为，新媒体是全体市民和大公司的一种工具。也正是这些大公司生产出了这些产品，当其受到当地邀请进入地方市场时，就能使所到之处的社会群体从中获益。在媒体产业中总是有地方主义生存的空间，但与此同时，人与人之间的远距离交流的加强也促进了全球对话。这两个方面都大大有利于推动言论自由以及全球主义，这也正追随着全球商业趋势的脚步，创造更多财富和就业机会，这一切的一切都只是开始。但那种认为大公司一定会迎合公众低级趣味从而会产生不利影响的观点，却至今尚未得到任何证实。

论点总结：全球化对人民、媒体和言论自由有极大益处

全球化已经成为事实。世界经济逐渐一体化，商品和服务在跨国公司的运作下跨越国家边境在全球市场上进行交易，许多国家都有这种形式的跨国公司。媒体，曾经是民族国家的产物，但如今也已经日益全球化。国际媒体公司以及 CNN、BBC、MTV 等媒体的传播范围已经覆盖全球。无论是这些传统的大众媒体还是互联网媒体，全球化媒体的一个最大优点就是几乎在世界上所有地方首次实现所有人之间的互动交流。与此同时，人们也接收了更多知识，享受到比以前更广泛的信息服务和更丰富的娱乐服务。人们担心少数公司将会主导全球传播，但许多小企业如同雨后春笋，一片欣欣向荣。对于它们来说，如今进入传媒市场比历史上任何时期都要容易。

229

回应

梅里尔：全球化危害国家和地方媒体，从而破坏言论自由

前文的"挑战"告诉我们全球化是一件好事情，我们应该对全球化充满感激。对于那些在各种全球峰会期间游行示威、抱怨全球化实际上摧毁了本地经济的人来说，这种观点是他们所不能接受的。丹尼斯教授听说过作业外包吗？他知道当发展中国家试图参与全球媒体市场竞争却发现自己越来越落后时所感受到的那种最切实的痛苦吗？如果说贫富差距和南北差距以前就很大，那么现在这种差距是越来越大。前文告诉我们，联合国教科文组

织极力推进 20 多年的世界信息传播新秩序在传媒领域已经土崩瓦解。但我认为，世界信息传播新秩序在世界范围内确实处于颓势，但还远不至于土崩瓦解。在我所到的每一个发展中国家，我都必须竭力地为西方新闻界特别是美国新闻界辩护，才能使其免受与之前 20 年相同的批判。或许一些政治制度的部分改变使得对西方记者的批判减少了许多，尤其是关于媒体言论自由的批判。但是世界信息传播新秩序到目前为止却并没有消亡。千真万确，我所知道的每一个调查研究都表明，美国在世界上大部分地区是极其不受欢迎的，特别是在伊拉克战争之后。当然，这种局面可能在未来最终会被改变。我们也能看到好几个国家已经兴起阿拉伯语媒体，主要是为了与美国文化以及文化霸权主义抗衡。尽管这些媒体有一部分已经在整个阿拉伯地区传播，但却几乎无法连接到全球经济体系。

　　所有这些都在强化对西方信息霸权主义那些由来已久的抱怨，如全世界新闻信息流动不平等、西方国家对发展中国家的刻板成见以及西方国家价值观和文化的传播侵蚀本土文化等。因此，他们有充分的理由相信，西方跨国媒体集团的危害比以往更值得强调和重视。西方媒体广告被视为对宗教价值观有害且具有诋毁性质，在伊斯兰世界情况尤甚。非理性、重煽情的广告在发展中国家引发了不切实际的期许。所有的这些都不是和平、光明、和谐的社会景象。丹尼斯没有看见日益强大的大型媒体公司逐渐掌控世界传播所带来的危险，引用安东尼·史密斯的话，新媒体产品给公众带来的影响从来就不是那么简单。 *230* 与以前相比，人们还更容易感染艾滋病毒呢，但谁会将这类事情称为好事呢？

　　丹尼斯在前文"挑战"中同样也引用了空想家沃尔特·里斯顿的话，认为国家之间的边界是可以相互渗透的，因此，政府对外来信息实施准入监管是毫无意义的举动。这是值得怀疑的，举个例子，丹尼斯在讨论报纸和杂志地方化时也承认了这一点。我们应该清楚地认识到，接收海外信息的能力或者拥有自主控制媒体的能力，与拥有自由的媒体并不是一码事。政府控制的国内媒体的新闻自由状况如何？记者采访到国家领袖的可能性有多大？在一些确实不算是民主的国家中，政府对媒体的控制有一整套体系，既控制国内媒体也控制国外媒体，这种情况又要作何解？在全球经济版图上，有许多国家的政府仍然是强势角色，它们打压外资媒体信息在本地市场的传播，从而为本土媒体营造一个十分安全的发展环境。当然，我们真心希望能借助互联网解决这些问题，但是目前还有一些国家连调制解调器、电话线和其他技术创新成果还没有广泛普及，在这些国家普及互联网就更加不可能了。

　　丹尼斯博士提到他近几年能看到 MTV 以及香港、莫斯科等其他地区的音乐电视频道，这在几年前都是不可能做到的。的确，我们不得不承认越来越多的西方电视节目正在触及世界上越来越多的人。但是大量出现这种类型的信息，真的会对全世界的人有利吗？

这些信息对于不同文化的影响是积极的还是消极的？除了一成不变的刻板成见和越来越低的道德标准之外，它有没有其他一点点益处？根据我的合著者的观点，媒体将触角伸向全球，就有利于全球人民，为他们提供大量信息和娱乐消遣。这只是一种还有待论证的假设，我们怎样才能确定大量信息特别是娱乐消遣信息会对人民有利呢？

你可能会说，这是常识啊。我看未必。我能接触大量的娱乐消遣信息，但我对于这些信息是否真能对我有很大好处深表怀疑。实际上最有可能发生的是，我们接触电视和报纸越多，我们就活得越不真实、越消极、越空虚。对我来说，为家人种菜都比坐着看《奥普拉！》这些真人秀节目甚至 PBS《新闻时间》（*News Hour*）更有好处。当我是生活在第三世界的居民时，情况就更是如此了。

丹尼斯提到，对垃圾娱乐内容（我还要加上有线电视中那些没营养的节目）的担忧是无根据的，但这种担忧长久以来一直萦绕在我们周围。确实，我们可以与媒体中的垃圾内容共存，同时也得承认其中有大量的实质性信息。但垃圾内容特别是那种充满挑逗、唾沫横飞、不经大脑的广告，似乎已经在各地泛滥，如今已经大量涌入其他国家和其他文化。

我的合著者认为，大型媒体公司能促进媒体多样性、激励非主流观点。如果确实如此，那我们就可以假设我们真正需要的是一家世界性的大型跨国媒体公司，以最大限度实现媒体信息的多样性。这大概可以孵化出很多短期的迷你媒体，靠着它们的起起落落来滋养这家巨无霸媒体（Big Medium）。至于说桌面出版系统、网络服务和连接系统都是大型媒体集团的产物，这相当值得怀疑。此外，计算机网络以及通过互联网进行的个体之间的对话，并不能算是新闻的范畴；它们当然不能构成新闻媒体，一个人在网上与别人对话跟他隔着后院篱笆与邻居聊天没有太大差异。

在我看来，由少数人掌控媒体并不是一件好事。大型媒体公司的数量越少，整个媒体世界中的多样性就会丧失得越多。布莱斯·拉克（Bryce Rucker）的《第一自由》（*The First Freedom*，1968）、当代媒介评论家本·巴格迪基安的《媒体垄断》（*The Media Monopoly*，2000）、赫伯特·阿特休尔的《权力的媒介》（*Agents of Power*，1995）等作品都阐释了以上观点。新闻自由可能不会受到大型媒体集团和媒体公司的直接影响，但是能传播给广大公众的非主流观点却可能受到排挤。当然，这种假设还需要相应的研究加以印证，但常识告诉我们情况就是如此。

一些小型的专业新闻简报或杂志在取得成功之后就会被大型媒体公司收购，在丹尼斯眼中这似乎是一件极好的事。这种情况确实很有可能发生，大型公司不能对小型个人出版物的成功坐视不理，它们觊觎这些出版物。这加剧了媒体资源向越来越少数的人手上集中，这将限制整个传媒体系的个性化风格。

与丹尼斯持相反观点的那些人认为媒体机构的大型化和集团化是有害的事情，他们并不是为前社会主义国家的失败而感到痛苦，他们并不否认冷战的结束，但他们认为冷战的结束并不意味着现在伴随资本主义扩张、狗咬狗式的竞争出现的一些事物都是好的。我们仍然相信，充满多样性的传媒产业才是健康的，媒体的价值观不应该是全球统一的。西方大型媒体公司主导着世界新闻的流动，将外国的价值观强行注入发展中国家。丹尼斯得意扬扬地声称民主体制和市场经济已经到来，世界一片大好。尽管我们这些对大型媒体公司持批评意见的人并不是像他说的坚持"活跃的商业媒体天然都有些腐朽堕落"这种观点，但是我们相信，一家财大气粗的媒体公司与一家小型的公共服务性媒体公司相比，前者进入媒体道德国度（Kingdom of Media Morality）的难度更大。坦率地说，我们需要跳出冷战思维的陈旧模式，以全新的眼光审视当前世界的现实状况。当前的世界是一个由国家、文化和社会组成的复杂矩阵，但是不同的信息社会特别是西方国家与第三世界之间，仍然存在真实的鸿沟。而且当今世界南北方之间还存在鸿沟呢，这一点不需要我再补充了吧？因此，这个世界并不是一片充满快乐、民主，且以市场为导向的乐土，这还差得很远呢。

丹尼斯认为，全球化可能有自己的缺点，但总比冷战、如今的伊斯兰世界以及卡斯特罗领导下的古巴要好得多吧。我对此深表怀疑。看看非洲以及东南亚的许多国家，媒体的积极影响体现在哪里？它们帮助人们与艾滋病战斗了吗？它们促进经济发展了吗？它们阻止非法药品扩散了吗？西方主导下的全球化怎样才能帮助那些不稳定的国家呢？国家和谐与稳定体现在哪里呢？

媒体中那些可靠的新闻和高质量的娱乐在哪里呢？当然，苏联已经解体，但一种部落主义在全球范围内取而代之，世界秩序并不比以前更稳定、更安全。事实上，有迹象表明，从冷战结束之后，民族主义、杀戮、痛苦、饥饿在全世界范围内呈现增长态势。当"伟大"的全球化媒体传播它们对政治争端、革命、恐怖主义、民族主义以及部落仇恨的看法时，它们就是在肥沃的土壤中撒播了这些坏的种子，它们能迅速地成长还有什么好奇怪的吗？

随着机构的成长、公司的扩张、集团的全球化，个体的尊严就会缩水。这是社会学的不证自明之理。当一个媒体公司将其触角伸到更多项目、节目以及全球性业务中时，其新闻传播功能就会越来越不受重视。打擦边球的低俗娱乐将会取代新闻，新闻媒体则会因此转变成商业机构。

在这样的体系中，个体自由势必要受到压制。一味追求合作稳定、故步自封的思想将在职能人员中盛行。地方媒体将会被大型媒体机构收购合并，市场中不同声音的数量将会减少。国际传播的整体趋势就是资本主义走向疯狂的一个缩影，德国的贝塔斯曼集团以及英国和北美的几个相似的巨型媒体集团就是很好的例证。世界媒体体系的健康发展要锚定地方和国家媒体，强化本土价值观，提供植根于本土的娱乐和新闻。若想培育个人主义和多样性，与日渐部落化的全球受众交流，有效的途径是媒体本土化而非全球化。有人参与游行示威抗议全球化，他们的确有自己的理由。

论点总结：全球化危害国家和地方媒体，从而破坏言论自由

大型媒体公司向全球市场扩张的全球化趋势，并不是一个健康的趋势。没有证据能表明，这对信息接收国的公众和言论自由有积极影响。大公司的存在，挤占了小型本土媒体的生存空间，就像沃尔玛进入社区导致"小卖部"纷纷倒闭一样。外国媒体文化产物不断增多，特别是广告和惊悚粗俗的娱乐信息泛滥，严重危及各国的本土价值观。

 在线搜索

以下列术语和词组为关键词在 InfoTrac College Edition 上搜索更多信息：国际化（international），全球（global），全球化（globalization），全球媒体（global media），比较媒介（comparative media），跨文化交流（cross-cultural communication），跨国公司（multinational firms），地缘政治（geopolitics），文化帝国主义（cultural imperialism），企业集团（conglomerates），媒体大亨（media barons）。

 讨论题目

1. 全球化到底涉及多大规模？应该如何定义全球化？媒体在多大程度上成为全球化的传输渠道？

2. 对那些最引人注目的媒体大亨以及大型媒体集团展开讨论，例如时代华纳公司、贝塔斯曼集团、鲁伯特·默多克的新闻集团、雷石东的维亚康姆等。它们使你印象最深刻的一点是什么？你不喜欢它们的哪些特征？它们是否拥有过大的权力？

3. 几年前有关世界信息传播新秩序的讨论提出了记者从业许可制度的问题，这个问题是正当的吗？它会损害言论自由表达吗？为什么？

4. 世界上一些国家已经步入信息社会，包括美国、日本、西欧以及其他一些国家。这些国家是如何在全球媒体经济中推进自己的事业的？发展中国家的情况如何？

5. 针对媒体产业"大而单一即不好，多元丰富是最佳"这一观点开展讨论。

研究题目

1. 持续一周观看电视网的某档夜间新闻节目，从两个方面评价其报道的话题。这些话题是否（a）有多样性和（b）涉及各大洲？

2. 思考两种对立的观点各自立论的基础：日益增长的媒介霸权是全球化的主要产物；全球化促进了传播多样性。

3. 写一篇论文，阐述新闻全球化如何影响各国人民对媒介产品的获取。互联网以及电子传播对发展中国家有哪些影响？这种情况会改变吗？什么时候改变？

234

4. 美国的公共电视台和西欧的报纸都接受政府的资助，媒体领取政府补贴是否能保护多样性？针对这个问题有支持和反对两方观点，比较两方观点，将任何关于公共利益与个体利益冲突的政策议题都加以考虑。

5. 新媒体机构在网络平台上的文件夹已经成功向全世界受众传播，在你的社区中你能够通过互联网接触全球媒体吗？你所在的社区是信息生产者还是接收者？这种情况是否会产生一些影响？会产生哪些影响？

延伸阅读

Altschull, Herbert. *Agents of Power.* White Plains, NY: Longman, 1995.

Artz, Lee, and Yahya R. Kamalipour. *The Globalization of Corporate Media Hegemony.* Albany: State University of New York Press, 2003.

Bagdikian, Ben. *The Media Monopoly.* Boston: Houghton Mifflin, 2000.

Debeer, A., and J. C. Merrill, eds. *Global Journalism.* 4th ed. Boston: Allyn & Bacon, 2004.

Dicken, Peter. *Global Shift: Reshaping the Global Economic Map in the 21st Century*, 4th ed. New York: Guilford, 2003.

Gerbner, George, Hamid Mowlana, and Kaarle Nordenstreng. *The Global Media Debate: Its Rise, Fall and Renewal.* Norwood, NJ: Ablex, 1991.

Grunwald, Henry. "The Post–Cold War Press." *Foreign Affairs*, Vol. 72, no. 3 (Summer 1993): 12–16.

Mattelart, Armand. *Multinational Corporations and the Control of Culture*. Atlantic Highlands, NJ: Humanities Press, 1979.

Meyrowitz, Joshua. *No Sense of Place: The Impact of Electronic Media on Social Behavior*. New York: Oxford University Press, 1986.

Morris, Nancy. *Media and Globalization*. Lanham, MA: Rowman & Littlefield, 2001.

Picard, Robert G. *The Economics and Financing of Global Media Companies*. New York: Fordham University Press, 2002.

Rantanen, Terhi. *The Media and Globalization*. Thousand Oaks, CA: Sage, 2005.

Rucker, Bryce. *The First Freedom*. Carbondale: Southern Illinois University Press, 1968.

Smith, Anthony. *The Age of Behemoths: The Globalization of Mass Media Firms*. New York: Priority Press, 1991.

Sommerville, C. John. *How the News Makes Us Dumb: The Death of Wisdom in an Information Society*. Downers Grove, IL: InterVarsity Press, 1999.

Sparks, Colin. *The Media and Globalization (Media & Culture Series, 194)*. London: Sage, 2004.

Tunstall, Jeremy. *The Media Are American*. New York: Columbia University Press, 1977.

Vincent, Richard L., ed. *Towards Equity in Global Communication: McBride Update*. Cresskill, NJ: Hampton Press, 1999.

Wriston, Walter. *The Twilight of Sovereignty*. New York: Scribner's Macmillan, 1992.

网络资源

互联网上有大量关于媒体产业、媒体责任与批评、伦理、法律和相关问题的资料。一些是希望通过发布面向媒体从业者和相关公众的材料获取利益的商业机构，另一些则是推广自己业务和话题的推销者。还有一些材料包含特定的意识形态色彩，需要仔细甄别。下面是一些在我们看来最有意义也最有启发性的网站，它们能为我们应对传媒的相关问题提供借鉴。

Jim Romensko's Media News（波因特学院创办）——每日更新传媒行业的各种问题和资讯，提供了各种相关网站的链接，包括媒体产业、行业协会和组织、媒体专家和评论员以及广播电视机构和各种非主流新闻周报的网站等。

IWantMedia. com——一家专注于提供多样化的媒体新闻和资源的网站，提供传媒行业新闻的新鲜报道以及各种相关行业数据，每天更新。

FAIR. org——由一家左派的媒体监督机构公正准确报道组织提供大量批评性案例，并出人意料地提供了观点倾向不那么明显的大量其他机构的链接。

CJR. org——一家媒体评论刊物《哥伦比亚新闻评论》的官网。

Mediabistro. com——该网站涵盖图书、杂志、电影、电视和其他媒体行业的新闻报道。

Mediaaccess. org——一家公益性法律机构，特别关注与电子媒体相关的诉讼案件和监管政策。

AIM. org——提供从保守派视角批评媒体的大量素材，由里德·艾尔文创建，一些批评家认为该网站热衷于讨论关于媒体的各种阴谋论。

Mediapost. com——一家出版与内容产业聚合公司，旨在提供一系列关于媒体规划和收购的新闻和名录。

　　Projectcensored. org——加利福尼亚州立大学（索诺马）长期以来开展的项目，每年汇集那些被项目组认为重要但却被媒体忽视或者重视不足的报道，出于一种研究媒体疏忽问题的角度。

　　Dailyhowler. com——一家新闻评论网站，曝光那些追逐名人日常行为的无聊媒体。

　　Poynter. org——由知名的媒体培训中心波因特学院提供大量有价值、专业的新闻研究材料，特别关注媒体伦理方面的话题。在写作、编辑和其他新闻技能方面都有详细的材料。

　　Mediaresearch. org——另一家保守派的媒体批评和分析网站，与知名的媒体评论家布伦特·博泽尔合作，后者是电视媒体新闻节目的常客。

　　Pewcenter. org——皮尤公共新闻中心、皮尤基金会的其他媒体相关项目和民意调查所属的网站，是促进公共新闻学发展的一个重要出资机构。

　　AJR. org——提供《美国新闻评论》的文章和其他各种资料。

　　Indexonline. org——寻找世界各国真正的新闻审查相关话题和资料的好去处。

　　除此之外，几乎每家媒体机构、专业协会、杂志和委员会都有自己的网站，它们能提供各种有价值的材料。

　　要注意，网络资源随时会变化，需要仔细加以甄别，掌握它们的最新动态。事实上，你可以通过所有大型门户网站和搜索引擎（包括谷歌、雅虎、MSN 等）找到相关网站的链接，获取本书各章所讨论话题的有关资料。

索引

（所注页码为英文原书页码，即本书边码）

图书在版编目（CIP）数据

媒介论争：数字时代的 20 个争议话题：第 4 版/（美）埃弗里特·E. 丹尼斯，（美）约翰·C. 梅里尔著；王春枝译.—北京：中国人民大学出版社，2019.3
（新闻与传播学译丛）
书名原文：Media Debates：Great Issues for the Digital Age（4th edition）
ISBN 978-7-300-26689-3

Ⅰ.①媒… Ⅱ.①埃… ②约… ③王… Ⅲ.①传播媒介-研究 Ⅳ.①G206.2

中国版本图书馆 CIP 数据核字（2019）第 026017 号

新闻与传播学译丛

媒介论争

数字时代的 20 个争议话题
（第 4 版）

［美］埃弗里特·E. 丹尼斯　　　著
　　　约翰·C. 梅里尔

王春枝　译
Meijie Lunzheng

出版发行　中国人民大学出版社
社　　址　北京中关村大街 31 号　　　　　　　　**邮政编码**　　100080
电　　话　010 - 62511242（总编室）　　　　　010 - 62511770（质管部）
　　　　　　010 - 82501766（邮购部）　　　　　010 - 62514148（门市部）
　　　　　　010 - 62515195（发行公司）　　　　　010 - 62515275（盗版举报）
网　　址　http://www.crup.com.cn
　　　　　　http://www.ttrnet.com（人大教研网）
经　　销　新华书店
印　　刷　北京宏伟双华印刷有限公司
规　　格　185 mm×260 mm　16 开本　　　　　**版　　次**　2019 年 3 月第 1 版
印　　张　17 插页 2　　　　　　　　　　　　　**印　　次**　2019 年 3 月第 1 次印刷
字　　数　320 000　　　　　　　　　　　　　**定　　价**　65.00 元

Supplements Request Form (教辅材料申请表)

Lecturer's Details（教师信息）			
Name： （姓名）		Title： （职务）	
Department： （系科）		School/University： （学院/大学）	
Official E-mail： （学校邮箱）		Lecturer's Address / Post Code： （教师通信地址/邮编）	
Tel： （电话）			
Mobile： （手机）			

Adoption Details（教材信息）　原版□　　翻译版□　　影印版□	
Title（英文书名）： Edition（版次）： Author（作者）：	
Local Publisher： （中国出版社）	
Enrolment： （学生人数）	Semester： （学期起止日期）

Contact Person & Phone/E-Mail/Subject：
（系科/学院教学负责人电话/邮件/研究方向）
（ 我公司要求在此处标明系科/学院教学负责人电话/传真号码并在此加盖公章 ）

教材购买由　我□　我作为委员会的一部分□　其他人□〔姓名：　　　　〕决定。

Please fax or post the complete form to（请将此表格传真至）：

CENGAGE LEARNING BEIJING
ATTN：Higher Education Division
TEL：(86) 10-82862096/95/97
FAX：(86) 10-82862089
EMAIL：asia. infochina@cengage. com
www. cengageasia. com
ADD：北京市海淀区科学院南路 2 号
融科资讯中心 C 座南楼 12 层 1201 室　100190

Note：Thomson Learning has changed its name to CENGAGE Learning

中国人民大学出版社读者信息反馈表

尊敬的读者：

感谢您购买和使用中国人民大学出版社的＿＿＿＿＿＿＿＿一书，我们希望通过这张小小的反馈卡来获得您更多的建议和意见，以改进我们的工作，加强我们双方的沟通和联系。我们期待着能为更多的读者提供更多的好书。

请您填妥本表后，寄回或传真回复我们，对您的支持我们不胜感激！

1. 您是从何种途径得知本书的：

  ❏ 书店　❏ 网上　❏ 报刊　❏ 朋友推荐

2. 您为什么决定购买本书：

  ❏ 工作需要　❏ 学习参考　❏ 对本书主题感兴趣

  ❏ 随便翻翻

3. 您对本书内容的评价是：

  ❏ 很好　❏ 好　❏ 一般　❏ 差　❏ 很差

4. 您在阅读本书的过程中有没有发现明显的专业及编校错误，如果有，它们是：＿＿

  ＿＿＿＿＿＿＿＿＿＿＿＿＿＿＿＿＿＿＿＿＿＿＿＿＿＿＿＿＿＿＿＿＿＿＿＿＿＿＿

  ＿＿＿＿＿＿＿＿＿＿＿＿＿＿＿＿＿＿＿＿＿＿＿＿＿＿＿＿＿＿＿＿＿＿＿＿＿＿＿

  ＿＿＿＿＿＿＿＿＿＿＿＿＿＿＿＿＿＿＿＿＿＿＿＿＿＿＿＿＿＿＿＿＿＿＿＿＿＿＿

5. 您对哪些专业的图书信息比较感兴趣：＿＿＿＿＿＿＿＿＿＿＿＿＿＿＿＿＿＿＿

  ＿＿＿＿＿＿＿＿＿＿＿＿＿＿＿＿＿＿＿＿＿＿＿＿＿＿＿＿＿＿＿＿＿＿＿＿＿＿＿

  ＿＿＿＿＿＿＿＿＿＿＿＿＿＿＿＿＿＿＿＿＿＿＿＿＿＿＿＿＿＿＿＿＿＿＿＿＿＿＿

6. 如果方便，请提供您的个人信息，以便于我们和您联系（您的个人资料我们将严格保密）：

  您供职的单位：＿＿＿＿＿＿＿＿＿＿＿＿＿＿＿＿＿＿＿＿＿＿＿＿＿＿＿＿＿

  您教授的课程（教师填写）：＿＿＿＿＿＿＿＿＿＿＿＿＿＿＿＿＿＿＿＿＿＿

  您的通信地址：＿＿＿＿＿＿＿＿＿＿＿＿＿＿＿＿＿＿＿＿＿＿＿＿＿＿＿＿＿

  您的电子邮箱：＿＿＿＿＿＿＿＿＿＿＿＿＿＿＿＿＿＿＿＿＿＿＿＿＿＿＿＿＿

请联系我们：

电话：（010）62515637

传真：（010）62510454

E-mail：gonghx@crup.com.cn

通信地址：北京市海淀区中关村大街 31 号　　100080

中国人民大学出版社人文分社